習カード

ワディ

ード

アプリ対応

JN062171

使い方

❶切り離して，リングでとじてください。
❷音声を聞いて，発音しましょう。
❸覚えたら OK! にチェックをつけましょう。
過 過去形－過去分詞，複 複数形
比 比較級－最上級

英語音声

1 **above**

An airplane is flying above our head.

2 **across**

across the river

I'm afraid of dogs.

4 **agree**

I agree with you.

5 **almost**

Almost all people agree with the idea.

6 **already**

I have already eaten lunch.

7 **appear**

The woman appeared suddenly.

8 **article**

an interesting article

9 **because**

I can't go because I have a cold.

10 **begin**

begin the show

11 **believe**

I can't believe it.

12 **below**

below sea level

13 **beside**

a desk beside the bed

14 **break**

have a break

15 **bridge**

a long bridge

16 **bright**

bright light

17 **building**

a tall building

18 **care**

take care of young children

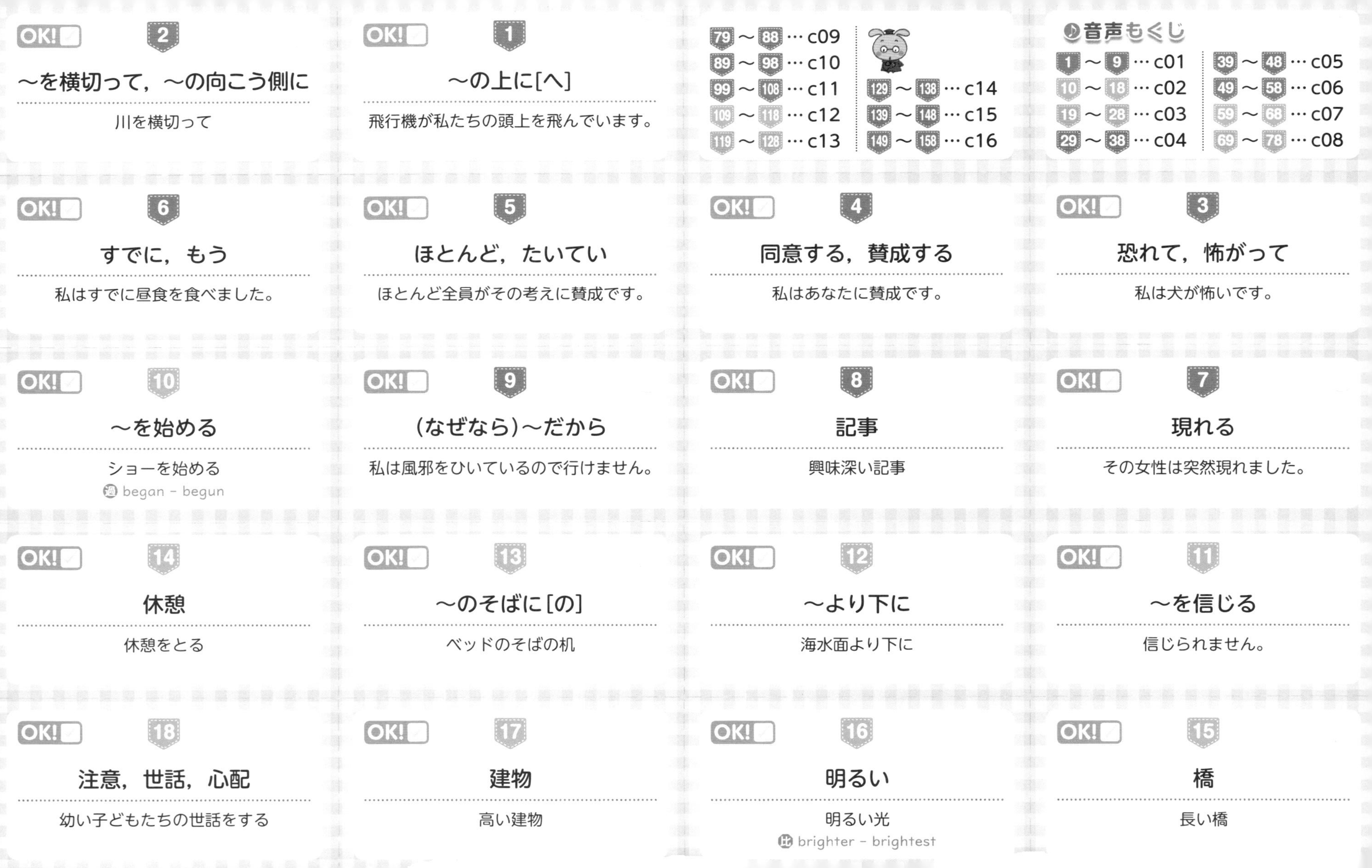

音声もくじ

1 ～ 9 … c01	39 ～ 48 … c05
10 ～ 18 … c02	49 ～ 58 … c06
19 ～ 28 … c03	59 ～ 68 … c07
29 ～ 38 … c04	69 ～ 78 … c08

79 ～ 88 … c09	
89 ～ 98 … c10	
99 ～ 108 … c11	129 ～ 138 … c14
109 ～ 118 … c12	139 ～ 148 … c15
119 ～ 128 … c13	149 ～ 158 … c16

OK! 1
～の上に[へ]
飛行機が私たちの頭上を飛んでいます。

OK! 2
～を横切って，～の向こう側に
川を横切って

OK! 3
恐れて，怖がって
私は犬が怖いです。

OK! 4
同意する，賛成する
私はあなたに賛成です。

OK! 5
ほとんど，たいてい
ほとんど全員がその考えに賛成です。

OK! 6
すでに，もう
私はすでに昼食を食べました。

OK! 7
現れる
その女性は突然現れました。

OK! 8
記事
興味深い記事

OK! 9
(なぜなら)～だから
私は風邪をひいているので行けません。

OK! 10
～を始める
ショーを始める
過 began - begun

OK! 11
～を信じる
信じられません。

OK! 12
～より下に
海水面より下に

OK! 13
～のそばに[の]
ベッドのそばの机

OK! 14
休憩
休憩をとる

OK! 15
橋
長い橋

OK! 16
明るい
明るい光
比 brighter - brightest

OK! 17
建物
高い建物

OK! 18
注意，世話，心配
幼い子どもたちの世話をする

19
carefully 
Listen carefully.

20
carry 
carry the bag

21
century 
over the centuries

22
character 
main characters of the movie

23
close 
close the door

24
college 
go to college

25
common 
a common language in the country

26
company 
a big company

27
cry 
Don't cry.

28
culture 
Japanese culture

29
cut 
cut the paper

30
daughter 
Mr. White has a daughter.

31
develop 
develop my skill

32
drive 
drive my car

33
each 
They looked at each other.

34
earth 
the earth

35
effort 
make an effort

36
either 
I don't like coffee, either.

37
elementary school 
an elementary school student

38
else 
Anything else?

OK! **19**

注意深く

注意深く聞きなさい。

OK! **20**

～を運ぶ，～を持ち歩く

かばんを運ぶ

OK! **21**

世紀，100年

数百年にわたって

OK! **22**

登場人物

映画の主要登場人物

OK! **23**

～を閉じる，～を閉める

ドアを閉める

OK! **24**

(単科)大学

大学へ行く

OK! **25**

共通の，よくある

その国の共通語

OK! **26**

会社

大きな会社

OK! **27**

(声を出して)泣く，叫ぶ

泣かないで。

OK! **28**

文化，教養

日本文化

OK! **29**

～を切る

紙を切る

過 cut - cut

OK! **30**

娘

ホワイトさんには娘がいます。

OK! **31**

～を発達させる，～を開発する

技術を発達させる

OK! **32**

(～を)運転する

自分の車を運転する

過 drove - driven

OK! **33**

それぞれの，おのおの

彼らはお互いに見合っていました。

OK! **34**

《theをつけて》地球

地球

OK! **35**

努力

努力をする

OK! **36**

《否定文の文末で》～もまた(…ない)

私もコーヒーが好きではありません。

OK! **37**

小学校

1人の小学生

OK! **38**

ほかに[の]

ほかに何かいかがですか。

39
e-mail

write an e-mail

40
encourage

encourage her to try

41
end

at the end of the year

42
enough
enough food to share

43
ever
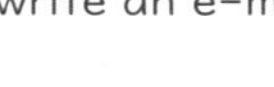

Have you ever eaten *natto*?

44
everywhere

There are flowers everywhere on the hill.

45
expensive

an expensive bag

46
explain

explain the story

47
fact

a surprising fact

48
feeling

understand her feelings

49
fight

fight hard

50
finally

We finally arrived at the house.

51
find

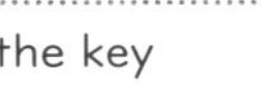
find the key

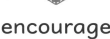

52
finish
finish my homework

53
gift
a special gift

54
ground
draw a picture on the ground

55
grow

grow up

56
health
good for your health

57
heavy
a heavy stone

58
hold
hold large balls

OK! 39
Eメール
メールを書く

OK! 40
～を勇気づける，
～するようにすすめる
彼女に挑戦するようにすすめる

OK! 41
終わる／終わり，端
年の終わりに

OK! 42
十分な，必要なだけの
分けるのに十分な食料

OK! 43
《疑問文で》これまでに，かつて
あなたはこれまでに納豆を
食べたことがありますか。

OK! 44
どこでも，いたるところで
丘の上のいたるところに
花が咲いています。

OK! 45
高価な
高価なかばん

OK! 46
(～を)説明する
物語を説明する

OK! 47
事実，真実
驚くべき事実

OK! 48
感情，気持ち
彼女の感情を理解する

OK! 49
(～と)戦う／戦い，けんか
懸命に戦う
過 fought - fought

OK! 50
ついに，とうとう
私たちはついにその家に到着しました。

OK! 51
～を見つける，～がわかる
カギを見つける
過 found - found

OK! 52
～を終える，終わる
宿題を終える

OK! 53
贈り物
特別な贈り物

OK! 54
地面，土地
地面に絵を描く

OK! 55
成長する，～を栽培する，
～を育てる
成長する
過 grew - grown

OK! 56
健康
健康によい

OK! 57
重い
重い石
比 heavier - heaviest

OK! 58
～を持つ，つかむ，
～を開く，行う
大きなボールを抱える
過 held - held

59
hole
a hole in the sock

60
human
the human body

61
hurt
hurt my leg

62
husband
He is Meg's husband.

63
imagine
imagine the future

64
improve
improve English skills

65
increase
The number of travelers is increasing.

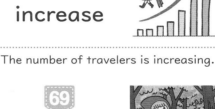

66
international
an international school

67
Internet
on the Internet

68
interview
interview an actor

69
into
go into the woods

70
introduce
introduce myself

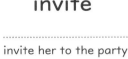

71
invite
invite her to the party

72
judge
a judge in the tennis match

73
keep
keep a promise

74
land
private land

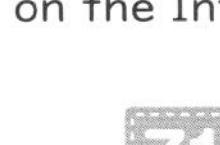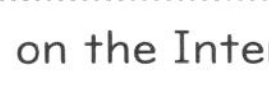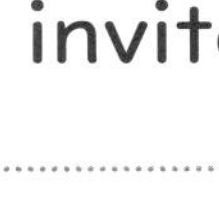

75
large
a large park

76
law
study the law

77
lead
lead the children

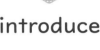

78
light
a light suitcase

OK! 59
穴
くつ下の穴

OK! 60
人間の／人間，人
人間の体

OK! 61
〜を傷つける
脚を痛める
過 hurt - hurt

OK! 62
夫
彼はメグの夫です。

OK! 63
〜を想像する
未来を想像する

OK! 64
〜を改善する，よくなる
英語力を上達させる

OK! 65
〜を増やす，増える
旅行者の数は増加を続けています。

OK! 66
国際的な
インターナショナルスクール

OK! 67
《the Internetで》インターネット
インターネットで

OK! 68
〜にインタビューする
俳優にインタビューする

OK! 69
〜の中へ[に]，〜に向かって，〜に(なる)
森の中に行く

OK! 70
〜を紹介する
自己紹介をする

OK! 71
〜を招待する，招く
彼女をパーティーに招待する

OK! 72
審判員／審査をする
テニスの試合の審判

OK! 73
〜を持っている，(約束)を守る，(日記など)をつける
約束を守る
過 kept - kept

OK! 74
土地，陸地
私有地

OK! 75
大きい，多い
大きい公園
比 larger - largest

OK! 76
法律
法律を学ぶ

OK! 77
〜を導く，先導する
こどもたちを先導する
過 led - led

OK! 78
軽い
軽いスーツケース
比 lighter - lightest

79 **line**

Students are standing in a line.

80 **lucky**

He is lucky.

81 **match**

a badminton match

82 **memory**

a happy memory

83 **moment**

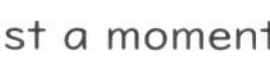

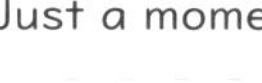

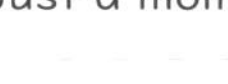

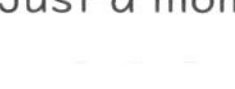

Just a moment.

84 **money**

I have no money.

85 **move**

move the chair

86 **natural**

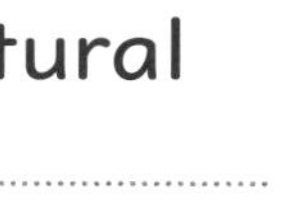

natural resources

87 **near**

a clock near the door

88 **necessary**

necessary things

89 **neighbor**

my neighbor

90 **never**

I have never been to Italy.

91 **news**

good news

92 **note**

a note for shopping

93 **once**

I once lived in Okinawa.

94 **opinion**

in my opinion

95 **own**

my own bag

96 **past**

in the past

97 **pay**

pay 100 yen

98 **peace**

hope for peace

OK!

79

線，列

生徒たちが一列に並んでいます。

OK!

80

幸運な

彼は運がいいです。

OK!

81

試合

バドミントンの試合

OK!

82

思い出

幸せな思い出

OK!

83

瞬間，一瞬

ちょっと待って。

OK!

84

金，金銭

私はお金を持っていません。

OK!

85

動く，移動する，
(物)を動かす，(人)を感動させる

イスを動かす

OK!

86

自然の，天然の

天然資源

OK!

87

～の近くに[で]

ドアの近くのかけ時計

OK!

88

必要な

必要な物

OK!

89

近所の人，隣人

私のご近所さん

OK!

90

決して～ない，
今までに～したことがない

私はイタリアに行ったことがありません。

OK!

91

ニュース，知らせ

良い知らせ

OK!

92

メモ，覚え書き

買い物のメモ

OK!

93

かつて，以前，１度，１回

私はかつて沖縄に住んでいました。

OK!

94

意見，考え

私の意見では

OK!

95

自分自身の

自分のかばん

OK!

96

過去

過去には

OK!

97

(代金などを)支払う

100 円を払う

OK!

98

平和，平穏

平和を願う

99
period
the Edo period

100
person
a kind person

101
plan
plan to visit Kyoto

102
pleasure
Thank you for inviting me. — My pleasure.

103
price
a low price

104
produce
produce a new product

105
quarter
one quarter of a cake

106
rain
heavy rain

107
reach
reach the top of the mountain

108
ready
I'm ready to go.

109
real
This is not a real jewel.

110
realize
realize the situation

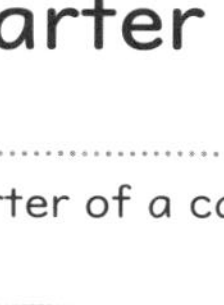

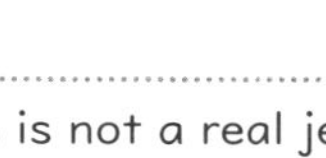

111
reason
explain the reason

112
receive
receive a letter

113
report
read a report

114
research
a research on American history

115
result
have good results

116
return
return a book

117
road
cross the road

118
row
sit in the second row

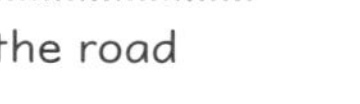

OK! 102 喜び，楽しみ ご招待ありがとうございます。 — どういたしまして。	OK! 101 計画を立てる／計画，予定 京都をたずねる計画を立てる	OK! 100 人 優しい人	OK! 99 時代，(授業の)時限 江戸時代
OK! 106 雨／雨が降る 激しい雨	OK! 105 ４分の１ ４分の１のケーキ	OK! 104 ～を生産する，製造する 新しい製品を生産する	OK! 103 価格，値段 安値
OK! 110 ～だと気づく，～を理解する 状況を理解する	OK! 109 本物の，本当の これは本物の宝石ではありません。	OK! 108 用意ができて 私は行く用意ができています。	OK! 107 ～に着く，到着する 山の頂上に到着する
OK! 114 研究，調査 米国史についての研究	OK! 113 報告，レポート 報告書を読む	OK! 112 ～を受け取る 手紙を受け取る	OK! 111 理由 理由を説明する
OK! 118 (座席の)列 ２列目に座る	OK! 117 道路，道 道路を渡る	OK! 116 戻る，～を返す 本を返す	OK! 115 結果 良い結果をおさめる

119 rule

break a rule

120 save

save energy

121 side

on the other side of the river

122 similar

They look similar.

123 simple

a simple puzzle

124 since

I've lived in Kyoto since 2010.

125 site

a World Heritage site

126 size

I want a smaller size.

127 skill

have a great skill

128 sky

in the sky

129 sleep

sleep well

130 smile

smile happily

131 soft

a soft cushion

132 solve

I have to solve this problem.

133 son

visit my son

134 staff

a staff member

135 stand

stand up

136 store

store food and water for a disaster

137 strict

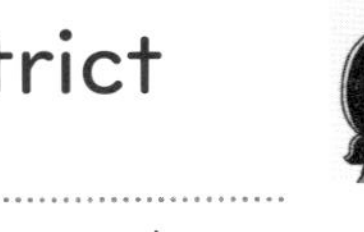

a strict teacher

138 successful

a successful artist

OK! 119
規則，支配
ルールを破る

OK! 120
～を救う，～を節約する
エネルギーを節約する

OK! 121
側，側面
川の向こう岸に

OK! 122
同様の，同じような
彼らは似ています。

OK! 123
簡単な，単純な
簡単なパズル
比 simpler - simplest

OK! 124
～以来，～から
私は京都に 2010 年から住んでいます。

OK! 125
用地，(インターネットの)サイト
世界遺産

OK! 126
サイズ，大きさ
もっと小さなサイズがほしいです。

OK! 127
技量，技術
素晴らしい技術を持つ

OK! 128
空
空に

OK! 129
眠る
よく眠る
過 slept - slept

OK! 130
ほほえむ，微笑する
幸せそうに笑う

OK! 131
やわらかい
やわらかいクッション

OK! 132
～を解決する，解く
私はこの問題を解かないといけません。

OK! 133
息子
息子をたずねる

OK! 134
職員，従業員
スタッフの一員

OK! 135
立っている，立つ，～をがまんする
立ち上がる
過 stood - stood

OK! 136
～を蓄える／店
災害に備えて食料と水を備蓄する

OK! 137
厳しい
厳しい先生

OK! 138
成功した
成功した芸術家

139
support

I support your idea.

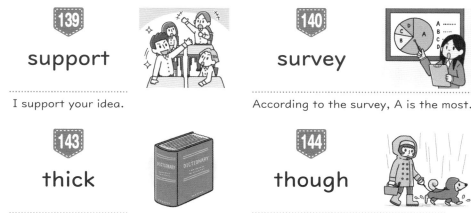

140
survey

According to the survey, A is the most.

141
technology

new technology

142
terrible

It tastes terrible.

143
thick

a thick book

144
though

Though it was raining, I went out.

145
topic

hot topics

146
type

different blood type

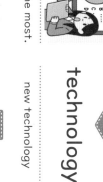

147
understand
Do you understand?

148
university

study at the university

149
until

study until nine

150
wake

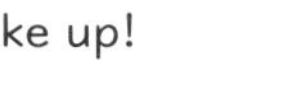
Wake up!

151
way
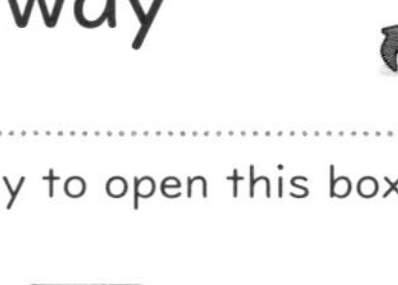
the way to open this box

152
wear
wear a uniform

153
while

Please wait for a while.

154
wide
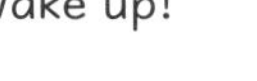

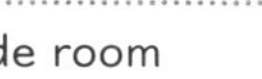
a wide room

155
wife

She is Tom's wife.

156
wind

a strong wind

157
wonder

I wonder why you are here.

158
yet
I have not finished my work yet.

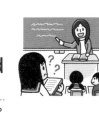

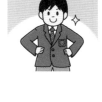

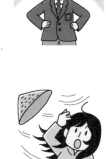

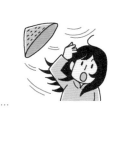

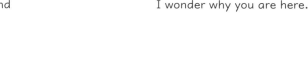

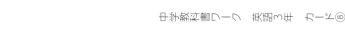

OK! 142
ひどい，恐ろしい
それはひどい味がします。

OK! 141
科学技術，テクノロジー
新しいテクノロジー

OK! 140
調査
調査によると，A が最多です。

OK! 139
〜を支持する，支援する
あなたの考えを支持します。

OK! 146
型，タイプ
異なる血液型

OK! 145
話題，トピック
新着の話題

OK! 144
(〜だ)けれども
雨が降っていましたが，私は外出しました。

OK! 143
厚い，濃い
厚い本
比 thicker - thickest

OK! 150
目を覚ます
起きて！
過 woke - woken

OK! 149
〜まで(ずっと)
9 時まで勉強する

OK! 148
大学
大学で勉強する

OK! 147
〜を理解する，わかる
わかりますか？
過 understood - understood

OK! 154
幅の広い
間口の広い部屋
比 wider - widest

OK! 153
しばらくの間／〜している間に
しばらくの間お待ちください。

OK! 152
〜を着ている，身に付けている
制服を着ている
過 wore - worn

OK! 151
方法，道
この箱を開ける方法

OK! 158
《疑問文で》もう，《否定文で》まだ
私はまだ仕事を終えていません。

OK! 157
〜だろうかと思う，不思議に思う
なぜあなたがここにいるのでしょう。

OK! 156
風
強い風

OK! 155
妻
彼女はトムの妻です。

教育出版版

英語3年 もくじ

英語音声

この本の特長と使い方

3ステップと予想問題で実力をつける!

- 文法や表現，重要語句を学習します。
- 基本的な問題を解いて確認します。
- 基本文には音声がついています。

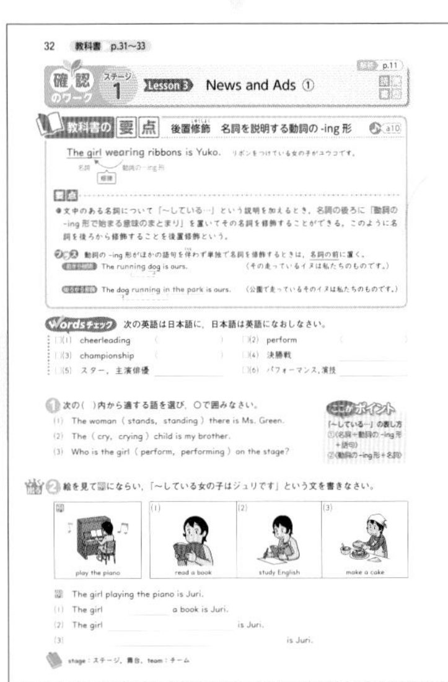

- ステージ1で学習したことを，さらに問題を解くことで定着させます。
- ヒントがついているので学習しやすいです。
- リスニング問題もあります。

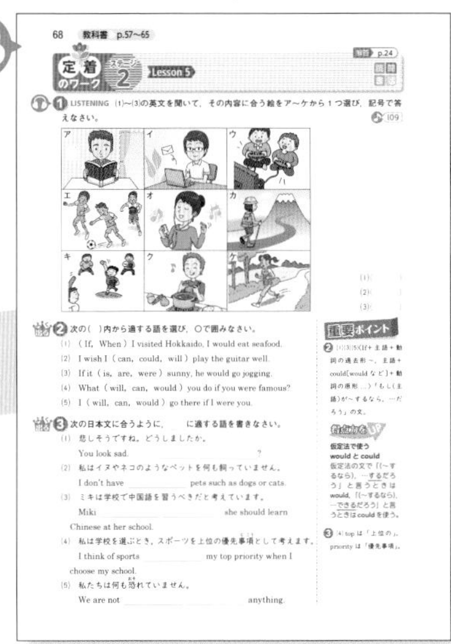

- ここまでに学習した文法をまとめて学習します。

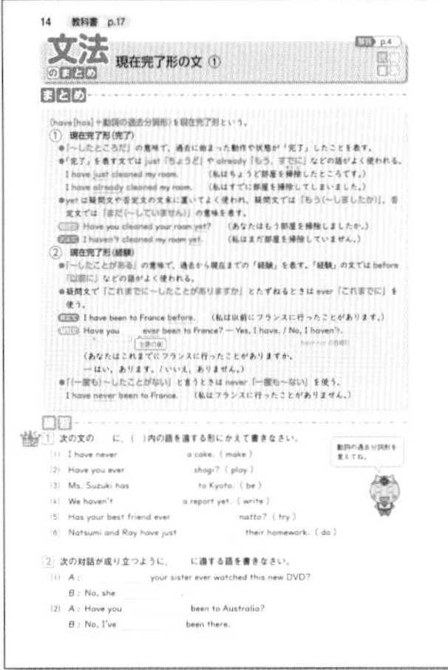

Try! READING

- 教科書の長めの文章に対応するページです。読解力をつけます。

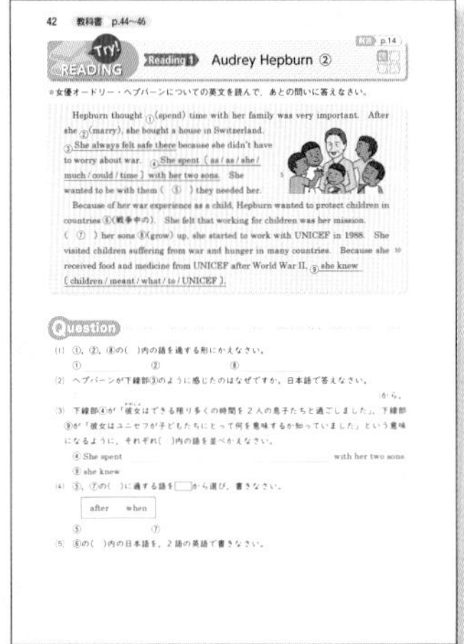

- ステージ１で学習したことが身についたかをテスト形式で確認します。
- リスニング問題もあります。

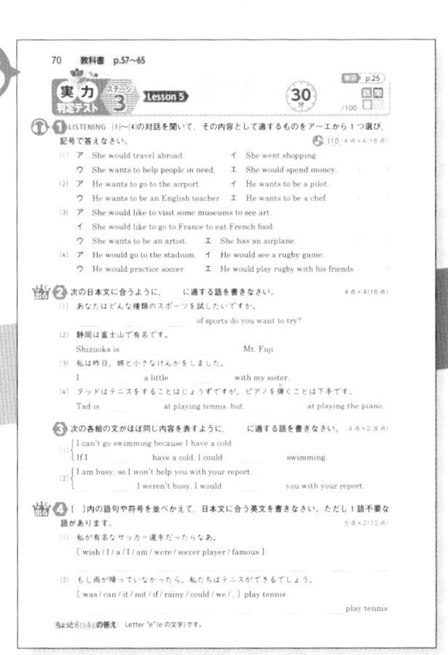

70　教科書　p.57〜65

実力判定テスト　ステージ3　Lesson 5　30分　/100

1 LISTENING (1)〜(4)の対話を聞いて，その内容として適するものをア〜エから１つ選び，記号で答えなさい。

(1) ア She would travel abroad.　イ She went shopping.
ウ She wants to help people in need.　エ She would spend money.
(2) ア He wants to go to the airport.　イ He wants to be a pilot.
ウ He wants to be an English teacher.　エ He wants to be a chef.
(3) ア She would like to visit some museums to see art.
イ She would like to go to France to eat French food.
ウ She wants to be an artist.　エ She has an airplane.
(4) ア He would go to the stadium.　イ He would see a rugby game.
ウ He would practice soccer.　エ He would play rugby with his friends.

2 次の日本文に合うように，＿に適する語を書きなさい。
(1) あなたはどんな種類のスポーツを試したいですか。
＿＿ of sports do you want to try?
(2) 静岡は富士山で有名です。
Shizuoka is ＿＿ Mt. Fuji.
(3) 私は昨日，姉と小さなけんかをしました。
I ＿＿ a little ＿＿ with my sister.
(4) タッドはテニスをすることはじょうずですが，ピアノを弾くことは下手です。
Tad is ＿＿ at playing tennis, but ＿＿ at playing the piano.

3 次の各組の文がほぼ同じ内容を表すように，＿に適する語を書きなさい。
(1) I can't go swimming because I have a cold.
If I ＿＿ have a cold, I could ＿＿ swimming.
(2) I am busy, so I won't help you with your report.
＿＿ I weren't busy, I would ＿＿ you with your report.

4 [ ]内の語句や符号を並べかえて，日本文に合う英文を書きなさい。ただし１語不要な語があります。
(1) 私が有名なサッカー選手だったらなあ。
[wish / I / a / I / am / were / soccer player / famous]
(2) もし雨が降っていなかったら，私たちはテニスができるでしょう。
[was / can / it / not / if / rainy / could / we / ,] play tennis
＿＿ play tennis.

ホームページテスト

- 文理のウェブサイトからテストをダウンロード。たくさん問題を解いて，実力アップ！　リスニング問題もあります。　くわしくは巻末へ➡

アクセスコード　C064347

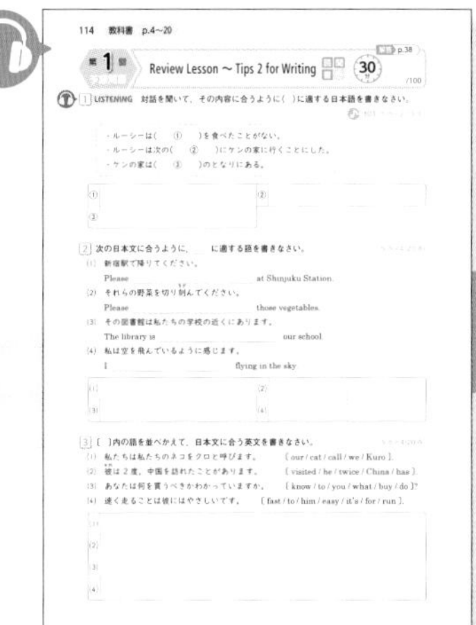

114　教科書　p.4〜20

第1回　Review Lesson 〜 Tips 2 for Writing　30　/100

1 LISTENING 対話を聞いて，その内容に合うように（ ）に適する日本語を書きなさい。

2 次の日本文に合うように，＿に適する語を書きなさい。

3 [ ]内の語を並べかえて，日本文に合う英文を書きなさい。

定期テスト対策　予想問題

- 定期テスト前に解いて，実力を確かめます。
- リスニング問題もあります。

Challenge! SPEAKING

- アプリを使って会話表現の発音練習をします。AIが採点！

くわしくはChallenge! SPEAKINGの最初のページへ➡

英語音声について

- 英語音声があるものには a00 がついています。
- 音声はスマートフォン，タブレット，またはパソコンで聞くことができます。
- また文理のウェブサイトから音声ファイルをダウンロードすることもできます。

▶スマホで聞く　　[使い方]

▶パソコンで聞く　https://listening.bunri.co.jp/

▶ダウンロードする　　[ダウンロード方法]

※この本にはCDはついていません。

音声用アクセスコード　79VHQ

※音声配信サービスおよび「おん達Plus」は無料ですが，別途各通信会社の通信料がかかります。
※お客様のネット環境および端末によりご利用いただけない場合がございます。ご理解，ご了承いただきますよう，お願いいたします。

解答 p.1

Review Lesson *Washoku*, or Japanese Cuisine ①

読 聞 書 話

教科書の要点 〈疑問詞＋to＋動詞の原形〉

a01

I can recommend **where to go** in Kyoto. 私は京都でどこへ行くべきかお勧めできます。

ひとまとまりで名詞の働き

要点

● 〈疑問詞＋to＋動詞の原形〉で名詞の働きをして，動詞の目的語になる。
〈where to＋動詞の原形〉は「どこに[で]～するのか」を表す。

プラス ほかにも〈疑問詞＋to＋動詞の原形〉でさまざまな「～すべきか」を表すことができる。
〈how to＋動詞の原形〉「どのように～するのか，～の仕方」
〈what to＋動詞の原形〉「何を～するのか，～すべきこと」
〈when to＋動詞の原形〉「いつ～するのか，～すべきとき」

Wordsチェック 次の英語は日本語に，日本語は英語になおしなさい。

□(1) chance （　　　　）　□(2) cuisine （　　　　）
□(3) それぞれの ＿＿＿＿　□(4) 有名な ＿＿＿＿

1 次の英文の下線部を日本語になおしなさい。

(1) Please tell me what to bring.
（　　　　　　　　）私に教えてください。

(2) I know when to go there.
私は（　　　　　　　　）知っています。

ここがポイント
(1)〈what to＋動詞の原形〉は「何を～するのか」。
(2)〈when to＋動詞の原形〉は「いつ～するのか」。

よく出る **2** 次の日本文に合うように，＿＿に適する語を書きなさい。

(1) 私にそのケーキのつくり方を教えてください。
Please teach me ＿＿＿＿ ＿＿＿＿ make the cake.

(2) マイはどこで料理をつくればいいのかわかりませんでした。
Mai didn't know ＿＿＿＿ ＿＿＿＿ cook the dishes.

まるごと暗記
● 〈how to＋動詞の原形〉「どのように～するのか，～の仕方」
● 〈where to＋動詞の原形〉「どこに[で]～するのか，～すべき場所」

3 〔 〕内の語句を並べかえて，日本文に合う英文を書きなさい。

(1) あなたはどこへ行くべきかわかりますか。
〔 to / know / you / go / where / do 〕?

＿＿＿＿＿＿＿＿＿＿＿＿＿＿＿＿

(2) 私たちはそのコンピュータの使い方を習いました。
〔 the computer / how / learned / use / we / to 〕.

＿＿＿＿＿＿＿＿＿＿＿＿＿＿＿＿

まるごと暗記
〈疑問詞＋to＋動詞の原形〉を目的語にすることが多い動詞
know, learn, tell, show, teach, ask など

cuisine は[kwizíːn]と発音するよ。

Review Lesson

Washoku, or Japanese Cuisine ②

解答 p.1

〈name＋人[もの]＋〜〉/〈It is ... (for＋人) to 〜.〉

He **named** the taste umami.　彼(かれ)はその味をうまみと名づけました。

（the taste：目的語／umami：補語）

要点1

- 「(人[もの])を〜と名づける」は〈name＋人[もの]＋〜〉で表す。
- この文の形は〈主語＋動詞＋目的語＋補語〉で,「目的語＝補語」の関係になる。〈call＋人[もの]＋〜〉「(人[もの])を〜と呼ぶ」や〈make＋人[もの]＋形容詞〉「(人[もの])を〜にする」などもこの関係になる。

例　People call the dog Leo.　the dog ＝ Leo(目的語＝補語)

It was so interesting **for** me **to** learn about Japaese cuisine from a French person.

（me：to 以下のことを行う人／to learn ... person：it は to 以下を指す）

私にとってフランスの人から日本料理について学ぶことは，とてもおもしろかったです。

要点2

- 〈It is ... (for＋人) to 〜.〉で「(人が)〜するのは…である」の意味。it は to 以下の内容を指す。「...」には important，interesting，easy，exciting などの形容詞がよく使われる。
- to 以下の動作を行う人を表すときは，to の前に〈for＋人〉を置く。

Wordsチェック　次の英語は日本語に，日本語は英語になおしなさい。

□(1) basic　(　　　　)　□(2) 〜を発見する　＿＿＿＿

□(3) 伝統　＿＿＿＿　□(4) know の過去分詞形　＿＿＿＿

1 次の日本文に合うように，＿＿に適する語を書きなさい。

(1) 祖母は私をジュリと呼びます。
My grandmother ＿＿＿＿ ＿＿＿＿ Juri.

(2) 私にとってサッカーをすることはわくわくします。
＿＿＿＿ is exciting for me ＿＿＿＿ play soccer.

(3) 歌を歌うことは私にとって楽しいです。
＿＿＿＿ fun for me ＿＿＿＿ sing a song.

(4) Nihonium は日本人の科学者によって発見されました。
Nihonium ＿＿＿＿ ＿＿＿＿ by a Japanese scientist.

(5) その歌は私を幸せにしてくれました。
The song ＿＿＿＿ ＿＿＿＿ happy.

まるごと暗記
〈動詞＋目的語＋補語〉
- 〈call＋人[もの]＋〜〉「(人[もの])を〜と呼ぶ」
- 〈name＋人[もの]＋〜〉「(人[もの])を〜と名づける」
- 〈make＋人[もの]＋形容詞〉「(人[もの])を〜にする」

思い出そう
受け身の文
〈be 動詞＋動詞の過去分詞形〉「〜される[された]」

文法のまとめ1 2年生で使った文のしくみを確認しよう。

解答 p.1

まとめ

〈疑問詞＋to＋動詞の原形〉

- 〈疑問詞＋to＋動詞の原形〉は名詞の働きをし，know や tell などの動詞の目的語として使われることが多い。
- 〈what to＋動詞の原形〉は「何を～するのか，～すべきこと」という意味を表す。what のほかに，how，where，when などのさまざまな疑問詞を使って「どのように，どこで[に]，いつ～するのか」などの意味を表せる。

I don't know **what to do** next.　（私は次に何をしたらいいのかわかりません。）
Do you know **how to make** sushi?　（あなたはすしのつくり方を知っていますか。）
I didn't know **where to go**.　（私はどこに行くべきかわかりませんでした。）
Please tell me **when to visit** Mr. Mori.　（森先生をいつ訪ねるべきか私に教えてください。）

練習

よく出る **1** 次の日本文に合うように，____に適する語を書きなさい。

(1) 明日，何を持ってくるべきか私に教えて。
Tell me ____ ____ bring tomorrow.

(2) いつ昼食を食べたらいいかわかりますか。
Do you know ____ ____ eat lunch?

(3) 私はこの漢字の読み方を知っています。
I know ____ ____ read this *kanji*.

2 〔 〕内の語句を並べかえて，日本文に合う英文を書きなさい。

(1) 彼女（かのじょ）は次の日曜日にどこへ行くべきか知っていますか。
〔 to / know / she / does / where / go 〕 next Sunday?
____ next Sunday?

(2) いつあなたに電話すればよいか私に教えてください。
Please 〔 call / me / tell / to / you / when 〕.
Please ____.

(3) 私はそのチケットの買い方がわかりませんでした。
〔 buy / know / didn't / I / how / the ticket / to 〕.
____

3 次の日本文を（ ）内の指示にしたがって英語になおしなさい。
どこにすわるべきかあなたに教えましょう。　（to を使って 6 語で）
____

文法のまとめ② 2年生で使った文のしくみを確認しよう。

解答 p.2

読 聞 書 話

まとめ

① 〈call[name]＋人[もの]＋～〉

● 〈call[name]＋人[もの]＋～〉は「(人[もの])を～と呼ぶ[名づける]」を表す。「人[もの]」は動詞 call[name]の目的語，「～」は補語になり，「目的語＝補語」の関係になる。

Please call me Emi.　(私のことをエミと呼んでください。)
目的語 ＝ 補語

His grandmother named him John.　(彼の祖母は彼をジョンと名づけました。)
目的語 ＝ 補語

② 〈make＋人[もの]＋形容詞〉

● 〈make＋人[もの]＋形容詞〉で「(人[もの])を～にする」を表す。この表現も，「人[もの]」は動詞 make の目的語，形容詞は補語になり，「目的語＝補語」の関係になる。

The news made me happy.　(その知らせは私を幸せにしました。)
目的語 ＝ 補語

③ 〈It is ... (for＋人) to＋動詞の原形.〉

● 〈It is ... (for＋人) to＋動詞の原形.〉で「(人が)～するのは…である」を表す。it は to 以下の内容を指す。

It is easy for me to speak Japanese.　(私にとって日本語を話すことは簡単です。)

練習

よく出る

1 次の日本文に合うように，＿＿に適する語を書きなさい。

(1) 彼女はそのネコたちを「私の友達」と呼びます。
She ＿＿＿＿ the ＿＿＿＿ "my friends."

(2) 彼らはその赤ん坊をジョージと名づけました。
They ＿＿＿＿ the baby George.

(3) 私にとって英語を学ぶことはとても楽しいです。
＿＿＿＿ is a lot of fun ＿＿＿＿ me ＿＿＿＿ learn English.

2 次の各組の文がほぼ同じ内容を表すように，＿＿に適する語を書きなさい。

(1) Why were you *angry yesterday?
What ＿＿＿＿ you angry yesterday?　　*angry 怒って

(2) The name of that mountain is *Mt. Aso.
We ＿＿＿＿ that mountain Mt. Aso.　　*Mt. Aso 阿蘇山

3 次の日本文を(　)内の指示にしたがって英語になおしなさい。

(1) 私たちにとってここで泳ぐことは危険です。　(it を使って 7 語で)

＿＿＿＿＿＿＿＿＿＿＿＿＿＿＿＿

(2) その音楽は私を悲しくさせました。　(the music を主語に)

＿＿＿＿＿＿＿＿＿＿＿＿＿＿＿＿

解答 p.2

ステージ1 Lesson 1 Aya Visits Canada ①

読 聞 書 話

教科書の要点 現在完了形(完了)「〜したところだ」

a03

I **have just finished** my homework.　私はちょうど宿題が終わったところです。

〈have＋動詞の過去分詞形〉

要点

- 〈have[has]＋動詞の過去分詞形〉を現在完了形と言う。「〜したところだ」の意味で，過去に始まった動作や状態の完了を表すことができる。(〈完了〉の用法)
- 否定文では，have または has のあとに not を置いて〈haven't[have not]＋動詞の過去分詞形〉，〈hasn't[has not]＋動詞の過去分詞形〉の形にする。
- 〈完了〉の用法では否定文の文末に yet を置くことが多い。

例　I **haven't[have not] finished** my homework **yet**.　まだ宿題が終わっていません。

プラス have[has]と動詞の過去分詞形の間に already を置くと「すでに〜してしまった」の意味になる。完了の現在完了形の文では次の語がよく使われる。

肯定文 just「ちょうど」　already「もう，すでに」　否定文 yet「まだ(〜ない)」

例　I **have already cleaned** my room.　(私はすでに部屋を掃除してしまいました。)

Wordsチェック 次の英語は日本語に，日本語は英語になおしなさい。

□(1) host　(　　　)　□(2) lighthouse　(　　　)

□(3) habor　(　　　)　□(4) have not の短縮形 ______

□(5) 東，東方 ______　□(6) 登る ______

1 次の(　)内から適する語を選んで，○で囲みなさい。

(1) We have (climb, climbed) the mountain.

(2) They have not (have, had) time to see some views yet.

(3) They have just (come, came) back from the trip.

(4) My mother hasn't cooked dinner (yet, already).

(5) Mike has (just, yet) studied English.

(6) I have (yet, already) come home.

ミス注意

現在完了形〈have[has]＋動詞の過去分詞形〉

過去分詞形を覚えよう。

- have − had − **had**
- come − came − **come**
- write − wrote − **written**

よく出る 2 次の日本文に合うように，____に適する語を書きなさい。

(1) 映画はちょうど始まったところです。

The movie ______ ______ started.

(2) 私はすでに朝食を終えました。

I ______ ______ finished breakfast.

(3) シンジはまだその手紙を書いていません。

Shinji hasn't ______ the letter ______.

ここがポイント

現在完了形(完了)の文での already, just, yet

- already 「もう，すでに」…肯定文
- just 「ちょうど」…肯定文
- yet 「もう」…疑問文 「まだ(〜ない)」…否定文

breakfast：朝食，letter：手紙

よく出る **3** 次の文を( )内の指示にしたがって書きかえなさい。

(1) It started to rain.(just を使って現在完了形の文に)

(2) Reina eats an apple pie.(already を使って現在完了形の文に)

(3) I have already discovered a problem.(yet を使って否定文に)

ここがポイント

just, already, yet の位置

● just, already
…肯定文で have[has] と動詞の過去分詞形の間

● yet
…疑問文，否定文の文末

4 次の〔 〕内の語句を並べかえて，日本文に合う英文を書きなさい。

(1) 私にはレポートを終わらせるためにあと２週間必要です。
I need〔 finish / weeks / more / two / to 〕the report.
I need ______ the report.

(2) このレストランを勧めてくれてありがとう。
〔 recommending / thanks / this restaurant / for 〕.

(3) 私はまだ妹におみやげを買っていません。
〔 bought / I / have / souvenirs / for my sister / not 〕yet.
______ yet.

(4) 今晩，彼女はフライド・チキンを食べます。
〔 is / having / she / fried chicken 〕tonight.
______ tonight.

(5) 明日，あなたにＥメールを送ります。
〔 email / I / will / you 〕tomorrow.
______ tomorrow.

思い出そう

(1)「〜するために」は不定詞〈to＋動詞の原形〉で表す。

ことばメモ

(2) recommend「〜を勧める」

5 Word Box 次の表を見て，エミリー(Emily)とケンがすでにしたこと，まだしていないことを表す英文を例にならって完成させなさい。ただし，表の○は「すでにした」，×は「まだしていない」ことを表します。

例1 Jim has already eaten lunch.
例2 Jim has not visited the garden yet.
例3 Jim has already *seen the lighthouse.

	eat lunch	visit the garden	see the lighthouse
Jim	○	×	○
Emily	(1) ×	(2) ○	(3) ×
Ken	(4) ○	(5) ×	(6) ○

*seen see の過去分詞形

(1) Emily ______.
(2) Emily ______.
(3) Emily ______.
(4) Ken ______.
(5) Ken ______.
(6) Ken ______.

解答 p.3

ステージ1 Lesson 1

Aya Visits Canada ②

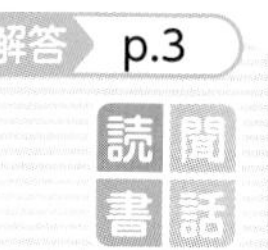

教科書の要点 現在完了形(経験)「～したことがある」 a04

肯定文 I **have read** the book **before.** 私は以前にこの本を読んだことがあります。
〈have＋動詞の過去分詞形〉 「以前に」

疑問文 **Have** you **read** this book? この本を読んだことがありますか。
主語の前

答え方 Yes, I **have.** / No, I **haven't.** はい，あります。いいえ，ありません。

要点

- 現在完了形〈have[has]＋動詞の過去分詞形〉は「～したことがある」の意味で，過去から現在までの経験を表すことができる。(〈経験〉の用法)
- 現在完了形の疑問文は〈Have[Has]＋主語＋動詞の過去分詞形 ～?〉で表す。
- 答えるときも，Yes, I have. や No, I haven't. のように have[has]を使う。

短縮形 have not → haven't　　has not → hasn't

Wordsチェック 次の英語は日本語に，日本語は英語になおしなさい。

□(1) hear of ～ (　　　)　　□(2) translate (　　　)
□(3) series (　　　)　　□(4) feel like ～ (　　　)
□(5) step (　　　)　　□(6) いつか ＿＿＿＿
□(7) hear の過去分詞形 ＿＿＿＿　　□(8) you will の短縮形 ＿＿＿＿

1 次の文の＿＿に，(　)内の語を適する形にかえて書きなさい。

(1) I have ＿＿＿＿ Kamakura before. (visit)
(2) We have ＿＿＿＿ of the news. (hear)

ことばメモ
before(以前に)は，現在完了形〈経験〉でよく使われる。

2 絵を見て例にならい，「以前に～したことがあります」という文を書きなさい。

例 see　(1) climb　(2) play　(3) read

例 I have seen the fish before.
(1) I ＿＿＿＿ ＿＿＿＿ Mt. Fuji before.
(2) Tom ＿＿＿＿ ＿＿＿＿ *go* before.
(3) Ryoko ＿＿＿＿ ＿＿＿＿ this English book before.

read は過去形も過去分詞形もスペルは同じだよ。read[réd]と発音するよ。

よく出る **3** 次の日本文に合うように，＿＿に適する語を書きなさい。

(1) 私はコーヒーを1杯飲みたい気分です。

I ＿＿＿＿ ＿＿＿＿ drinking a cup of coffee.

(2) これらの本は英語に翻訳(ほんやく)されました。

These books were ＿＿＿＿ ＿＿＿＿ English.

(3) 私たちは来月シンガポールを訪問する予定です。

＿＿＿＿ ＿＿＿＿ to visit Singapore next month.

(4) あなたは以前に天ぷらを料理したことはありますか。
—— はい，あります。

＿＿＿＿ you ＿＿＿＿ *tempura* before?
—— ＿＿＿＿, I ＿＿＿＿.

(5) 彼女(かのじょ)は以前にカナダに行ったことがありますか。
—— いいえ，ありません。

＿＿＿＿ she ＿＿＿＿ to Canada before?
—— ＿＿＿＿, she ＿＿＿＿.

思い出そう
(2)「〜された」は受け身〈be 動詞＋動詞の過去分詞形〉で表す。
(3)「〜する予定である」はbe going to 〜で表す。

Lesson 1

よく出る **4** 次の文を（　）内の指示にしたがって書きかえるとき，＿＿に適する語を書きなさい。

(1) I saw this movie last year. （下線部を once に）

I have ＿＿＿＿ this movie ＿＿＿＿.

(2) You have talked to him. （疑問文に）

＿＿＿＿ you ＿＿＿＿ to him?

(3) Mr. White has listened to the song. （疑問文に）

＿＿＿＿ Mr. White ＿＿＿＿ to the song?

(4) We have been to France. （下線部を He に）

＿＿＿＿ ＿＿＿＿ been to France.

まるごと暗記
been と gone
現在完了形〈経験〉の「〜へ行ったことがある」は，go(行く)ではなく，be の過去分詞形 been で表す。
- have been to 〜「〜に行ったことがある」
- have gone to 〜「〜に行ってしまった（もうここにはいない）」

ここがポイント
回数を表す語句
- once（1 度）
- twice（2 度）
- many times（何度[回]も）

5 次の英文を日本語になおしなさい。

(1) Have you thought about Japanese food culture?

（　　　　　　　　　　　　　　　　　　　　）

(2) I can't wait to visit Green Gables.

（　　　　　　　　　　　　　　　　　　　　）

(3) You'll feel like you're stepping into your dream.

（　　　　　　　　　　　　　　　　　　　　）

(4) She has been to Australia.

（　　　　　　　　　　　　　　　　　　　　）

解答 p.4

Lesson 1 Aya Visits Canada ③

読 聞 書 話

教科書の要点 現在完了形〈完了〉〈経験〉でよく使われる語句 a05

完了・否定文 I haven't finished writing a report **yet**. 「まだ」 私はまだレポートを書き終えていません。

完了・疑問文 Have you finished writing a report **yet**? 「もう」 もうレポートを書き終えましたか。

経験・疑問文 Have you **ever** heard the word? 「これまでに」 これまでにそのことばを聞いたことがありますか。

要点

● 現在完了形〈完了〉〈経験〉の文でよく使われる語句は，文中での位置に注意する。

〈完了〉 肯定文 just「ちょうど」，already「もう，すでに」 …動詞の過去分詞形の前に置く

否定文 疑問文 yet「（否定文で）まだ，（疑問文で）もう」 …文末に置く

〈経験〉 疑問文 ever「これまでに」

否定文 never「一度も〜ない」 …動詞の過去分詞形の前に置く

once「1 度」，twice「2 度」，many times「何回も」，before「以前に」 …文末に置く

Words チェック 次の英語は日本語に，日本語は英語になおしなさい。

□(1) serve （　　　）　□(2) smell （　　　）

□(3) boil （　　　）　□(4) tender （　　　）

□(5) 〜を加える ＿＿＿　□(6) （時間が）経つ ＿＿＿

□(7) try の過去分詞形 ＿＿＿　□(8) do の過去分詞形 ＿＿＿

1 次の（　）内から適する語を選んで，○で囲みなさい。

(1) I haven't finished reading the book（ yet, already).

(2) Have you（ yet, ever ）used this computer?

(3) I have（ just, never ）seen Mr. Ito. I want to see him.

よく出る 2 次の日本文に合うように，＿＿に適する語を書きなさい。

(1) あなたはこれまでにすしを食べたことがありますか。

Have you ＿＿＿ ＿＿＿ sushi?

(2) 彼(かれ)はまだシーフードチャウダーを試していません。

He ＿＿＿ tried seafood chowder ＿＿＿.

(3) ハンナはもう野菜を切り刻(きざ)んでしまいましたか。

＿＿＿ Hanna ＿＿＿ up some vegetables yet?

まるごと暗記

不規則動詞の過去分詞形

● do − did − **done**

● see − saw − **seen**

● eat − ate − **eaten**

● write − wrote − **written**

cut は過去形も過去分詞形も同じつづりだよ。発音もすべて[kʌ́t]だよ。

よく出る

3 次の対話が成り立つように，＿＿に適する語を書きなさい。

(1) *A*： Have you cleaned your room ＿＿＿＿＿＿ ?
B： No, I ＿＿＿＿＿＿ . I will do it right away.

(2) *A*： ＿＿＿＿＿＿ your sister washed the dishes yet?
B： Yes, she ＿＿＿＿＿＿ . She did it an hour ago.

(3) *A*： ＿＿＿＿＿＿ you ＿＿＿＿＿＿ visited New York?
B： No, I ＿＿＿＿＿＿ . I want to go there someday.

4 〔 〕内の語句を並べかえて，日本文に合う英文を書きなさい。

(1) 彼が来るまでテレビを見ましょう。
Let's〔 TV / he / watch / comes / until 〕.
Let's ＿＿＿＿＿＿＿＿＿＿＿＿＿＿＿＿ .

(2) あなたはもうその俳優にインタビューしましたか。
〔 interviewed / you / yet / the actor / have 〕?
＿＿＿＿＿＿＿＿＿＿＿＿＿＿＿＿

(3) 私たちは新鮮な野菜を使ってスープをつくるつもりです。
〔 fresh vegetables / going / make / to / with / we're / some soup 〕.
＿＿＿＿＿＿＿＿＿＿＿＿＿＿＿＿

(4) そのジャガイモをおよそ５分間ゆでましょう。
〔 about / let's / for / the potatoes / boil / five minutes 〕.
＿＿＿＿＿＿＿＿＿＿＿＿＿＿＿＿

ミス注意
(2)「もう～しましたか」という現在完了形。yet「もう」は疑問文の文末に置く。

表現メモ
いろいろな前置詞
● for ～「～の間」
● with ～「～を使って」

5 次の英文を日本語になおしなさい。

(1) Has he arrived at the station yet?
(　　　　　　　　　　　　　　　　)

(2) Ten minutes have passed, so add one cup of water.
(　　　　　　　　　　　　　　　　)

(3) I'm sure you'll enjoy your stay in Japan.
(　　　　　　　　　　　　　　　　)

表現メモ
(1) arrive at ～
「～に着く[到着(とうちゃく)する]」
(3) I'm sure ～.
「～だと確信している」

WRITING Plus

次の各問いに対して，あなた自身の答えを英語で書きなさい。

(1) Have you ever cooked curry and rice at home?
＿＿＿＿＿＿＿＿＿＿＿＿＿＿＿＿

(2) Have you done your homework?
＿＿＿＿＿＿＿＿＿＿＿＿＿＿＿＿

文法のまとめ 現在完了形の文 ①

解答 p.4

まとめ

〈have[has]＋動詞の過去分詞形〉を現在完了形という。

① 現在完了形(完了)

- 「〜したところだ」の意味で，過去に始まった動作や状態が「完了」したことを表す。
- 「完了」を表す文では just「ちょうど」や already「もう，すでに」などの語がよく使われる。

I have just cleaned my room.　（私はちょうど部屋を掃除(そうじ)したところです。）
I have already cleaned my room.　（私はすでに部屋を掃除してしまいました。）

- yet は疑問文や否定文の文末に置いてよく使われ，疑問文では「もう(〜しましたか)」，否定文では「まだ(〜していません)」の意味を表す。

疑問文 Have you cleaned your room yet?　（あなたはもう部屋を掃除しましたか。）
否定文 I haven't cleaned my room yet.　（私はまだ部屋を掃除していません。）

② 現在完了形(経験)

- 「〜したことがある」の意味で，過去から現在までの「経験」を表す。「経験」の文では before「以前に」などの語がよく使われる。
- 疑問文で「これまでに〜したことがありますか」とたずねるときは ever「これまでに」を使う。

肯定文 I have been to France before.　（私は以前にフランスに行ったことがあります。）
疑問文 Have you [　] ever been to France? — Yes, I have. / No, I haven't.
主語の前　　have not の短縮形
（あなたはこれまでにフランスに行ったことがありますか。
— はい，あります。/ いいえ，ありません。）

- 「(一度も)〜したことがない」と言うときは never「一度も〜ない」を使う。

I have never been to France.　（私はフランスに行ったことがありません。）

練習

よく出る **1** 次の文の＿＿に，(　)内の語を適する形にかえて書きなさい。

動詞の過去分詞形を覚えてね。

(1) I have never ＿＿＿＿ a cake. (make)
(2) Have you ever ＿＿＿＿ *shogi*? (play)
(3) Ms. Suzuki has ＿＿＿＿ to Kyoto. (be)
(4) We haven't ＿＿＿＿ a report yet. (write)
(5) Has your best friend ever ＿＿＿＿ *natto*? (try)
(6) Natsumi and Ray have just ＿＿＿＿ their homework. (do)

2 次の対話が成り立つように，＿＿に適する語を書きなさい。

(1) *A* : ＿＿＿＿ your sister ever watched this new DVD?
B : No, she ＿＿＿＿.
(2) *A* : Have you ＿＿＿＿ been to Australia?
B : No, I've ＿＿＿＿ been there.

3 次の文を( )内の指示にしたがって書きかえなさい。

(1) I cooked dinner. (just を加えて現在完了形の文に)

(2) You have heard of the news. (ever を使って疑問文に)

(3) Atsushi has already finished breakfast. (否定文に)

4 〔 〕内の語句を並べかえて，日本文に合う英文を書きなさい。

(1) 祖父は一度も東京に行ったことがありません。
〔 been / never / Tokyo / my grandfather / has / to 〕.

(2) ユミはもう手紙を書きましたか。
〔 has / yet / written / letter / a / Yumi 〕?

(3) あなたはこれまでにそのテレビ番組を見たことはありますか。
〔 ever / the TV program / watched / you / have 〕?

(4) 彼女(かのじょ)はちょうどここに着いたところです。
〔 arrived / just / she / here / has 〕.

5 次の英文を日本語になおしなさい。

(1) My brother has never studied abroad.
( )

(2) Have you written a letter yet?
( )

(3) My parents have already read *Harry Potter series twice. *Harry Potter『ハリー・ポッター』
( )

6 次の日本文を( )内の指示にしたがって英語になおしなさい。

(1) 私は何度も京都に行ったことがあります。 (7 語で)

(2) 電車はすでにその駅に到着(とうちゃく)しました。 (8 語で)

(3) あなたはもう手を洗いましたか。 (6 語で)

確認のワーク ステージ1 Useful Expressions 1 観光案内所での表現

読 聞 書 話

解答 p.5

教科書の要点 目的地への行き方をたずねる表現

a06

Could you tell me **how to get to** Yokohama Stadium?

「～を教えてくださいますか」 「～への行き方」 目的地

横浜スタジアムへの行き方を教えてくださいますか。

要点

- 「～への行き方を教えていただけませんか」は〈Could you tell me how to get to＋目的地？〉で表す。
- 行き方の説明でよく使う表現
  - □ take the ～ Line　～線に乗る
  - □ get off ～　降りる
  - □ change to ～　～に乗りかえる

Wordsチェック 次の英語は日本語に，日本語は英語になおしなさい。

□(1) line　(　　　)　□(2) be close to ～　(　　　)

□(3) 空港　＿＿＿＿　□(4) 競技場，スタジアム　＿＿＿＿

よく出る 1 次の対話が成り立つように，＿＿に適する語を□から選び，書きなさい。

Man : Excuse me, could you (1)＿＿＿＿ me how to (2)＿＿＿＿ to Asakusa from here?

Yuka : Sure. (3)＿＿＿＿ the Yamanote Line to Ueno Station and (4)＿＿＿＿ to the Ginza Line there.

Man : Got it. Thanks.

take	tell	change	get

ミス注意
(2) get to は「～に着く」の意味。

2 次の英文の下線部を日本語になおしなさい。

(1) The closest station to my house is Yokohama.
(　　　　　　　　)は横浜です。

(2) Let's ask at the information desk.
(　　　　　　　　)でたずねましょう。

ことばメモ
close
「(距離，関係が)接近している」という意味。

3 〔 〕内の語句を並べかえて，日本文に合う英文を書きなさい。

(1) 金閣寺への行き方を教えていただけませんか。
〔 me / to / to / you / get / tell / how / could 〕Kinkaku-ji?
＿＿＿＿＿＿＿＿＿＿＿＿＿＿＿＿ Kinkaku-ji?

(2) 書店は駅の近くにあります。
〔 is / to / close / the station / the bookstore 〕.
＿＿＿＿＿＿＿＿＿＿＿＿＿＿＿＿

形容詞の close「近い」は[klóus]，close「～を閉じる」は[klóuz]，と発音するよ。下線部の発音に注意。

解答 p.5

ステージ1 Tips 2 for Writing 英語で手紙を書こう。

読 聞 書 話

教科書の要点 手紙での表現

a07

Thank you very much for your kindness and help during my stay.

滞在(たいざい)中のご親切とご協力に感謝します。

要点

- お礼の手紙を書くとき，「〜を感謝します」は Thank you very much for 〜. で表す。
- 手紙を書くときによく使う表現
  - □ I hope you are doing well. お元気でいることと思います。
  - □ I'll be looking forward to hearing from you. ご連絡(れんらく)をお待ちしています。

Wordsチェック 次の英語は日本語に，日本語は英語になおしなさい。

□(1) Best wishes, (　　　) □(2) future (　　　)

□(3) 親愛なる〜 ＿＿＿ □(4) 驚(おどろ)いた ＿＿＿

1 次の英文の下線部を日本語になおしなさい。

(1) All of you were very kind and helpful to me.

皆(みな)さんはとても私に(　　　　)してくれました。

(2) I was surprised that the mountains were beautiful.

私は山が美しかったことに(　　　　)。

2 次の日本文に合うように，＿に適する語を書きなさい。

(1) メールをどうもありがとう。

＿＿＿ you very much ＿＿＿ your email.

(2) お元気でいることと思います。

I ＿＿＿ you are ＿＿＿ well.

まるごと暗記

手紙でよく使う表現

- How are you doing?「お元気ですか」
- I hope 〜.「〜だといいなと思います」
- Thank you very much for 〜.「〜を感謝します」
- I'll be looking forward to 〜ing.「〜するのを楽しみに待っています」

3 マサエがホームステイでお世話になったデイビッド(David)にお礼の手紙を書こうとしています。感謝の気持ちを伝えられるように，〔　〕内の語を並べかえ英文を書きなさい。

Dear David,

Thank you very much (1)〔 stay / help / for / during / your / my 〕.

It was nice of you to show me around New York.

I was very surprised that the Statue of Liberty was very big.

(2)〔 forward / to / am / meeting / looking / I 〕 you again soon in Japan.

Best wishes,

Masae

(1) Thank you very much ＿＿＿＿＿＿＿＿＿＿.

(2) ＿＿＿＿＿＿＿＿＿＿ you again soon in Japan.

定着のワーク ステージ2 Review Lesson ～ Tips 2 for Writing

読 聞 書 話

1 LISTENING 対話を聞いて，その内容に合う絵をア～ウから１つ選び，記号をで答えなさい。 l01

（　　　）

よく出る **2** 次の（　）内から適する語を選び，○で囲みなさい。

(1) We（ have，has ）not eaten *okonomiyaki*.

(2) I don't know how to（ make，makes ）cookies.

(3) We call（ he，him ）Jake.

(4) It is difficult for us to（ walk，walking ）to the station.

3 次の対話が成り立つように，___に適する語を書きなさい。

(1) *A*: Do you know what __________ do next?
B: No, I don't know. Please tell me.

(2) *A*: Have you ever heard of the news?
B: No, I __________.
A: Really? I heard of it yesterday.

よく出る **4** 〔　〕内の語句を並べかえて，日本文に合う英文を書きなさい。ただし，下線部の語は必要があれば適する形にかえること。

(1) アンはすでに日本についてたくさん学びました。
〔 a lot / <u>learn</u> / already / Anne / about / has 〕Japan.
______________________________ Japan.

(2) その知らせはマサエを悲しくさせました。
〔 <u>make</u> / sad / that news / Masae 〕.
____

(3) 私はどこに泊まればいいかわかりません。
〔 where / <u>stay</u> / don't / I / to / know 〕.
____

(4) あなたはお父さんを何と呼んでいますか。
〔 do / <u>call</u> / you / your father / what 〕?
____

重要ポイント

2 (1)主語によって have と has を使い分ける。
(2)「～の仕方」は〈how to＋動詞の原形〉を使う。
(3)〈call＋人＋～〉「(人)を～と呼ぶ」の「人」が代名詞なら目的格に。
(4)〈It is ... (for＋人) to＋動詞の原形.〉の形。

テストに出る！
(2)現在完了形の疑問文では have[has] を使って答える。

得点力をUP
現在完了形
〈have[has]＋動詞の過去分詞形〉の形を忘れずに！

4 (1) learn は規則動詞。
(2)「～させた」なので過去の文。
(3)「どこに～すればいいか」は where to ～。
(4)「～を何と呼んでいますか」は What do you call ～? で表す。

5 次の対話文を読んで，あとの問いに答えなさい。

Lucy: Tomorrow we're going to visit Green Gables!
Aya: The house of *Anne of Green Gables*, right? Great!
Lucy: Oh, ①〔 you / have / her / of / heard 〕?
Aya: Yes, she is popular in Japan. The book *Anne of Green Gables* was ②(translate) (③) Japanese. ④I've read it in Japanese before, but I want to read it in English someday. ⑤〔 also / the TV / I've / series / watched 〕.

(1) 下線部①の〔 〕内の語を並べかえて，意味の通る英文にしなさい。
Oh, ______________________________?
(2) ②の( )内の語を適する形にかえなさい。
____
(3) ③の( )に適する語をア～ウから選び，記号で答えなさい。
ア in　イ into　ウ from　(　　)
(4) 下線部④を，it が指すものを明らかにして日本語になおしなさい。
(　　　　　　　　　　　　)
(5) 下線部⑤が「私はテレビシリーズも見たことがあります」という意味になるように，〔 〕内の語句を並びかえなさい。
____

6 次の日本文に合うように，____に適する語を書きなさい。

(1) お会いするのを楽しみにしています。
I'm looking ________ to ________ you.
(2) あおい競技場への行き方を教えていただけませんか。
Could you ________ me ________ to get to Aoi Stadium?

レベルUP 7 次の日本文を( )内の指示にしたがって英語になおしなさい。

(1) 私にとって早起きすることは簡単です。 (it を使って)
____
(2) 私は以前に彼(かれ)に会ったことがあります。(seeの過去分詞形を使って)
____
(3) 人々はそのタワーを*東京タワーと呼びます。
____
*東京タワー　Tokyo Tower

重要ポイント

5 (1)現在完了形の疑問文。hear of ～「～のことを耳にする」という意味。
(2) 受け身の形にする。
(4) it が指すものは前文参照。

6 (1)「～するのを楽しみに待つ」は look forward to ～ing。

得点力をUP
look を使った連語
- look at ～「～を見る」
- look for ～「～を探す」
- look up at ～「～を見上げる」

(2)「～を教えてくれませんか」は Could you tell me ～?。

7 (2)経験を表す現在完了形の文にする。「以前に」を表す語は文末に置く。

ちょっとBREAK　roast は「(肉などをオーブンでじっくり)焼く」。パンやケーキを「焼く」は？ ➡答えは次のページ

解答 p.6

読 聞 書 話

/100

1 LISTENING 対話とその内容についての質問を聞いて，その答えとして適切なものをア〜エから１つ選び，記号で答えなさい。★で話しているものとします。 l02 (6点)

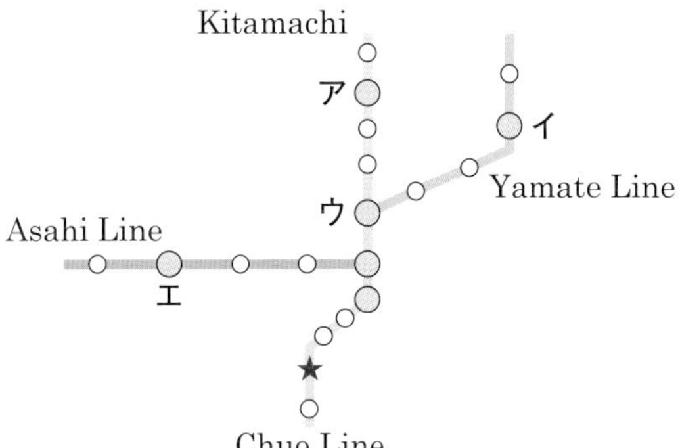

(　　　)

よく出る **2** 次の日本文に合うように，＿＿に適する語を書きなさい。 4点×4(16点)

(1) 元町公園への行き方を教えてくださいますか。

Could you tell me ＿＿＿＿ ＿＿＿＿ ＿＿＿＿ to Motomachi Park?

(2) [(1)に答えて] 東山線に乗って，元町駅で降りてください。

＿＿＿＿ the Higashiyama Line and ＿＿＿＿ ＿＿＿＿ at Motomachi Station.

(3) 私たちはいつ始めればいいか知っています。

We know ＿＿＿＿ ＿＿＿＿ start.

(4) うま味ということばは世界中のたくさんのシェフに知られています。

The word umami ＿＿＿＿ ＿＿＿＿ to many chefs around the world.

3 次の対話が成り立つように，＿＿に適する語を書きなさい。 3点×2(6点)

(1) *A*: Have you finished writing the report for the history class?

B: Yes, I ＿＿＿＿. I wrote it yesterday.

(2) *A*: I have read this book once. How about you?

B: I have ＿＿＿＿ read it. I'll try it this weekend.

よく出る **4** 次の文を(　)内の指示にしたがって書きかえなさい。 4点×3(12点)

(1) Kana wrote a letter. (already を加えて現在完了形の文に)

＿＿＿＿＿＿＿＿＿＿＿＿＿＿＿＿

(2) Did the baseball game start? (yet を加えて現在完了形の疑問文に)

＿＿＿＿＿＿＿＿＿＿＿＿＿＿＿＿

(3) I visited New York. (twice を加えて「〜したことがあります」という文に)

＿＿＿＿＿＿＿＿＿＿＿＿＿＿＿＿

ちょっとBREAKの答え bake [béik] と言います。

目標 ●完了や経験を表す現在完了形の文を理解し，それぞれの文でよく使われる語句を覚えましょう。

自分の得点まで色をぬろう!
0 60 80 100点

5 次の英文を読んで，あとの問いに答えなさい。 （計40点）

①[you / seafood chowder / tried / have] here on Prince Edward Island? Oh, you haven't ②(have) it yet. OK, today we're going to make some delicious chowder with fresh lobster, clams, and other seafood. I'm sure you'll love it!

As you can see, I've already ③(cut) up some vegetables and ④I've put them in my pot of water. Now do the same and let's boil them ⑤(～まで) they are tender.

Now ⑥(～を加える) lobster, clams, fish, and scallops. Have you ⑦(do) that? Now let them simmer for five minutes.

(1) 下線部①が「ここ，プリンスエドワード島でシーフードチャウダーを試したことはありますか」という意味になるように，[ ]内の語句を並べかえなさい。 （5点）

________________ here on Prince Edward Island?

(2) ②，③，⑦の( )内の語を適する形にかえなさい。 4点×3（12点）

② ________ ③ ________ ⑦ ________

(3) 下線部④を，them の内容を明らかにして日本語になおしなさい。 （5点）

(　　　　　　　　　　　　　　　　)

(4) ⑤，⑥の( )内の日本語の意味になるように英語を書きなさい。 4点×2（8点）

⑤ ________ ⑥ ________

(5) 本文のシーフードチャウダーをつくるのに必要な材料を，日本語で5つ書きなさい。

(　　　)(　　　)(　　　)(　　　) 2点×5（10点）

(　　　)

よく出る 6 [ ]内の語句を並べかえて，日本文に合う英文を書きなさい。 5点×2（10点）

(1) あなたにとって漢字を書くことは簡単ですか。

[it / is / write / easy / you / for / to / *kanji*]?

____

(2) あなたは学校でインターネットを使ったことはありますか。

[used / have / the Internet / school / you / at]?

____

レベルUP 7 次の日本文を( )内の語を使って英語になおしなさい。 5点×2（10点）

(1) いつあなたの家を訪ねるべきか教えてください。 (tell, to)

____

(2) 生活(my life)を楽しむことは私にとって重要です。 (it)

____

解答 p.7

ステージ1 Lesson 2 The Eagles of Hokkaido ①

教科書の要点 現在完了形(継続)「ずっと〜している」

a08

I **have lived** in Yokohama **for five years.** 私は5年間横浜に住んでいます。

〈have＋動詞の過去分詞形〉 〈for＋期間を表す語句〉

要点1

- 現在完了形〈have[has]＋動詞の過去分詞形〉は「ずっと〜している」の意味で，過去に始まった動作や状態が現在まで続いていることを表すことができる。(〈継続〉の用法)
- 〈継続〉の用法では，for や since が使われることが多い。
  - ・〈for＋期間を表す語句〉「〜間」　・〈since＋起点を表す語句や文〉「〜(して)以来」

How long have you **been** in Yokohama? あなたはいつから横浜に住んでいますか。

文頭に

具体的な「期間」を答える

—— I have been here **since I was little.** 小さいころからずっとです。

〈since＋起点を表す語句や文〉

要点2

- 「どのくらい(の間)[いつから]〜していますか」とたずねるときは，〈How long have[has]＋主語＋動詞の過去分詞形 〜?〉で表す。
- 答えるときは，〈for＋期間を表す語句〉や〈since＋起点を表す語句や文〉を使う。

Wordsチェック 次の英語は日本語に，日本語は英語になおしなさい。

- □(1) topic (　　　　)
- □(2) danger (　　　　)
- □(3) he has の短縮形 ＿＿＿＿
- □(4) choose の過去分詞形 ＿＿＿＿
- □(5) see の過去分詞形 ＿＿＿＿
- □(6) 人間 ＿＿＿＿

1 絵を見て例にならい，「ずっと〜しています」という文を書きなさい。

例

play the piano

(1)

have a dog

(2)

live here

(3)

know Tom

例 I have played the piano for two years.

(1) She ＿＿＿＿ ＿＿＿＿ a dog for two years.

(2) Yuji ＿＿＿＿ ＿＿＿＿ here since last year.

(3) I ＿＿＿＿ ＿＿＿＿ Tom for five years.

ここがポイント

〈have[has]＋動詞の過去分詞形〉

主語が I，you 以外の単数(3人称単数)のときは has を使う。

choose[tʃú:z]の過去分詞形の発音に注意。chosen[tʃóuzn]となるよ。

よく出る **2** 次の（ ）内から適する語を選び，○で囲みなさい。

(1) My sister has played the piano（ since, for ）2018.

(2) Jim has been sick（ since, for ）a week.

(3) He has practiced *judo*（ since, for ）he came to Japan.

ここがポイント

for と since の使い分け
- 〈for＋期間を表す語句〉
- 〈since＋起点を表す語句〉
- 〈since＋主語＋動詞 ～〉

よく出る **3** 次の文を（ ）内の指示にしたがって書きかえなさい。

(1) I live in Osaka.（since 2016 を加えて）

______

(2) He plays the guitar.（for three years を加えて）

______

(3) You know her.（how long で始まる疑問文に）

______

ここがポイント

現在完了形（継続）への書きかえ
- 動詞を〈have［has］＋動詞の過去分詞形〉にする。
- since ～や for ～を続ける。

4〔 〕内の語句を並べかえて，日本文に合う英文を書きなさい。

(1) マミは長い間テニスをしています。

Mami〔 for / tennis / played / has / a long time 〕.

Mami ______.

(2) 彼女（かのじょ）は交通事故のせいで遅れました。

She〔 late / was / the *traffic accident / of / because 〕.

*traffic accident　交通事故

She ______.

(3) あなたはどのくらいの間ピアノがほしいと思っていますか。

〔 long / a piano / wanted / how / you / have 〕?

______

(4) 彼（かれ）はここに 5 年以上住んでいます。

He〔 more than / has / here / five years / for / lived 〕.

He ______.

表現メモ
- because of ～「～のおかげで，～のせいで」
- more than ～「～以上」

WRITING Plus

次の各問いに対して，あなた自身の答えを英語で書きなさい。

(1) How long have you known your best friend?

______

(2) Have you lived in your city since you were little?

______

(3) Have you had any pets for a long time?

______

解答 p.8

ステージ1 Lesson 2 The Eagles of Hokkaido ②

教科書の要点 現在完了進行形「ずっと〜している」

I **have been reading** this book **since three o'clock.** 私は3時からずっとこの本を読んでいます。

〈have [has] been＋動詞の -ing 形〉 〈since＋起点を表す語句や文〉

要点

- 〈have [has] been＋動詞の -ing 形〉を現在完了進行形という。「ずっと〜している」の意味で，過去のある時点からずっと続いていて，今も進行中であることを表す。
- 現在完了形〈継続〉の文と同様に，**for** や **since** といっしょに使われることが多い。
- live，know，love などの「状態」を表す動詞は，〈have[has]＋動詞の過去分詞形〉で「ずっと〜している」を表し，その他の動詞は現在完了進行形を使うことが多い。

Wordsチェック 次の英語は日本語に，日本語は英語になおしなさい。

□(1)	o'clock	(　　　)	□(2)	kill	(　　　)
□(3)	as a result	(　　　)	□(4)	die from 〜	(　　　)
□(5)	against	(　　　)	□(6)	肉	＿＿＿＿
□(7)	100年間	＿＿＿＿	□(8)	ショック	＿＿＿＿

1 絵を見て例にならい，「〜はずっと…しています」という文を書きなさい。

例

I / watch TV

(1)

I / play basketball

(2)

Sakura / use a computer

(3)

she / study science

例 I have been watching TV since three o'clock.

(1) I ＿＿＿＿ ＿＿＿＿ ＿＿＿＿ basketball since this morning.

(2) Sakura ＿＿＿＿ ＿＿＿＿ ＿＿＿＿ a computer for thirty minutes.

(3) She ＿＿＿＿ ＿＿＿＿ ＿＿＿＿ science for a long time.

ここがポイント
現在完了進行形
「ずっと〜している」という意味。〈have [has] been＋動詞の -ing 形〉で表す。

2 次の日本文に合うように，＿＿に適する語を書きなさい。

(1) 2週間ずっと雨が降っています。
It ＿＿＿＿ ＿＿＿＿ ＿＿＿＿ for two weeks.

(2) 私は10歳(さい)のときからずっとこのかばんを使っています。
I ＿＿＿＿ ＿＿＿＿ ＿＿＿＿ this bag since I was ten years old.

dead「死んでいる」は[déd]と発音するよ。

3 次の英文を読んで，あとの問いに答えなさい。

The veterinarian Saito Keisuke works for the Kushiro Wetland Wildlife Center. ①He noticed that many eagles died from eating deer meat. The meat was ②(poison) by lead bullets. He started a movement against them. ③(その結果), in 2004 the use of lead bullets was banned in Hokkaido. ④〔 improving / has / then / been / the situation / since 〕.

(1) 下線部①を日本語になおしなさい。
彼(かれ)は（　　　　　　　　　　　　　　）ということに気がついた。

(2) ②の（　）内の語を適する形にかえなさい。

____

(3) ③の（　）内の日本語を，3 語の英語で書きなさい。

________ ________ ________

(4) 下線部④が「それ以来，その状況は良くなってきています」という意味になるように，〔　〕内の語を並べかえなさい。

____

(5) 本文の内容に合うように，（　）内に適する日本語を書きなさい。
齊藤(さいとう)さんの活動の結果，北海道では 2004 年に（　　　　　　　）の使用が（　　　　　　　）。

ここがポイント
(4)現在完了進行形〈have [has] been＋動詞の -ing 形〉で表す。

思い出そう
for と since の使い分け
- 〈for＋期間を表す語句〉
- 〈since＋起点を表す語句〉
- 〈since＋主語＋動詞 ～〉

よく出る 4 次の（　）内から適する語句を選んで，○で囲みなさい。

(1) It (have, has) been sunny for a month.
(2) He has been (works, working) hard for everyone.
(3) I have (known, knowing) Mr. Smith since last summer.
(4) We have (study, been studying) for three hours.

ミス注意
(3) know, live, love などの「状態」を表す動詞は，ふつう進行形にしない。

5 〔　〕内の語句を並べかえて，日本文に合う英文を書きなさい。

(1) 多くの野生動物が車によって殺されています。
A lot of wildlife 〔 killed / by / is / cars 〕.
A lot of wildlife ____________________.

(2) 彼(かれ)は動物を守るための道具を開発し続けています。
〔 been / he / tools / developing / to protect / has 〕 animals.
____________________ animals.

(3) この活動は多くの人に知られるべきです。
〔 be / should / to / known / many people / this movement 〕.

____

ここがポイント
(1)「～されている」という受け身は〈be 動詞＋動詞の過去分詞形〉で表す。
(2)「守るための道具」は〈to＋動詞の原形〉を使って表す。

文法のまとめ 現在完了形の文 ② / 現在完了進行形の文

まとめ

① 現在完了形（継続）

●〈have [has] ＋動詞の過去分詞形〉で，「ずっと～している」と過去に始まった状態が現在まで続いていることを表すことができる。〈継続〉を表す文では，for「～間」や since「～以来」などの語がよく使われる。

肯定文 I have lived in Tokyo for six years.　（私は 6 年間東京に住んでいます。）
I have lived in Tokyo since I was born.　（私は生まれたときから東京に住んでいます。）

●疑問文は〈Have [Has] ＋主語＋動詞の過去分詞形 ～?〉の形。

疑問文 Have you lived in Tokyo for six years? —— Yes, I have. / No, I haven't.
（あなたは東京に 6 年間住んでいますか。—— はい，住んでいます。/ いいえ，住んでいません。）

●「どのくらい（の間）[いつから]～していますか」と期間をたずねるときは，〈How long have [has] ＋主語＋動詞の過去分詞形 ～?〉で表す。答えるときは〈for＋期間を表す語句〉や〈since＋起点を表す語句や文〉を使う。

How long have you lived in Tokyo?　（どのくらいの間[いつから]東京に住んでいますか。）
—— For six years. / Since I was ten years old.　（6 年間です。/ 10 歳のときからです。）

② 現在完了進行形

●〈have [has] been＋動詞の -ing 形〉で，「ずっと～している」と過去のある時点で始まった動作が現在まで継続していて，今も進行中であることを表す。

I have been reading this book for an hour.　（私はこの本を 1 時間ずっと読んでいます。）
How long have you been staying home?　（あなたはどのくらいの間家に滞在していますか。）

●know（知っている），live（住んでいる），love（～が大好きである）など，「状態」を表す動詞を使う場合はふつう現在完了進行形にしない。これらは現在完了形〈have [has] ＋動詞の過去分詞形〉で「ずっと～している」と表し，その他の動詞は現在完了進行形にすることが多い。

練習

よく出る **1** 次の文の＿＿に since または for を書きなさい。

(1) My mother has been busy ＿＿＿＿ last week.
(2) I have lived in Kyoto ＿＿＿＿ thirteen years.
(3) Everything has changed ＿＿＿＿ then.
(4) Have you been studying English ＿＿＿＿ two hours?
(5) We haven't had much rain ＿＿＿＿ a week.

since は「起点」
for は「期間」
だったね。

2 次の対話が成り立つように，＿＿に適する語を書きなさい。

(1) *A* : How ＿＿＿＿ have you ＿＿＿＿ learning Japanese?
B : I ＿＿＿＿ ＿＿＿＿ learning it for five years.

(2) *A* : ＿＿＿＿ ＿＿＿＿ have you known your teacher?
B : ＿＿＿＿ ＿＿＿＿ him since last year.

3 次の文を（　）内の指示にしたがって書きかえなさい。

(1) She lives in Kyoto. （since she was born を加えて現在完了形の文に）

(2) I play tennis. （for three hours を加えて現在完了進行形の文に）

(3) She has had a cat for a year. （下線部をたずねる文に）

4 〔　〕内の語句を並べかえて，日本文に合う英文を書きなさい。

(1) 私の祖母は横浜に 30 年間住んでいます。
〔 lived / for / Yokohama / my grandmother / has / in / thirty years 〕.

(2) その町はそれ以来大きく変わってきています。
〔 has / a lot / changing / been / the town / since 〕 then.

then.

(3) あなたはどのくらいの間英語を勉強していますか。
〔 studying / how / been / you / have / long / English 〕?

(4) 私は 2 日間ずっと何も食べていません。
〔 for / I / eaten / haven't / two / anything 〕 days.

days.

5 次の英文を日本語になおしなさい。

(1) My brother has known them for four years.
（　　　　　　　　　　　　　　　　　　　　）

(2) How long have you been playing the piano?
（　　　　　　　　　　　　　　　　　　　　）

(3) The doctors have been working so hard to cure many people since then.
（　　　　　　　　　　　　　　　　　　　　）

6 次の日本文を（　）内の指示にしたがって英語になおしなさい。

(1) あなたは長い間この都市に住んでいるのですか。 （city を使って 10 語で）

(2) 私たちは今朝からずっと忙(いそが)しいです。 （morning を使って 7 語で）

(3) 私は 2 時間ずっとこのコンピュータを使っています。 （I've を使って 9 語で）

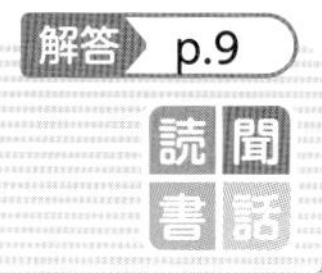

1 LISTENING 対話を聞いて，その内容に合う絵をア～ウから１つ選び，記号で答えなさい。

l03

（　　）

よく出る 2 次の(　)内から適する語を選び，〇で囲みなさい。

(1) Have you (chose, chosen) music for the party yet?

(2) How long (has, have) she been playing the piano?

(3) I have lived here (for, since) ten years.

(4) My parents have been (walk, walking) for two hours.

3 次の文の___に since, for のうち適する語を書きなさい。

(1) I have been doing my homework ________ three o'clock.

(2) Have you been cleaning your room ________ a long time?

よく出る 4 〔 〕内の語句を並べかえて，日本文に合う英文を書きなさい。ただし，下線部の語は適する形にかえること。

(1) あなたは昨日からずっとここにいるのですか。
〔 you / <u>be</u> / yesterday / here / since / have 〕?

____

(2) リサはそれ以来ずっと日本語が好きです。
〔 <u>like</u> / then / since / Lisa / Japanese / has 〕.

____

(3) 彼女(かのじょ)は人々を助けるためにずっと働いています。
〔 been / people / she / working / to / <u>have</u> / help 〕.

____

(4) あなたはどのくらいの間サッカーをしているのですか。
〔 long / soccer / you / how / have / <u>play</u> / been 〕?

____

(5) ワシはたくさんの危険にずっと直面してきています。
〔 a lot of / have / <u>face</u> / eagles / danger / been 〕.

____

重要ポイント

2 (1)現在完了形なので動詞の過去分詞形を使う。
(2)主語に合わせて have か has かを選ぶ。
(3)あとに「期間」を表す語句が続いている。
(4)前に have been があるので現在完了進行形の文にする。

3 since は「起点」を表す。for は「期間」を表す。

得点力をUP

現在完了形
〈have [has] ＋動詞の過去分詞形〉
現在完了進行形
〈have [has] ＋been＋動詞の -ing 形〉

4 (3)「～するために」は〈to＋動詞の原形〉。
(4)「どのくらいの間」は How long ～?。

5 次の対話文を読んで，あとの問いに答えなさい。

Aya : ① My grandfather has lived in Hokkaido（ ② ）a long time.
Bob : ③〔 there / has / how / he / long / been 〕?
Aya : He's been there（ ④ ）he was little. About 60 years.
Bob : I see. ⑤ He（see）many changes in Hokkaido then.
Aya : Yes, he has. He says eagles are now facing a lot of dangers because of humans.

(1) 下線部①を日本語になおしなさい。
（　　　　　　　　　　）
(2) ②，④の（ ）に適する語をア～エから選び，記号で答えなさい。
ア for イ at ウ since エ in ②（　　）④（　　）
(3) 下線部③が「彼はどのくらいの間そこにいますか」という意味になるように，〔 〕内の語を並べかえなさい。
____
(4) 下線部⑤が「彼は北海道で多くの変化をずっと見ています」という意味になるように，（ ）内の語を適切な2語に書きかえなさい。 ______ ______
(5) Ayaのおじいさんによると，ワシは1. だれのせいで，2. どんなことに直面していますか。日本語で答えなさい。
1.（　　　　　　）　2.（　　　　　　）

6 次の日本文に合うように，____に適する語を書きなさい。

(1) お金はテーブルの上にあります。
Money is ______ top ______ the table.
(2) その結果，すべての電車は遅れます。
______ a ______, all the trains will be late.

7 次の英文を日本語にしなさい。

(1) Tom has been using his father's computer since this morning.
（　　　　　　　　　　）
(2) How long have you been sick?
（　　　　　　　　　　）

レベルUP 8 次の日本文を英語になおしなさい。

(1) あなたはどのくらいの間日本に住んでいるのですか。
____
(2) ナツミは4時間ずっとテレビを見ています。
____

重要ポイント

5 (1)継続を表す現在完了形の文。
(3) there は「そこに」という意味。

6

得点力をUP

as を使った表現
- as well as 「～と同様に」
- as you know 「ご存知のように」
- as a result 「結果として」

7 (1)現在完了進行形の文。「ずっと～している」を表す。
(2)現在完了形〈継続〉の疑問文。

8 (1)現在完了形〈継続〉の疑問文にする。
(2)「4時間」は for four hours。

Lesson 2

ちょっとBREAK 「動物園」は zoo ですが，「水族館」は英語で何と言うでしょうか？ ➡答えは次のページ

Lesson 2

解答 p.10

/100 読 聞 書 話

1 LISTENING 英文とその内容についての質問を聞いて，その答えとして適切なものをア～エから１つ選び，記号で答えなさい。 l04 (4点)

ア She started to play the piano five years ago.
イ She started to play the piano ten years ago.
ウ She has played the piano for five years.
エ She wants to play the piano in the future. (　　　)

2 次の日本文に合うように，＿＿に適する語を書きなさい。 3点×5(15点)

(1) もうあなたのトピックを選びましたか。
＿＿＿＿ you ＿＿＿＿ your topic yet?

(2) [(1)に答えて] はい，選びました。沖縄の海について話す予定です。
Yes, I ＿＿＿＿. I'm ＿＿＿＿ ＿＿＿＿ talk about beaches in Okinawa.

(3) 動物たちは何世紀にもわたり人々を助けてきています。
Animals have been helping people ＿＿＿＿ ＿＿＿＿.

(4) 彼(かれ)はそのルールに反対して活動を始めました。
He started a ＿＿＿＿ ＿＿＿＿ the *rules. *rules ルール

(5) 私たちは学校を掃除(そうじ)する必要があることに気がつきました。
We ＿＿＿＿ ＿＿＿＿ we needed to clean our school.

3 次の対話が成り立つように，＿＿に適する語を書きなさい。 4点×2(8点)

(1) *A*: How long has she been making a cake?
B: She has ＿＿＿＿ making it ＿＿＿＿ last night.

(2) *A*: Are you and Tom good friends?
B: Yes. I have ＿＿＿＿ him ＿＿＿＿ more than ten years.

よく出る **4** 次の文を(　)内の指示にしたがって書きかえなさい。 5点×4(20点)

(1) We lived in Taiwan then. (下線部を since 2012 にかえて現在完了形の文に)

＿＿＿＿＿＿＿＿＿＿＿＿＿＿＿＿

(2) They have been staying in Sapporo for a week. (下線部をたずねる文に)

＿＿＿＿＿＿＿＿＿＿＿＿＿＿＿＿

(3) I am busy. (since this morning を加えて「ずっと～です」という文に)

＿＿＿＿＿＿＿＿＿＿＿＿＿＿＿＿

(4) Tomo is reading the book. (for thirty minutes を加えて現在完了進行形の文に)

＿＿＿＿＿＿＿＿＿＿＿＿＿＿＿＿

ちょっとBREAKの答え 「水族館」は英語で aquarium と言います。

目標 ●継続を表す現在完了形の文と現在完了進行形の文を理解し，それぞれの文でよく使われる語を覚えましょう。

自分の得点まで色をぬろう!
がんばろう! もう一歩 合格!
0 60 80 100点

5 次の対話文を読んで，あとの問いに答えなさい。 （計 20 点）

Bob : ① You've been reading that book ② (　　)(　　)(　　)!
Aya : It's interesting but also scary.
Bob : Tell me about it.
Aya : ③〔 been / eagles / over / flying / Hokkaido / have 〕for centuries. But look at this picture.
Bob : Oh, no! ④ So many dead eagles! What happened?
Aya : These bullets killed them.

(1) 下線部①を日本語になおしなさい。 （5 点）
(　　　　　　　　　　)

(2) 下線部②が「3 時から」という意味になるように，(　)に適切な語を書きなさい。数のつづりも英語で書くこと。 （5 点）
______ ______ ______

(3) 下線部③の〔　〕内の語を並べかえて，意味の通る英文にしなさい。 （5 点）
____________________ for centuries.

(4) 下線部④のようになったのはなぜですか。日本語で答えなさい。 （5 点）
(　　　　　　　　　　)

よく出る 6 次の日本文に合うように，____に適する語を書きなさい。 4 点×3（12 点）

(1) アンはすでに日本についてたくさん学びました。
Anne ______ ______ ______ a lot about Japan.

(2) 彼はその映画を 3 回見たことがあります。
He ______ ______ the movie three ______.

(3) 私たちは 4 時からずっと教室を掃除しています。
We have ______ ______ our classroom ______ four o'clock.

レベルUP 7 次の日本文を英語になおしなさい。 7 点×3（21 点）

(1) 私は 15 年間ずっと京都に住んでいます。
____________________.

(2) 私の先生は 4 時間以上ずっと英語を教えています。
____________________.

(3) あなたの妹はどのくらい眠っていますか。
____________________.

定期テスト対策 予想問題 第 2 回 p.116〜117

解答 p.11

Lesson 3 News and Ads ①

読 聞 書 話

教科書の要点 後置修飾(しゅうしょく) 名詞を説明する動詞の -ing 形 a10

The girl wearing ribbons is Yuko. リボンをつけている女の子がユウコです。

名詞 ← 動詞の－ing 形（修飾）

要点

● 文中のある名詞について「〜している…」という説明を加えるとき，名詞の後ろに「動詞の -ing 形で始まる意味のまとまり」を置いてその名詞を修飾することができる。このように名詞を後ろから修飾することを後置修飾という。

プラス 動詞の -ing 形がほかの語句を伴(ともな)わず単独で名詞を修飾するときは，名詞の前に置く。

前から修飾 The running dog is ours. （その走っているイヌは私たちのものです。）

後ろから修飾 The dog running in the park is ours. （公園で走っているそのイヌは私たちのものです。）

Wordsチェック 次の英語は日本語に，日本語は英語になおしなさい。

□(1) cheerleading （　　　　）　□(2) perform （　　　　）
□(3) championship （　　　　）　□(4) 決勝戦 ＿＿＿＿
□(5) スター，主演俳優 ＿＿＿＿　□(6) パフォーマンス，演技 ＿＿＿＿

1 次の( )内から適する語を選び，○で囲みなさい。

(1) The woman (stands, standing) there is Ms. Green.
(2) The (cry, crying) child is my brother.
(3) Who is the girl (perform, performing) on the stage?

ここがポイント
「〜している…」の表し方
①〈名詞＋動詞の -ing 形＋語句〉
②〈動詞の -ing 形＋名詞〉

よく出る 2 絵を見て例にならい，「〜している女の子はジュリです」という文を書きなさい。

例

play the piano

(1)

read a book

(2)

study English

(3)

make a cake

例 The girl playing the piano is Juri.
(1) The girl ＿＿＿＿ a book is Juri.
(2) The girl ＿＿＿＿ ＿＿＿＿ is Juri.
(3) ＿＿＿＿＿＿＿＿ is Juri.

stage：ステージ，舞台，team：チーム

よく出る **3** 次の文を( )内の指示にしたがって書きかえなさい。

(1) Who is the girl? She is speaking Chinese.
(動詞の -ing 形を使って 1 つの文に)

____

(2) The man is Mr. Takahashi. He is walking with his dog.
(動詞の -ing 形を使って 1 つの文に)

____

(3) Look at the swimming boy.
(下線部を「プールで泳いでいる少年」の意味にかえて)

____

ここがポイント
動詞の -ing 形が単独で名詞を修飾するときは，名詞の前に置くが，ほかの語句を伴うときは名詞の後ろから修飾する。

ミス注意
(2) walking with his dog が The man を後ろから修飾する形になる。
(3)「プールで」の in the pool を swimming に続けるので，the boy の後ろから修飾する形になる。

よく出る **4** 〔 〕内の語句を並べかえて，日本文に合う英文を書きなさい。

(1) 歌っているあの子どもはだれですか。
〔child / singing / who / that / is〕?

____

(2) 私たちに英語を教えている先生はカナダ出身です。
〔English / Canada / teaching / is / the teacher / to us / from〕.

____

(3) ステージで英語を話している男の子を見て。
〔at / on / the boy / English / speaking / look〕 the stage.

______________________________ the stage.

Lesson 3

5 次の日本文に合うように，＿＿に適する語を書きなさい。

(1) 来年，私は留学したいと願っています。
I am ＿＿＿＿ to study abroad next year.

(2) 彼(かれ)の夢はスターとして舞台で公演することです。
His dream is to ＿＿＿＿ on the stage as a star.

(3) 私は東京の有名な場所のひとつを報告します。
I am ＿＿＿＿ one of the famous places in Tokyo.

ことばメモ
(1)「願っている」は hope を使って進行形で表す。
(2)「公演する」は perform。
(3)「～を報告する」は report。

6 Word Box 次の絵を見て，「～している…を知っていますか」という文になるように，＿＿に適する語を書きなさい。

(1) *A* : Do you know the boy ＿＿＿＿ ＿＿＿＿?
B : Of course, he is Dave.

(2) *A* : Do you know the ＿＿＿＿ ＿＿＿＿ a book under the tree?
B : Yes, she's my friend, Mika.

解答 p.12

確認のワーク ステージ1 Lesson 3 News and Ads ②

教科書の要点 後置修飾 名詞を説明する動詞の過去分詞形 a11

My father has a car made in France. 私の父はフランス製の車を持っています。

名詞 ← 修飾 ― 動詞の過去分詞形

要点

- 文中のある名詞について，「～された…」という説明を加えるとき，名詞の後ろに「動詞の過去分詞形で始まる意味のまとまり」を置いてその名詞を修飾することができる。
- 動詞の過去分詞形がほかの語句を伴わず単独で名詞を修飾するときは，名詞の前に置く。

例 The broken bike is Shinji's. （その壊された自転車はシンジのものです。）

プラス 名詞を「～している…」の意味で修飾するときは動詞の -ing 形を使い，「～された[されている]…」で修飾するときは動詞の過去分詞形を使う。

現在分詞 This is the shop selling chocolate. （これはチョコレートを売っている店です。）

過去分詞 This is the chocolate sold in this shop. （これはこの店で売られているチョコレートです。）

Wordsチェック 次の英語は日本語に，日本語は英語になおしなさい。

□(1) kilogram （　　　）　□(2) contact （　　　）

□(3) (～を)つかみ取る （　　　）　□(4) forget の過去形 ＿＿＿＿

よく出る 1 絵を見て例にならい，「これはクミによって～された…です」の文を書きなさい。

例 an umbrella / use

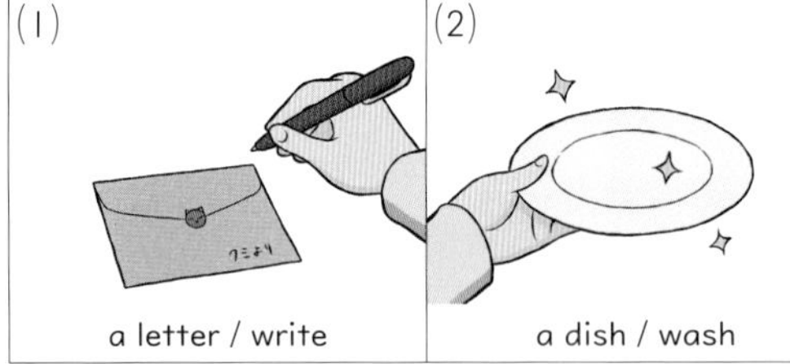
(1) a letter / write　(2) a dish / wash　(3) a room / clean

例 This is an umbrella used by Kumi.

(1) This is a ＿＿＿＿ ＿＿＿＿ by Kumi.

(2) This is ＿＿＿＿＿＿＿＿ by Kumi.

(3) ＿＿＿＿＿＿＿＿＿＿＿＿

ここがポイント
意味のまとまりが「～された…」と名詞を修飾するときは〈名詞＋動詞の過去分詞形＋語句〉。

2 次の( )内から適する語を選び，○で囲みなさい。

(1) The boy (played, playing) soccer is Kenta.

(2) He is an actor (known, knowing) all over the world.

ミス注意
「～している」は動詞の -ing 形，「～された」は過去分詞形を使う。

office：事務所，オフィス，lunch：昼食

3 次の英文の下線部を日本語になおしなさい。

(1) These are comic books read all over Japan.

これらは(　　　　　　　　　　　　　　　　　　　　)です。

(2) The curry and rice served at the restaurant is delicious.

(　　　　　　　　　　　　　　　　　　　　)はおいしいです。

よく出る **4** 〔　〕内の語句を並べかえて，日本文に合う英文を書きなさい。

(1) 父はアメリカ製の車をほしがっています。

〔 a car / in / my father / America / wants / made 〕.

____

(2) これは沖縄で撮(と)られた写真です。

〔 this / a picture / Okinawa / taken / in / is 〕.

____

(3) 中古のコンピュータはそんなに高価ではありません。

〔 expensive / computers / not / used / are / so 〕.

____

(4) オーストラリアはたくさんの人々によって訪問される国です。

〔 many people / a country / is / by / visited / Australia 〕.

____

まるごと暗記

(1)(3)動詞の過去分詞形を用いた名詞を修飾する表現

- 「～製の」
  → made in ～
  (～でつくられた)
- 「中古の」
  → used(使われた)

ミス注意

(3)動詞の過去分詞形が単独で名詞を修飾するときは，名詞の前に置く。ほかの語句を伴った〈動詞の過去分詞形＋語句〉で修飾するときは，名詞の後ろに置く。

5 次の日本文に合うように，＿＿に適する語を書きなさい。

(1) あなたのスマートフォンのアプリに「弁当箱」とタイプしてください。

＿＿＿＿ "lunch box" ＿＿＿＿ your smartphone app.

(2) まず始めに，あなたはこれを選ぶ必要があります。

＿＿＿＿, you ＿＿＿＿ to choose this.

(3) 彼(かれ)は時速 80 キロで運転していました。

He was driving 80 kilometers ＿＿＿＿ ＿＿＿＿.

(4) 水が私のひざまできました。

The water came ＿＿＿＿ ＿＿＿＿ my knee.

表現メモ

- per second
  「1 秒につき(秒速)」
- per minute
  「1 分につき(分速)」
- per hour
  「1 時間につき(時速)」
- per person
  「1 人につき」

WRITING Plus

次の各問いに対して，あなた自身の答えを英語で書きなさい。

(1) Do you have any books written by Natsume Soseki?

____

(2) Do you want to eat a cake sold at a department store?

____

確認のワーク ステージ1 Lesson 3 News and Ads ③

解答 p.12

読 聞 書 話

教科書の要点 後置修飾(しゅうしょく) 名詞を説明する〈主語＋動詞 〜〉 a12

This is the book my father bought me last Sunday.

名詞 ← 修飾 〈主語＋動詞 〜〉

これは，父がこの前の日曜日に買ってくれた本です。

要点

●名詞のあとに〈主語＋動詞 〜〉を続けて，後ろから名詞に説明を加えることができる。

●直前の名詞は，あとに続く〈主語＋動詞 〜〉の目的語にあたる。

例 That is the restaurant. ＋ I visited the restaurant yesterday.

＝That is the restaurant I visited yesterday. （あれは私が昨日訪れたレストランです。）

Wordsチェック 次の英語は日本語に，日本語は英語になおしなさい。

□(1) international （　　　） □(2) various （　　　）

□(3) march （　　　） □(4) across （　　　）

□(5) 目的 ＿＿＿＿ □(6) グループ ＿＿＿＿

□(7) 文化 ＿＿＿＿ □(8) インタビューをする ＿＿＿＿

1 絵を見て例にならい，「これはリョウが昨日〜した…です」の文を書きなさい。

例

a gift / send

(1)

a book / read

(2)

a guitar / buy

(3)

a bag / use

例 This is a gift Ryo sent yesterday.

(1) This is a book ＿＿＿＿ ＿＿＿＿ yesterday.

(2) This is ＿＿＿＿＿＿＿＿ yesterday.

(3) ＿＿＿＿＿＿＿＿＿＿＿＿

ここがポイント

「―が〜した…」と名詞に説明を加えるときは，〈主語＋動詞 〜〉を名詞のあとに続ける。

よく出る 2 次の英文の下線部を日本語になおしなさい。

(1) This is a computer Jiro uses every day.

これは（　　　　　　）です。

(2) The girl I met yesterday was Kate.

（　　　　　　）はケイトでした。

(3) Look at the beautiful dress she is making now.

（　　　　　　）を見てごらんなさい。

ここがポイント

(1) Jiro uses everyday が a computer を説明。

(2) I met yesterday が The girl を説明。

(3) she is making now が the beautiful dress を説明。

various[véəriəs]は v の音は下唇をかんで発音してみよう。

3 次の各組の文がほぼ同じ内容を表すように，＿＿に適する語を書きなさい。

(1) Soccer is a sport played by many people.
Soccer is a sport ＿＿＿＿ ＿＿＿＿ play.

(2) I love the cookies cooked by my mother every Sunday.
I love the cookies my mother ＿＿＿＿ every Sunday.

(3) This is a picture taken by Mike yesterday.
This is a picture ＿＿＿＿ ＿＿＿＿ yesterday.

よく出る **4** 〔　〕内の語句を並べかえて，日本文に合う英文を書きなさい。

(1) 父が私にくれた贈りものはかばんでした。
〔 a bag / the gift / gave / my father / was / me 〕.

＿＿＿＿＿＿＿＿＿＿＿＿

(2) あなたが先月訪れた場所について話してください。
Tell me 〔 visited / last month / you / the place / about 〕.
Tell me ＿＿＿＿＿＿＿＿＿＿＿＿.

5 次の日本文に合うように，＿＿に適する語を書きなさい。

(1) その祭りでは写真を撮っている何千もの人びとがいました。
There were ＿＿＿＿ ＿＿＿＿ people taking pictures at the festival.

(2) 私の夢の１つは世界中を旅行することです。
＿＿＿＿ ＿＿＿＿ my dreams is to travel around the world.

(3) 友情を通して私たちはさまざまな文化を学びました。
We learned various cultures ＿＿＿＿ our friendship.

(4) これはだれでも参加できるイベントです。
This is an event anyone will be ＿＿＿＿ ＿＿＿＿ join.

(5) なんてカラフルなのでしょう！
＿＿＿＿ ＿＿＿＿!

6 次の２つの文を１文に書きかえるとき，＿＿に適する語を書きなさい。

(1) This is the song.　I like it.
→ This is the song ＿＿＿＿ ＿＿＿＿.

(2) That is the movie.　I've seen it twice.
→ That is the movie I've ＿＿＿＿ ＿＿＿＿.

ここがポイント
〈名詞＋動詞の過去分詞形 〜〉を〈名詞＋主語＋動詞 〜〉の形にする。元の文の by に続く「人」を主語にして，動詞の過去分詞形を「人」と時制に合わせた形の動詞にする。

ミス注意
(2) cook の主語は my mother で３人称単数なので，動詞に s を忘れないようにする。
(3)写真を撮ったのは「昨日」なので，動詞は過去形にする。

思い出そう
「〜すること」を表す〈to＋動詞の原形〉
I like to listen to music.
「私は音楽を聞くことが好きです」

表現メモ
(5)感嘆文
「なんて〜なんだろう！」
〈How＋形容詞！〉
〈What＋(a[an]＋)形容詞＋名詞！〉

後置修飾の文

解答 p.13

まとめ

名詞に後ろから説明を加えて，形容詞のような働きをすることを後置修飾という。

① **動詞の -ing 形を用いた後置修飾**

●動詞の -ing 形は「～している…」の意味で，後ろから名詞に説明を加える。

Look at the boy playing the guitar.
(ギターを弾いている男の子を見て。)

The cat sleeping under the tree is mine.
(木の下で眠っているネコは私のです。)

② **動詞の過去分詞形を用いた後置修飾**

●動詞の過去分詞形は「～された…」の意味で，後ろから名詞に説明を加える。

He has a jacket made in France.
(彼はフランス製のジャケットを持っています。)

The language spoken in Australia is English.
(オーストラリアで話されている言語は英語です。)

③ **名詞のあとに〈主語＋動詞 ～〉を続けた後置修飾**

●名詞のあとに〈主語＋動詞 ～〉を続けて，後ろから名詞に説明を加える。

This is a picture I took five years ago.
(これは私が５年前に撮った写真です。)

The gift my sister gave me was a T-shirt.
(姉[妹]が私にくれた贈りものはＴシャツでした。)

練習

よく出る **1** 次の文の(　)内から適する語を選び，○で囲みなさい。

(1) The pen (found, finding) under the desk was mine.

(2) I have a friend (studied, studying) Chinese.

(3) This is a book Jim (gave, given, giving) to me.

(4) My sister *received a letter (write, wrote, written) in English. *receive(d) 受け取る

2 次の日本文に合うように，＿＿に適する語を書きなさい。

(1) あなたがいちばん好きな歌を歌ってくれますか。
Can you sing the song you ＿＿＿＿ the best?

(2) トムの家で開かれたパーティーに参加しましたか。
Did you join the party ＿＿＿＿ at Tom's home?

3 次の英文の下線部を日本語になおしなさい。

(1) I am looking for a sweater I bought yesterday.
私は(　　　　　　　　　　　　)を探しています。

(2) There were many people walking their dogs in the park.
公園には(　　　　　　　　　　　　)がたくさんいました。

よく出る **4** 次の各組の文がほぼ同じ内容を表すように，＿＿に適する語を書きなさい。

(1) This is a cup. It was *broken by Takuya.　　*broken　break の過去分詞形
This is a cup ＿＿＿＿ ＿＿＿＿ Takuya.

(2) Look at the bird. It is flying *over the tree.　　*over　～の上を
Look at the bird ＿＿＿＿ over the tree.

(3) Lisa showed me some pictures her brother took.
Lisa showed me some pictures ＿＿＿＿ by her brother.

5 〔 〕内の語句を並べかえて，日本文に合う英文を書きなさい。

(1) 英語をじょうずに話しているその少女はカナダに住んでいました。
〔 English / speaking / the girl / lived / well 〕 in Canada.
＿＿＿＿＿＿＿＿＿＿＿＿＿＿＿＿ in Canada.

(2) シュンと呼ばれている少年は私の弟です。
〔 called / my brother / is / Shun / the boy 〕.
＿＿＿＿＿＿＿＿＿＿＿＿＿＿＿＿

(3) 母と話しているその男性は，私のクラスで科学を教えています。
〔 my mother / talking / the man / teaches / with 〕 science in my class.
＿＿＿＿＿＿＿＿＿＿＿＿＿＿＿＿ science in my class.

(4) 私はあなたがいちばん好きな俳優を見たことがあります。
〔 the actor / like / you / seen / the best / have / I 〕.
＿＿＿＿＿＿＿＿＿＿＿＿＿＿＿＿

(5) 弟と遊んでいるイヌは私たちのペットです。
〔 playing / pet / our / is / the dog / my brother / with 〕.
＿＿＿＿＿＿＿＿＿＿＿＿＿＿＿＿

6 次の文の＿＿に，( )内の語を適する形にかえて書きなさい。また，できた英文を日本語になおしなさい。

(1) Bob is reading a letter ＿＿＿＿ from his father. (send)
(　　　　　　　　　　　　　　　　)

(2) The boy ＿＿＿＿ a new bike is Kenta. (ride)
(　　　　　　　　　　　　　　　　)

7 次の日本文を( )内の指示にしたがって英語になおしなさい。

(1) 彼(かれ)は私が買いたいコンピュータを持っています。 (8 語で)
＿＿＿＿＿＿＿＿＿＿＿＿＿＿＿＿

(2) そのステージで踊(おど)っているその少女たちはとても人気があります。 (9 語で)
＿＿＿＿＿＿＿＿＿＿＿＿＿＿＿＿

解答 p.14

Project 1 CMを作って発表しよう！

教科書の要点 CMや広告でよく使われる表現 a13

動詞の原形

Get yours now! 今すぐ手に入れて！

「〜して(ください)」

Give a call today! 今日中にお電話を！

要点

●CMでよく使われるその他の表現

Everybody loves[has, wants] 〜. みんな大好き[持っている，ほしがる]〜。

Good news! Now there's 〜. 朗報！ 〜があるよ。

First,〜. Next, 〜. Finally, 〜. まず〜。次に〜。最後に〜。

On sale now for 〜 yen. 今なら特価で〜円。

Wordsチェック 次の英語は日本語に，日本語は英語になおしなさい。

□(1) convenient ( ) □(2) reasonable ( )

□(3) wake up ( ) □(4) 楽しい ______

よく出る 1 次の日本文に合うように，___に適する語を書きなさい。

(1) みんな大好き，最先端(せんたん)で流行の時計です。

Everybody ______ high-tech and trendy watches.

(2) まずコインをいれてください。次に赤いボタンを押してください。

______, put the *coin in. ______, *press the red button. *coin コイン *press the button ボタンを押す

(3) 今日中にお電話を。

______ a ______ today.

まるごと暗記

●First, 〜.「まず〜」

●Next, 〜.「次に〜」

●Finally, 〜.「最後に〜」

手順を説明するときに役立つ。

2 タダシは自分のつくったかばんを宣伝するために宣伝文を考えました。日本文に合う英文になるように，___に適する語を書きなさい。

> 朗報！ 値段が手頃で便利なバックがあります。
> 今なら特価で1000円です。
> それは外出のときにとても使いやすいです。
> 今すぐ手に入れてください！

Good ①______! Now ②______ a reasonable and convenient bag. On ③______ now for one thousand yen. It is very ④______ to use when you go outside. ⑤______ yours now!

convenience store：コンビニエンス・ストア，news：ニュース，知らせ

解答 p.14

Reading 1 Audrey Hepburn ①

読 聞 書 話

● 女優オードリー・ヘプバーンについての英文を読んで，あとの問いに答えなさい。

Do you know anything about this person? ① <u>Have you ever seen *Roman Holiday* or *My Fair Lady*?</u> She was the star of these movies! Her name was Audrey Hepburn. She was famous as an actress, but she has left us something ②(〜以上) these movies.

Hepburn had a difficult time when she was a child. Although her father was rich, he left the family ③ <u>〔 was / she / when / young 〕</u>. Her mother took Audrey to the Netherlands when she was ten. She thought it was a safe place, but the German army ④(〜の支配権を得た) the Netherlands when Audrey was eleven. Her dream of becoming a ballerina had to wait.

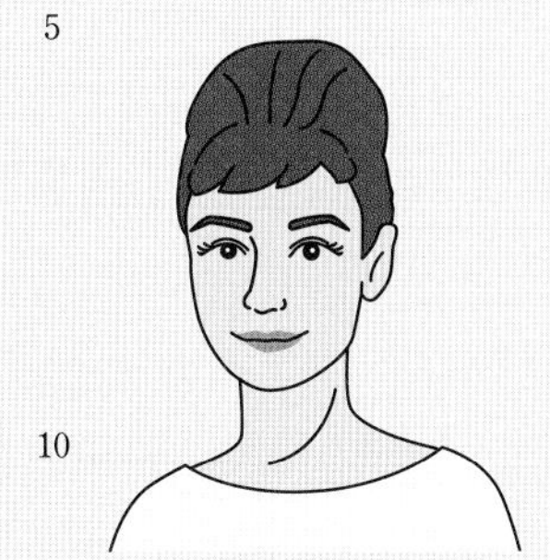

Question

(1) 下線部①を日本語になおしなさい。

( )

(2) ②，④の( )内の日本語を，それぞれ２語の英語で書きなさい。

② ＿＿＿＿ ＿＿＿＿

④ ＿＿＿＿ ＿＿＿＿

(3) 下線部③の〔 〕内の語を並べかえて，意味の通る英文にしなさい。

＿＿＿＿＿＿＿＿

(4) 本文の内容に合うように，次の問いに３語以上の英語で答えなさい。

1. What was Audrey's job?

＿＿＿＿＿＿＿＿

2. How old was Audrey when her mother took her to the Netherlands?

＿＿＿＿＿＿＿＿

Word Box BIG

次の英語は日本語に，日本語は英語になおしなさい。

(1) actress	( )	(2) the Netherlands	( )
(3) army	( )	(4) German	( )
(5) although	( )	(6) ballerina	( )
(7) 金持ちの，豊かな	＿＿＿＿	(8) 安全な	＿＿＿＿
(9) leave の過去分詞形	＿＿＿＿	(10) think の過去形	＿＿＿＿

Reading 1 Audrey Hepburn ②

●女優オードリー・ヘプバーンについての英文を読んで，あとの問いに答えなさい。

Hepburn thought ①(spend) time with her family was very important. After she ②(marry), she bought a house in Switzerland. ③<u>She always felt safe there</u> because she didn't have to worry about war. ④<u>She spent〔as / as / she / much / could / time〕with her two sons.</u> She wanted to be with them (⑤) they needed her.

Because of her war experience as a child, Hepburn wanted to protect children in countries ⑥(戦争中の). She felt that working for children was her mission. (⑦) her sons ⑧(grow) up, she started to work with UNICEF in 1988. She visited children suffering from war and hunger in many countries. Because she received food and medicine from UNICEF after World War II, ⑨<u>she knew〔children / meant / what / to / UNICEF〕.</u>

Question

(1) ①，②，⑧の( )内の語を適する形にかえなさい。

① ________ ② ________ ⑧ ________

(2) ヘプバーンが下線部③のように感じたのはなぜですか。日本語で答えなさい。

(   )から。

(3) 下線部④が「彼女(かのじょ)はできる限り多くの時間を２人の息子たちと過ごしました」，下線部⑨が「彼女はユニセフが子どもたちにとって何を意味するか知っていました」という意味になるように，それぞれ〔 〕内の語を並べかえなさい。

④ She spent ______________________ with her two sons.

⑨ she knew ______________________.

(4) ⑤，⑦の( )に適する語を□から選び，書きなさい。

after when

⑤ ________ ⑦ ________

(5) ⑥の( )内の日本語を，２語の英語で書きなさい。

________ ________

(6) 本文の内容に合うようにヘプバーンについて1～3の説明を書くとき，(　)に適する日本語を書きなさい。

1. 家族と(　　　　　　　　)がとても大切だと考えていました。

2. (　　　　　　　　　)が自分自身の使命だと感じていました。

3. 第二次世界大戦のあと，ユニセフから(　　　　　)と(　　　　　)を受け取りました。

(7) ヘプバーンが訪れた国々の子どもたちは，何に苦しんでいましたか。日本語で2つ答えなさい。

(　　　　　　　　　)(　　　　　　　　　)

(8) 本文の内容に合うように，次の問いに英語で答えなさい。

1. What did Hepburn buy in Switzerland after she married?

—— ________________________________

2. What did Hepburn start to do in 1988?

—— ________________________________

Word Box BIG

1 次の英語は日本語に，日本語は英語になおしなさい。

(1) experience (　　　　　　)　(2) mission (　　　　　　)

(3) son (　　　　　　)　(4) protect (　　　　　　)

(5) 戦争 ________　(6) 薬 ________

(7) ～を受け取る〈rで始めて〉________　(8) 開花する ________

2 次の日本文に合うように，____に適する語を書きなさい。

(1) 戦争中に人々は飢(う)えで苦しみました。

During the war, people ________ ________ hunger.

(2) あなたは何も心配しなくていいです。

You ________ ________ ________ worry about anything.

(3) 私はボランティアとして働くことはすばらしい経験だと感じました。

I ________ that working as a volunteer was a great experience.

(4) 私たちは全員，私たちにとっての学校の意味をわかっていました。

We all knew what school ________ to us.

(5) 雨のためにバスは遅れて到着しました。

The bus arrived late ________ ________ the rain.

(6) 先生は生徒たちに深い感銘(かんめい)を与(あた)えました。

The teacher ________ a deep impression ________ the students.

解答 p.15

定着のワーク ステージ2 Lesson 3 〜 Reading 1

1 LISTENING (1)〜(4)の英文を聞いて，その内容に合う絵をア〜ケから１つ選び，記号で答えなさい。 ♪ l05

ア	イ	ウ
エ	オ	カ
キ	ク	ケ

(1)(　　　)
(2)(　　　)
(3)(　　　)
(4)(　　　)

2 次の文の＿＿に，(　)内の語を適する形にかえて書きなさい。

(1) The boy ＿＿＿＿＿ with Satoru is his brother. (talk)
(2) Kyoto is a city ＿＿＿＿＿ by many people. (visit)
(3) Look at the boys ＿＿＿＿＿ soccer in the park. (play)
(4) I like the photo ＿＿＿＿＿ by Mike. (take)

3 〔　〕内の語句を並べかえて，日本文に合う英文を書きなさい。ただし，下線部の語は適する形にかえること。

(1) サッカーは世界中で愛されているスポーツです。
〔 a sport / is / soccer / <u>love</u> 〕 all over the world.
＿＿＿＿＿＿＿＿＿＿＿＿＿＿ all over the world.

(2) 私はあの木の下で本を読んでいる少年を知りません。
I don't know 〔 a book / <u>read</u> / that tree / the boy / under 〕.
I don't know ＿＿＿＿＿＿＿＿＿＿＿＿＿＿.

(3) 彼(かれ)がパーティーに持ってきたケーキはおいしかったです。
〔 the party / <u>bring</u> / to / the cake / he 〕 was delicious.
＿＿＿＿＿＿＿＿＿＿＿＿＿＿ was delicious.

4 次の日本文に合うように，＿＿に適する語を書きなさい。

(1) 私たちの目的は２国間で友情を深めることです。
Our ＿＿＿＿＿ is to promote friendship among two countries.

(2) 私たちは一度も京都を訪れることを考えたことがありません。
We ＿＿＿＿＿ never thought about visiting Kyoto.

重要ポイント

1 すべて，空所の前の名詞を動詞の -ing 形または動詞の過去分詞形が修飾(しゅうしょく)している。

テストに出る！
前の名詞を「〜している…」と説明するときは動詞の -ing 形，「〜された…」と説明するときは動詞の過去分詞形を使う。

3 (1)「愛されているスポーツ」→〈名詞＋動詞の過去分詞形 〜〉
(2)「読んでいる少年」→〈名詞＋動詞の -ing 形 〜〉
(3)〈主語＋動詞 〜〉で名詞を修飾する文。

4 (2) never を使った現在完了形の否定文。

5 the J-Dolphins というチアリーディングチームについての英文を読んで，あとの問いに答えなさい。

①[wearing / is / the / yellow ribbons / girl] the captain, Yuko Okura. The J-Dolphins won the world championship last year, and they are ②(hope) to win this year, too. The girl ③(jump) high in the center is the ④(スター), Sakura Mori. Look at her amazing performance! Her dream is to perform at NBA games.

(1) 下線部①が「黄色のリボンをつけている女の子はキャプテンです」という意味になるように，[ ]内の語句を並べかえなさい。

____

(2) ②，③の動詞を適切する形にかえなさい。

② __________ ③ __________

(3) ④の( )内の日本語を英語で書きなさい。

____

(4) 本文の内容に合うように，次の問いに英語で答えなさい。

1. Did the J-Dolphins win the world championship last year?

—— ____________________

2. What does Sakura Mori want to do *in the future?

*in the future 将来(は)

—— ____________________

重要ポイント

5 (1) the girl を後ろから説明する語順にする。

(2) ② 進行形で表す。

③「～している…」の意味で前の The girl を説明する形にする。

よく出る **6** 次の各組の文がほぼ同じ内容を表すように，____に適する語を書きなさい。

(1) I have a friend. She lives in America.
I have a friend ________ in America.

(2) This is a house. It was built 100 years ago.
This is a house ________ 100 years ago.

(3) The picture painted by Yumi was wonderful.
The picture ________ ________ was wonderful.

6 (3)〈名詞＋動詞の過去分詞形＋by＋人〉は〈名詞＋主語(人)＋動詞〉の形に書きかえることができる。

レベルUP **7** 次の日本文を英語になおしなさい。(2)(3)は指示にしたがいなさい。

(1) 音楽に合わせて踊(おど)っている女の子はハルカです。

____

(2) これは彼が昨日買ったかばんです。 (7語で)

____

(3) 私がそこで見かけた女性は私の妹に似ていました。 (9語で)

____

7 (1)「音楽に合わせて踊る」は dance to the music。

(3)「～に似ている」は look like ～。

Lesson 3 ～ Reading 1

ちょっとBREAK 「贈(おく)りもの」は present のほかに英語で何と言うでしょう？

➡答えは次のページ

解答 p.16

実力判定テスト ステージ3 Lesson 3 ～ Reading 1

30分 /100 読 聞 書 話

1 LISTENING 英文とその内容についての質問を聞いて，その答えとして適切な絵をア～エから１つ選び，記号で答えなさい。 106 (5点)

(　　)

2 次の日本文に合うように，____に適する語を書きなさい。 3点×3(9点)

(1) 20年以上にもわたり，このイベントは毎年９月に行われています。
For ________ ________ twenty years, this event is held every September.

(2) 太陽が出ているのだけれども，外はまだ寒いです。
________ the sun was out, it was still cold outside.

(3) 第二次世界大戦中，人々は飢(う)えで苦しんでいました。
During the World War II, people were ________ ________ hunger.

よく出る **3** 次の各組の文がほぼ同じ内容を表すように，____に適する語を書きなさい。 4点×3(12点)

(1) I like the picture.　Kent painted it.
I like the picture ________ ________ Kent

(2) The doctors are very busy.　They are working in this hospital.
The doctors ________ in this hospital are very busy.

(3) I couldn't answer the question asked by him.
I couldn't answer the question ________ ________.

よく出る **4** 〔　〕内の語句を並べかえて，日本文に合う英文を書きなさい。 5点×3(15点)

(1) これらは祖父がアメリカで撮(と)った写真です。
〔 my grandfather / are / took / in / these / the pictures 〕America.
________________________ America.

(2) これはニュージーランドにいる友達からもらったプレゼントです。
This is 〔 New Zealand / a friend / a present / from / in / got / I 〕.
This is ________________________.

(3) 私たちが旅行中に会った人々はとても親切でした。
〔 met / kind / were / we / the people / our trip / during / very 〕.
____

ちょっとBREAKの答え　giftと言います。giftには「(生まれつきの)才能」という意味もあります。

●いろいろな形の後置修飾の使い方と意味について理解し，正しく使い分けられるようにしましょう。

自分の得点まで色をぬろう!

がんばろう! もう一歩 合格!

0 60 80 100点

5 次の英文を読んで，あとの問いに答えなさい。 （計 29 点）

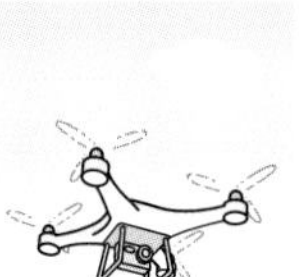

①You forgot to bring your lunch box to your office today? No problem! Sky-Fly will help you. ②〔a drone / this / for / is / people / made〕like you! You can use the service ③(簡単に). First, you need a smartphone ④(connect) to Sky-Fly. Just type "home, lunch box" into your smartphone app.

(1) 下線部①を，通常の疑問文の形に書きかえなさい。 （5 点）

(2) 下線部②が「これはあなたのような人々のために つくられたドローンです」という意味になるように，〔 〕内の語句を並べかえなさい。 （5 点）

like you!

(3) ③の（ ）内の日本語を英語で書きなさい。 （3 点）

(4) ④の（ ）内の語を適する形にかえなさい。 （4 点）

(5) スカイ・フライサービスについての説明を書くとき，（ ）に適する日本語を書きなさい。 4 点×3(12 点)

最初に，スカイ・フライに 1.（ ）が必要です。
あなたの 2.（ ）に，ただ 3.（ ）と入力してください。

レベルUP 6 次の日本文を英語になおしなさい。ただし，（ ）内の語句を適切な形にかえて使うこと。

5 点×3(15 点)

(1) 私は英語で書かれた本を 2 冊買いました。 (write)

(2) 空を飛んでいる飛行機は鳥のように見えました。 (fly)

(3) 彼(かれ)らが話していたそのレストランはとても人気がありました。 (talk about)

7 次の英文を日本語になおしなさい。 5 点×3(15 点)

(1) The Halloween costume you were wearing at the party was very scary.
（ ）

(2) Hepburn said in an interview, "Giving is like living."
（ ）

(3) He feels excited to be able to come here.
（ ）

定期テスト対策 予想問題 第 3 回 p.118～119

解答 p.17

確認のワーク ステージ1 Lesson 4 Sports Legends ①

読 聞 書 話

教科書の要点 関係代名詞 〈who＋動詞 〜〉

♪ a14

人を表す名詞＝先行詞　主語の働きをする関係代名詞

Oda Mikio was an athlete who won a gold medal.　織田幹雄は金メダルを取ったスポーツ選手でした。

要点

- 〈who＋動詞 〜〉を「人を表す名詞」の後ろに続けて，その名詞に説明を加えることができる。〈who＋動詞 〜〉によって説明される名詞を先行詞という。
- この who は主語の働きをしているので，主格の関係代名詞という。

Wordsチェック 次の英語は日本語に，日本語は英語になおしなさい。

□(1) champion　(　　　　)　□(2) 運動選手 ______

1 絵を見て例にならい，どんな人かを説明する「〜する…」という文を書きなさい。

例 the student / speak

(1) a friend / dance

(2) the girl / run

(3) the boy / study

例 Mike is the student who speaks Japanese well.

(1) I have a friend ______ ______ well.

(2) Yumi is the girl ______ very fast.

(3) Akira is ______ hard.

ミス注意
who のあとに続く動詞の形は，先行詞の人称・数，時制によって決まる。

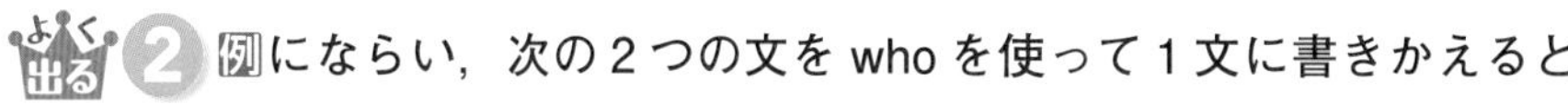

よく出る **2** 例にならい，次の2つの文を who を使って1文に書きかえるとき，____に適する語を書きなさい。

例 I know some boys.　They play soccer well.
→ I know some boys who play soccer well.

(1) I saw many people.　They are waiting for you.
→ I saw many people ______ are waiting for you.

(2) I have a friend.　She speaks English.
→ I have a friend ______ ______ English.

(3) The woman was kind.　She helped me yesterday.
→ The woman ______ ______ me yesterday ______ kind.

ここがポイント
関係代名詞 who の働き
- 2文をつなげる
- 説明の文の中での主語

2文を1文にするときは，説明となる文の主語を who にかえ，もう1つの文の「説明を加えたい語」のあとに続ける。

Olympic[əlímpik]，Paralympic[pærəlímpik]は，ともに lym のところを強く発音するよ。

よく出る **3** 次の文を(　)内の指示にしたがって書きかえなさい。

(1) I know the boy talking to Reina.　(関係代名詞 who を使って)

____

(2) The girl lives in Canada.　She took this photo.
(関係代名詞 who を使って 1 文に)

____

ミス注意
(1) the boy 以下は「レイナと話している」なので，who に続く動詞は現在進行形にする。
(2) The girl＝She なので，The girl のあとに〈who＋動詞 ～〉を続ける。

よく出る **4** 〔　〕内の語句を並べかえて，日本文に合う英文を書きなさい。

(1) じょうずに踊(おど)っているあの少女を知っていますか。
〔 you / is / dancing / who / know / that girl / well / do 〕?

____

(2) 私たちに数学を教えている先生は山田先生です。
〔 who / the teacher / is / teaches / to us / math 〕 Mr. Yamada.

____________________ Mr. Yamada.

(3) 私はあの髪の長い俳優が好きです。
〔 has / like / I / that actor / long hair / who 〕.

____

ミス注意
(2)語群に to us があるので，「私たちに数学を教えている」は〈teach＋もの＋to＋人〉で表す。

表現メモ
(3)「髪の長い」は have を使って「長い髪を持っている」と表現する。have long ears, have blue eyes なども同様の表現。

5 次の日本文に合うように，____に適する語を書きなさい。

(1) 私はゴールデン・ガールのことを一度も耳にしたことがありません。
I ______ ______ ______ of "Golden Girl."

(2) 彼(かれ)はその当時，何と呼ばれていましたか。
What ______ he ______ at the time?

(3) 彼はそのイヌをシロと呼び始めました。
He ______ ______ ______ the dog Shiro.

思い出そう
(3)「(人[もの])を～と呼ぶ」は〈call＋人[もの]＋～〉で表す。

6 Word Box 次の表には，各人物の名前と仕事，どんな人物かが書かれています。表を参考に，____に適する語を書きなさい。

名前	仕事	どんな人物か
Hiro	a pianist	世界中で有名
Yumi	a tennis player	長い間ずっと優勝している
Tom	an athlete	遠くに跳(と)べる

(1) Hiro is a pianist who is ______ all over the world.

(2) Yumi is a tennis player who ______ ______ a ______ for a long time.

(3) Tom is an athlete ______ ______ ______ far.

〈who＋動詞 ～〉の形，覚えたかな。

Lesson 4

解答 p.18

Lesson 4 Sports Legends ②

教科書の要点 関係代名詞 〈which＋動詞 〜〉 a15

人以外のもの＝先行詞　主語の働きをする関係代名詞

I have a magazine which has many photos.

私は写真がたくさん載っている雑誌を持っています。

要点

- 〈which＋動詞 〜〉を名詞の後ろに続けて，その名詞(＝先行詞)の説明を加えることができる。この which は who と同じ主格の関係代名詞である。
- 主格の関係代名詞 which は，先行詞が「人以外を表す名詞」のときに使われる。主格の関係代名詞は that に置きかえることができる。

Wordsチェック 次の英語は日本語に，日本語は英語になおしなさい。

□(1) cheer ( )　□(2) athletic ( )

□(3) terrific ( )　□(4) injured ( )

□(5) 大学 ______　□(6) 女性の〈f で始めて〉 ______

1 次の( )から適する語を選び，○で囲みなさい。

(1) This is a restaurant (which, who) is famous for its pizza.

(2) Shinji has a brother (which, who) plays the guitar well.

(3) The cat (who, which) is sleeping in the garden is called Tama.

ミス注意
(3)動物は「人以外の名詞」なので，ふつう who を使わない。

よく出る **2** 例にならい，次の２つの文を which を使って１文に書きかえるとき，___に適する語を書きなさい。また，できた英文を日本語になおしなさい。

例 This is an animal.　It lives in Australia.
→ This is an animal which lives in Australia.

(1) He lives in a house.　It has a big garden.
→ He lives in a house ______ has a big garden.
彼は( )に住んでいます。

(2) I have a dog.　It has long ears.
→ I have a dog ______ ______ long ears.
私は( )を飼っています。

(3) I read books.　They teach me the history of Japan.
→ I read books ______ ______
______ the history of Japan.
私は( )を読みます。

ここがポイント
主格の関係代名詞と先行詞

先行詞	関係代名詞
人	who (that)
人以外	which (that)

ここがポイント
主格の関係代名詞を使って２文を１文にする
①説明となる文の主語を主格の関係代名詞に置きかえる。
②説明を加える名詞(先行詞)のあとに〈関係代名詞＋動詞 〜〉を続ける。

athletic[æθlétik]は le のところを強く発音するよ。日本語の「アスレチック」とは違うよ。

よく出る **3** 次の文を( )内の指示にしたがって書きかえなさい。

(1) I saw an elephant eating bananas.
(関係代名詞 which を使って)

____

(2) He has a watch. It was given by his grandfather.
(関係代名詞 which を使って 1 文に)

____

(3) I read a book. It was written by Natsume Soseki.
(関係代名詞 which を使って 1 文に)

____

ミス注意
(1)過去形の文なので，時制を合わせて関係代名詞以下も過去進行形にする。

ここがポイント
(2)(3)説明となる文が受け身のときは，関係代名詞のあとに〈be 動詞＋動詞の過去分詞形〉を続ける。

よく出る **4** 〔 〕内の語句を並べかえて，日本文に合う英文を書きなさい。

(1) これは 5 年前に人気があった歌です。
〔the song / popular / was / is / which / this〕 five years ago.
________________ five years ago.

(2) この店で売られているケーキはおいしいです。
〔is / is / at / the cake / sold / which / this shop〕 delicious.
________________ delicious.

(3) テーブルの上にあったノートはどこですか。
Where is 〔which / the table / was / on / the notebook〕?
Where is ________________?

(4) それは難しいスポーツのようですね。
〔sport / like / it / difficult / sounds / a〕.

____

ミス注意
(3)「テーブルの上にあった」は過去形になるが，「どこですか」は現在形になる。

5 次の日本文に合うように，＿＿に適する語を書きなさい。

(1) 天気予報によると，明日は晴れます。
＿＿＿＿ ＿＿＿＿ the *weather report, it will be sunny tomorrow.
*weather report 天気予報

(2) 「arigato」はどういう意味ですか。
What ＿＿＿＿ "arigato" ＿＿＿＿?

(3) 私に見せてください。
＿＿＿＿ ＿＿＿＿ have a look.

(4) 彼女(かのじょ)は英語だけではなく，日本語も話すことができます。
She can speak not ＿＿＿＿ English ＿＿＿＿ also Japanese.

表現メモ
「〜を見る」を表す連語
● look at 〜
● have a look at 〜

Lesson 4 Sports Legends ③

解答 p.18

教科書の要点 関係代名詞 〈that＋主語＋動詞 〜〉 a16

人または人以外のもの＝先行詞

The book that you gave me was interesting.

目的語の働きをする関係代名詞

あなたがくれたこの本はおもしろかったです。

要点

- 〈that＋主語＋動詞 〜〉は直前の名詞（＝先行詞）を後ろから説明する。that はあとに続く文の中で目的語の働きをしているので，目的格の関係代名詞という。
- 目的格の関係代名詞 that は，先行詞が「人を表す名詞」，「人以外を表す名詞」のどちらのときにも使える。また，この that は省略ができる。
- 先行詞が「人以外」を表す名詞のときの関係代名詞は which も使える。

プラス 先行詞が「人」を表す名詞のときの関係代名詞に who を使うときもある。

Wordsチェック 次の英語は日本語に，日本語は英語になおしなさい。

□(1) victory （ ）　□(2) confidence （ ）

□(3) concentrate （ ）　□(4) 記録 ＿＿＿＿

□(5) 公式な ＿＿＿＿　□(6) break の過去分詞形 ＿＿＿＿

よく出る 1 例にならい，次の２つの文を that を使って１文に書きかえるとき，＿＿に適する語を書きなさい。

例 This is the cake. I made it yesterday.

→ This is the cake that I made yesterday.

(1) Show me the photos. He took them in Kyoto.

→ Show me the photos ＿＿＿＿ he ＿＿＿＿ in Kyoto.

(2) This is the song. I often sing it.

→ This is the song ＿＿＿＿ ＿＿＿＿ often sing.

(3) The girl is Reina. I met her yesterday.

→ The girl ＿＿＿＿ ＿＿＿＿ met yesterday is Reina.

(4) The man was walking a dog. I asked him the way.

→ The man ＿＿＿＿ ＿＿＿＿ ＿＿＿＿ the way was walking a dog.

ここがポイント

目的格の関係代名詞を使って２文を１文にする

①説明となる文の目的語を目的格の関係代名詞に置きかえて文頭に出す。

②説明を加える名詞（先行詞）のあとに〈関係代名詞＋主語＋動詞 〜〉を挿入する。

That's the cake(＝先行詞).
＋I like it(＝目的語).
→ That's the cake that I like.

2 次の（ ）から適する語を選び，○で囲みなさい。

(1) She is the teacher (which, that) we like.

(2) The pen (that, who) you lost is on your desk.

record[rékərd]は re の部分を強く発音するよ。日本語の「レコード」とは発音が違う（ちが）ので注意しよう。

3 次の英文の下線部を日本語になおしなさい。

(1) This is the restaurant that I often visit with my family.
これは(　　　　　　　　　　　　　　　　　　　　　　)です。

(2) The movie that Kenta saw yesterday made him sleepy.
(　　　　　　　　　　　　　　　　　　　)は彼を眠くさせました。

(3) I haven't met the lady that you like.
私は(　　　　　　　　　　　　　　　　　)に会ったことがありません。

ミス注意
目的格の関係代名詞を使った文の訳
that 以下を「～が…する[した]」と訳し，先行詞である名詞の訳の前に挿入する。

よく出る 4 〔　〕内の語句を並べかえて，日本文に合う英文を書きなさい。

(1) これらは私が先月読んだ本です。
〔 the books / read / which / are / these / I 〕 last month.
________________________________ last month.

(2) あなたは私が好きなスポーツについて何か知っていますか。
Do you know 〔 I / about / anything / like / the sport / that 〕?
Do you know ________________________________?

(3) あなたはこれまでに私が好きなその映画を見たことがありますか。
〔 seen / like / ever / I / you / have / the movie / that 〕?
____

ここがポイント
目的格の関係代名詞と先行詞

先行詞	関係代名詞
人	that (who)
人以外	that (which)

5 次の日本文に合うように，____に適する語を書きなさい。

(1) 彼女は6歳のときにスキーを始めました。
She started skiing ________ the ________ of six.

(2) 新宿は東京の有名な場所の1つです。
Shinjuku is ________ ________ the famous places in Tokyo.

(3) 多くのスポーツ選手は若いときからずっと一生懸命に英語を勉強しています。
Many athletes have ________ ________ English hard since they were young.

6 Word Box 右のメモは，今，アキラがギター演奏を練習している曲についてのものです。例にならい，メモの内容に合うように，____に適する語を書きなさい。

例 "Star" is the song that I like the best.

(1) "Star" is the song that ________ ________ people.

(2) This song ________ the singer ________ ________.

(3) ________ ________ ________ ________ this song on the guitar gave me confidence.

"Star"
・一番好きな曲
・若者を勇気づける曲
・この曲がその歌手をより有名にした
・ギターでこの曲を弾けることで自信がついた

関係代名詞の文

解答 p.19

まとめ

① 関係代名詞の種類

先行詞	主格	目的格
人	who (that)	that (who)
人以外	which (that)	that (which)

② 主格の関係代名詞：「どんな人か」を説明する

- 〈who＋動詞 ～〉の形で名詞(人)を後ろから説明する。
- 先行詞(人)は，関係代名詞以下の文の動詞の主語にあたる。
- who のかわりに that を用いることもある。

Look at the man **who** is standing over there.（あちらに立っている男性を見てください。）

③ 主格の関係代名詞：「どんなものか」を説明する

- 〈which＋動詞 ～〉の形で名詞(人以外のもの)を後ろから説明する。
- 先行詞(人以外)は，関係代名詞以下の文の動詞の主語にあたる。
- which のかわりに that を用いることもある。

Jiro has a dog **which** can run fast.（ジロウは速く走ることができるイヌを飼っています。）

④ 目的格の関係代名詞：「どんな人か・どんなものか」を説明する

- 〈that＋主語＋動詞 ～〉の形で名詞を後ろから説明する。
- 先行詞は，関係代名詞以下の文の動詞の目的語にあたる。
- 目的格の関係代名詞は省略できる。
- 先行詞が人の場合は that のかわりに who，人以外を表す場合は that のかわりに which を用いることもある。

The book **that** you sent me was interesting.
（あなたが私に送ってくれた本はおもしろかったです。）

練習

よく出る **1** 次の( )内から適する語を選び，○で囲みなさい。

先行詞に注意しよう。

(1) He is the boy (who, which) can speak English well.
(2) The library (who, which) we have in our town is near my house.
(3) I've just read emails (who, that) you sent me this morning.

2 次の日本文に合うように，＿＿に適する語を書きなさい。

(1) エミーは青い目をした少女です。
Emmy is a girl ＿＿＿＿ ＿＿＿＿ blue eyes.
(2) これは兄が毎日使っている自転車です。
This is the bike ＿＿＿＿ my brother ＿＿＿＿ every day.

3 〔　〕内の語句を並べかえて，日本文に合う英文を書きなさい。

(1) イヌを散歩させている男の子はマイクの弟です。
〔 walking / is / the boy / is / a dog / who 〕 Mike's brother.
______________________________ Mike's brother.

(2) アフリカから来たそのゾウは子どもたちの間で人気があります。　*Africa　アフリカ
〔 *Africa / popular / from / the elephant / came / which / is 〕 among children.
______________________________ among children.

(3) 私が道をたずねた男性は日本語を話しませんでした。
〔 the way / that / asked / I / the man 〕 didn't speak Japanese.
______________________________ didn't speak Japanese.

(4) あなたが先週見た映画について話して。
〔 about / me / saw / you / the movie / tell / that 〕 last week.
______________________________ last week.

よく出る **4** 次の各組の文がほぼ同じ内容を表すように，____に適する語を書きなさい。

(1) Ms. Sato is a woman with long black hair.
Ms. Sato is a woman ______ ______ long black hair.

(2) Kate was the girl who was introduced by Shinji at the party.
Kate was the girl that Shinji ______ at the party.

(3) You can use the room which was cleaned by us.
You can use the room that ______ ______.

5 次の英文の下線部を日本語になおしなさい。

(1) I want to see <u>the bag which you bought last Sunday</u>.
私は(　　　　　　　　　　　　　　　　　　)を見たいです。

(2) My father is <u>a doctor who is working in this hospital</u>.
私の父は(　　　　　　　　　　　　　　　　　　)です。

(3) <u>All the people that I met in Japan</u> were very kind.
(　　　　　　　　　　　　　　　　　　)はとても親切でした。

6 次の日本文を(　)内の指示にしたがって英語になおしなさい。

(1) 私が買ったコンピュータは高価でした。　(that を使って 7 語で)
____

(2) 彼(かれ)は私たちを幸せにしてくれる俳優です。　(who を使って 8 語で)
____

(3) ケンタが持っている本はおもしろいです。　(the book，which を使って 7 語で)
____

解答 p.19

定着のワーク ステージ2 Lesson 4

読 聞 書 話

1 LISTENING (1)～(5)の英文を聞いて，その内容に合う絵をア～ケから１つ選び，記号で答えなさい。 ♪ l07

ア Canada	イ	ウ
エ	オ Australia	カ
キ	ク	ケ

(1)(　　　)
(2)(　　　)
(3)(　　　)
(4)(　　　)
(5)(　　　)

よく出る **2** 次の文の＿＿に which，who のうち適する語を書きなさい。

(1) I didn't know the boy ＿＿＿＿ called me yesterday.
(2) That is the bus ＿＿＿＿ goes to Shibuya.
(3) The dog ＿＿＿＿ has long ears is mine.

よく出る **3** 次の各組の文がほぼ同じ内容を表すように，＿＿に適する語を書きなさい。

(1) Mary is a girl with blue eyes.
Mary is a girl ＿＿＿＿ ＿＿＿＿ blue eyes.

(2) The shirt is nice.　Tom bought it.
The shirt ＿＿＿＿ Tom ＿＿＿＿ is nice.

(3) I have a dog.　It has short legs.
I have a dog ＿＿＿＿ ＿＿＿＿ short legs.

4 次の日本文に合うように，＿＿に適する語を書きなさい。

(1) ジュリは歌手であるだけではなく女優でもあります。
Juri is not ＿＿＿＿ a singer but also an actress.

(2) 英語が話せることは私にチャンスを与えてくれました。
＿＿＿＿ ＿＿＿＿ to speak English gave me a chance.

重要ポイント

2 先行詞が「人」か「人以外」かに注目する。

テストに出る!

関係代名詞の使い分け
- 人は who，人以外は which。
- that は両方に使える。

4 (2)主語「英語が話せること」は動名詞を使って表す。

5 次の対話文を読んで，あとの問いに答えなさい。

Kenta : This is Japan's first Olympic champion, Oda Mikio.
Ms. King : I haven't ①(hear) of him.
Kenta : ② He was the track and field athlete who won a gold medal in 1928.
Ms. King : What event did he win?
Kenta : He ③(win) the triple jump. At the time, the event was ④(call) "Hop, step, and jump." He felt it was too long. So, he began to call it *sandantobi*.

(1) ①，③，④の(　)内の語を適する形にかえなさい。
①
③
④

(2) 下線部②を日本語になおしなさい。
織田幹雄(おだみきお)さんは 1928 年に(　　　　　　)。

(3) 「三段跳(と)び」という種目名について，次の各問いに答えなさい。
1. 元の名前を英語で書きなさい。

2. 織田幹雄さんが「三段跳び」と呼び始めたのはなぜですか。日本語で答えなさい。
(　　　　　　)

重要ポイント

5 (1)① haven't があるので現在完了形の文になる。
③過去形の疑問文に対する答え。
④前に was があるので受け身の文にする。
(2) who は「人」について説明する関係代名詞。

6 〔　〕内の語句を並べかえて，日本文に合う英文を書きなさい。

よく出る (1) これは私が毎日使うコンピュータです。
〔 the computer / use / which / I / is / this 〕 every day.
______ every day.

レベルUP (2) 姉が話しかけた女性は彼女(かのじょ)の先生です。
〔 the woman / talked / is / my sister / her teacher / that / to 〕.

(3) 私は私を助けてくれた友達に手紙を書きました。
I wrote 〔 to / who / the friend / me / a letter / helped 〕.
I wrote ______.

6

得点力をUP

関係代名詞に続く動詞が連語のとき
He is the man.
I talked to him.
↓
He's the man that I talked to.
最後に前置詞を忘れないこと。

レベルUP 7 次の日本文を英語になおしなさい。

彼(かれ)が話せる外国語は中国語と英語です。

ちょっとBREAK 英語で ball がつくスポーツ名には何がある？ ➡答えは次のページ

Lesson 4

解答 p.20

読 聞 書 話

/100

1 LISTENING 対話とその内容についての質問を聞いて，その答えとして適切なものをア～ウから１つ選び，記号で答えなさい。 l08（3点）

（　　）

よく出る 2 次の各組の文がほぼ同じ内容を表すように，＿＿に適する語を書きなさい。 3点×3（9点）

(1) This is a report written by Mike yesterday.
This is a report ＿＿＿＿ Mike ＿＿＿＿ yesterday.

(2) The dinner cooked by my father every Saturday is delicious.
The dinner ＿＿＿＿ my father ＿＿＿＿ every Saturday is delicious.

(3) I am reading the book which was recommended by Juri.
I am reading the book that ＿＿＿＿ ＿＿＿＿.

よく出る 3 〔　〕内の語句を並べかえて，日本文に合う英文を書きなさい。ただし，下線部の語を適する形にかえること。 5点×4（20点）

(1) あなたが買ったコンピュータは人気があるのですか。
〔 <u>popular</u> / you / the computer / which / <u>buy</u> / is 〕?

＿＿＿＿＿＿＿＿＿＿＿＿＿＿＿＿＿＿＿＿

(2) 彼女(かのじょ)が歌った歌は私のお気に入りの歌でした。
〔 that / the song / my favorite / <u>sing</u> / she / was / one 〕.

＿＿＿＿＿＿＿＿＿＿＿＿＿＿＿＿＿＿＿＿

(3) カナダは私がこれまでに訪れたもっとも美しい国です。
Canada〔 I / beautiful / have / country / is / the most / <u>visit</u> / that / ever 〕.
Canada ＿＿＿＿＿＿＿＿＿＿＿＿＿＿＿＿＿＿＿＿.

(4) あなたが先週描(か)いた絵を私に見せて。
〔 me / you / which / the picture / <u>paint</u> / show 〕 last week.

＿＿＿＿＿＿＿＿＿＿＿＿＿＿＿＿＿＿＿＿ last week.

よく出る 4 次の日本文に合うように，＿＿に適する語を書きなさい。 5点×2（10点）

(1) 私は英語の勉強に集中したいです。
I want to ＿＿＿＿ on studying English.

(2) それはすばらしいニュースです。（示された文字で始まる語を使うこと）
That is a t＿＿＿＿ news.

ちょっとBREAKの答え baseball，volleyball，softball，basketballなどがあるよ。

●関係代名詞を用いて，名詞に説明を加える表現を身につけましょう。名詞の種類や主格・目的格での使い分けもできるようにしましょう。

自分の得点まで色をぬろう!

がんばろう! もう一歩 合格!

0 60 80 100点

5 次の対話文を読んで，あとの問いに答えなさい。（計 30 点）

Mei : Look! ①I have 〔 American football players / has / a magazine / many photos / of / which 〕.

Kenta : Let me ②(見る)! It ③(say) "NFL's first female athletic trainer." What ④(do) that mean?

Mei : It is about Iso Ariko. ⑤She was not only the first female but also the first Japanese athletic trainer in the NFL.

Kenta : That's terrific. What's she ⑥(do) now?

(1) 下線部①の〔 〕内の語句を並べかえて，意味の通る英文にしなさい。（5 点）

I have ＿＿＿＿＿＿＿＿＿＿＿＿.

(2) ②の( )内の日本語を，3 語の英語で書きなさい。（5 点）

＿＿＿＿ ＿＿＿＿ ＿＿＿＿

(3) ③，④，⑥の( )内の語を適する形にかえなさい。4 点×3(12 点)

③ ＿＿＿＿ ④ ＿＿＿＿ ⑥ ＿＿＿＿

(4) 下線部⑤を日本語になおすとき，( )に適する日本語を書きなさい。4 点×2(8 点)

彼女は NFL の 1.( )の運動競技のトレーナーというだけではなく，2.( )の運動競技のトレーナーでもありました。

6 次の英文を日本語になおしなさい。5 点×2(10 点)

(1) He won an international competition at the age of 18.

( )

(2) She always cheers up her friends when they practice running.

( )

7 次の日本文を( )内の語を使って英語になおしなさい。ただし，下線部の語を適切な形にかえて使うこと。6 点×3(18 点)

(1) その国で使われる言語は難しいです。 (which, use)

＿＿＿＿＿＿＿＿＿＿＿＿

(2) 私が読んだその本は私をわくわくさせました。 (that, make)

＿＿＿＿＿＿＿＿＿＿＿＿

(3) この写真を撮(と)った少女は私のいとこです。 (who, take)

＿＿＿＿＿＿＿＿＿＿＿＿

Lesson 4

定期テスト対策 予想問題 第4回 p.120〜121

解答 p.22

確認のワーク ステージ1 Lesson 5 Being True to Ourselves ①

教科書の要点 仮定法 「もし―が～するなら，…だろう」

a17

If I **had** a brother, I **could do** a lot of things with him.

動詞を過去形にする　〈could［would など］＋動詞の原形〉

もしも私に兄がいたなら，さまざまなことをいっしょにできるだろう。

要点

● 事実と異なること，実現する可能性がない（低い）ことについて「もし（主語）が～するなら，…だろう」と言うときは，〈If＋主語＋動詞の過去形 ～，主語＋could［would など］＋動詞の原形 ….〉で表す。これを仮定法という。

● 〈主語＋could［would など］＋動詞の原形 … ＋if＋主語＋動詞の過去形 ～.〉でも表せる。

Wordsチェック 次の英語は日本語に，日本語は英語になおしなさい。

□(1) depressed （　　　）　□(2) envy （　　　）

□(3) ～さえ，～でも ＿＿＿＿　□(4) 買いものに行く ＿＿＿＿

□(5) 調子が悪い ＿＿＿＿　□(6) けんか ＿＿＿＿

1 絵を見て例にならい，「もし私に姉がいれば，～を彼女（かのじょ）といっしょにできるでしょう」という文を書きなさい。

例 go shopping

(1) play tennis　(2) study English　(3) make dinner

例 If I had a sister, I could go shopping with her.

(1) If I had a sister, I could ＿＿＿＿ ＿＿＿＿ with her.

(2) If I had a sister, ＿＿＿＿＿＿＿＿ with her.

(3) If ＿＿＿＿＿＿＿＿＿＿＿＿ with her.

ここがポイント

仮定法
「もし（主語）が～するなら，…だろう」を〈If＋主語＋動詞の過去形 ～，主語＋could［would など］＋動詞の原形 ….〉で表す。

よく出る **2** 次の（　）内から適する語を選び，○で囲みなさい。

(1) If our house (have, had) a garden, my parents could grow vegetables.

(2) If they knew the man, they (will, would) talk to him.

(3) If I were free, I could (go, went) there with you.

wrong[rɔ́:ŋ]のwは発音しないよ。write などと同じだね。

よく出る **3** 〔 〕内の語と符号を並べかえて，日本文に合う英文を書きなさい。

(1) もし私に時間があれば，あなたと買いものに行けるでしょう。
〔 time / I / I / if / could / shopping / go / had / , 〕 with you.
______________________ with you.

(2) もし私が料理がじょうずだったら，あなたのために夕食をつくるでしょう。
〔 if / well / I / would / cooked / dinner / make / I / , 〕 for you.
______________________ for you.

表現メモ
go -ing の表現
- go shopping「買いものに行く」
- go swimming「泳ぎに行く」
- go fishing「釣りに行く」

4 次の英文を日本語になおしなさい。

(1) If Ms. White had an umbrella, she would use it.
(　　　　　　　　　　)

(2) If you lived in Finland, what would you do?
(　　　　　　　　　　)

(3) If I had a big brother, I could play video game together.
(　　　　　　　　　　)

5 次の日本文に合うように，＿＿に適する語を書きなさい。

(1) 悲しそうですね。どうしましたか。
You look sad. ＿＿＿＿ ＿＿＿＿?

(2) すみません，どういう意味ですか。
Excuse me, ＿＿＿＿ do you ＿＿＿＿?

(3) マイクはいつも弟とけんかをします。
Mike always ＿＿＿＿ a ＿＿＿＿ with his brother.

(4) 私は幸せそうに見えますか。
Do I ＿＿＿＿ ＿＿＿＿?

表現メモ
「どうしたの」と心配する表現
- What's wrong?
- What's the matter?
- What's the problem?

Lesson 5

WRITING Plus

次の各問いに対して，あなた自身の答えを英語で書きなさい。

(1) What would you do if you became a famous actor?
____

(2) If you saw a man from another planet, what would you do?
____

(3) What would you do if you had one million yen?
____

確認のワーク ステージ1 Lesson 5

Being True to Ourselves ②

読 聞 書 話

解答 p.22

教科書の要点 仮定法 「もし―が～だったら，…だろう」

a18

〈could [would など] ＋動詞の原形〉

If I **were** you, I **would go** to Kita high school.　　もし私があなただったら，北高校に行くでしょう。

be 動詞の過去形

要点

● 事実と異なること，実現する可能性がない(低い)ことについて「もし(主語)が～だったら，…だろう」と言うときは，〈If＋主語＋were [was] ～，主語＋could [would など] ＋動詞の原形 ....〉の仮定法で表す。

● be 動詞の過去形には，主語の人称や数に関係なく were を用いる場合がある。主語が I または 3 人称単数の場合，口語では was が使われることもある。

Wordsチェック 次の英語は日本語に，日本語は英語になおしなさい。

□(1) jealous (　　　)　□(2) education (　　　)

□(3) high school (　　　)　□(4) つらい，きつい ＿＿＿＿

□(5) ～すべきである，したほうがよい ＿＿＿＿　□(6) 有名な ＿＿＿＿

1 絵を見て例にならい，「もし私が～だったら，…だろう」という文を書きなさい。

例

Emily / play the guitar

(1)

Hana / cook *tempura*

(2)

you / dance with Juri

(3)

Chris / study Japanese

例 If I were Emily, I would play the guitar.

(1) If I were Hana, I ＿＿＿＿ ＿＿＿＿ *tempura*.

(2) If I ＿＿＿＿＿＿＿＿＿＿＿＿.

(3) If ＿＿＿＿＿＿＿＿＿＿＿＿.

ここがポイント
仮定法
〈If＋主語＋were [was] ～，主語＋could [would など] ＋動詞の原形 ....〉は「もし(主語)が～だったら，…だろう」という意味になる。

よく出る **2** 次の(　)内から適する語を選び，○で囲みなさい。

(1) If I (am, were) in Kyoto, I would go to many temples.

(2) If Emma were a famous movie star, she (can, could) meet many famous people.

(3) If I were you, I (won't, wouldn't) do that.

(4) It is raining now. If it (is, was) fine, I could go out and play soccer.

advice[ədváis]は a ではなく i を強く発音するから注意が必要だよ。

よく出る **3** 次の文を（　）内の指示にしたがって書きかえるとき，____に適する語を書きなさい。

(1) もし私があなたなら，このテレビ番組を見ないでしょう。
If I ______ you, I would ______ watch this TV program.

(2) もしあなたが歌手だったら，ステージで歌うでしょう。
______ you were a singer, you ______ sing a song on the stage.

(3) もし晴れていたら，私たちは学校まで歩いて行けるでしょう。
If it were sunny, we ______ ______ to school.

ここがポイント
(1)助動詞 would / could のあとに not を置いて否定形にする。

4 次の対話が成り立つように，____に適する語を書きなさい。

(1) *A*：What would you do ______ you were rich?
B：I ______ buy a big house in Okinawa.

(2) *A*：______ it ______ very hot, we could go swimming in the sea.
B：Right.　But it's very cold today.

ここがポイント
be 動詞の過去形を使うときは「主語が表す人称や数」に関係なく，were を用いる場合がある。

5 次の日本文に合うように，____に適する語を書きなさい。

(1) あなたは英語が得意です。―― まさか！
You are good at English. ―― ______ on!

(2) このイヌはあのイヌよりじょうずに泳げます。
This dog can swim ______ ______ that dog.

(3) 父は夏の間に私が一生懸命に勉強するべきだと考えています。
My father ______ I ______ study hard during summer.

ミス注意
(3) think (that) ～「～だと考える」の that は省略できる。

6 Word Box　次の表には，各人物の願いが書かれています。例にならい，「もし―が～だったら…するだろう」という文を書きなさい。

人物	なりたいもの	願い
Shinji	a baseball player	play baseball in America
Juri	a singer	sing on a stage
Reina	a high school student	join the speech contest

例　If Shinji were a baseball player, he would play baseball in America.

(1) If Juri were ________________________.

(2) If ____________________________.

Lesson 5

解答 p.23

確認のワーク ステージ1 Lesson 5 Being True to Ourselves ③ 読 聞 書 話

教科書の要点 〈I wish＋仮定法〉「私が～だったらなあ」

a19

I wish I **were** good at soccer. サッカーがじょうずだったらなあ。

be 動詞は were にする

I wish I **could speak** French. フランス語を話せたらなあ。

〈could＋動詞の原形〉

要点

実現する可能性がない（低い）願望を「私が～だったらなあ」と伝えるときには，**I wish ～.** を使って次のように表す。

- I wish I **were** ～.「私が～だったらなあ」→ 主語が I でも，be 動詞は **were** を使う。
- I wish I **could** ～.「私が～できたらなあ」→ I wish のあとに **could** などの助動詞が使われることもある。

Wordsチェック 次の英語は日本語に，日本語は英語になおしなさい。

□(1) priority （　　　　）　□(2) disagree （　　　　）

□(3) own （　　　　）　□(4) 不得意な ＿＿＿＿

□(5) 十分な ＿＿＿＿　□(6) disagree の反意語 ＿＿＿＿

1 絵を見て例にならい，「私が～だったらなあ[できたらなあ]」という文を書きなさい。

例 I / be a bird

(1) I / can play the piano

(2) I / can win a competition

(3) I / be a famous movie star

例 I wish I were a bird.

(1) I wish I ＿＿＿＿＿＿＿＿＿＿＿＿.

(2) I ＿＿＿＿＿＿＿＿＿＿＿＿＿＿.

(3) ＿＿＿＿＿＿＿＿＿＿＿＿＿＿＿＿

ここがポイント

〈I wish＋仮定法〉
- I wish I were ～.「私が～だったらなあ」,
- I wish I could ～.「私が～できたらなあ」

よく出る 2 次の文の＿＿に，（　）内の語を適する形にかえて書きなさい。

(1) I wish I ＿＿＿＿ visit Kyoto.　(can)

(2) I wish I ＿＿＿＿ live in Tokyo.　(can)

(3) I wish I ＿＿＿＿ a popular writer.　(be)

priority[praiɔ́rəti]の最初の i は[ai]と発音するよ。

よく出る 3 〔　〕内の語や符号を並べかえて，日本文に合う英文を書きなさい。

(1) 私が歌手だったらなあ。
〔 wish / I / a / I / singer / were 〕.

____

(2) 私が英語をうまく話せたらなあ。
〔 could / well / I / speak / wish / English / I 〕.

____

(3) 彼は賢いです。同時に，彼はやさしいです。
He is smart. 〔 time / same / he / the / is / at / kind / , 〕.
He is smart. ______________________

(4) 競技会の前にもっと練習できたらなあ。
〔 wish / I / before / practice / could / more / I 〕 the competition.
______________________ the competition.

(5) 私の学校ではサッカーがいちばん人気のあるスポーツです。
〔 the / sport / is / in / popular / most / soccer 〕 my school.
______________________ my school.

表現メモ
●「同時に」
at the same time
●「〜の前に」
before 〜

思い出そう
most を使った比較の文
比較的長いつづりの形容詞を使って「〜の中でいちばん…」は，〈the most＋形容詞＋in［of］ 〜〉で表す。

4 次の日本文に合うように，＿＿に適する語を書きなさい。

(1) 私たちは間違うことを恐れていました。
We were ＿＿＿＿ ＿＿＿＿ making mistakes.

(2) あなたは野球をするのがじょうずですか。
＿＿＿＿ you ＿＿＿＿ at playing baseball?

(3) 私は自分の考えを表現できる人になりたいです。
I want to be someone ＿＿＿＿ can express his own ideas.

(4) どんな種類の日本料理を作りたいですか。
＿＿＿＿ ＿＿＿＿ of Japanese food do you want to make?

思い出そう
主格の関係代名詞
「人を表す名詞」の後ろに〈who［that］＋動詞 〜〉を続けて，その名詞を説明することができる。

Lesson 5

WRITING Plus

次の状況に対して，あなただったらどのように感じるか，I wish I could 〜. を使って英語で書きなさい。

(1) テレビでレストランのおいしそうな食事が映っているのを見たとき。

____

(2) 弱いチームだけれど，試合のために一生懸命練習をしているとき。

____

文法のまとめ 仮定を表す文

解答 p.23

まとめ

事実とは異なること，実現する可能性がない(低い)ことについて「～ならなあ」と表現することを仮定法という。

- 「もし(主語)が～するなら，…だろう」は，仮定法の〈If＋主語＋動詞の過去形 ～，主語＋could[would など]＋動詞の原形 ….〉で表す。if のあとの動詞が be 動詞のときは，主語の人称や数に関係なく were を使う場合がある。

  If I **had** a sister, I **would go** shopping together.
  動詞の過去形　〈would＋動詞の原形〉　(もし私に姉[妹]がいたなら，いっしょに買いものに行くでしょう。)

  If I **were** you, I **wouldn't go** to such a dangerous place.
  be 動詞の過去形 were　(もし私があなただったら，そのような危険な場所には行かないでしょう。)

- 〈If＋主語＋be 動詞の過去形，～.〉の主語が I または 3 人称単数の場合，口語では be 動詞の過去形に was を使うこともある。

  It is raining hard.　If it **was** fine, I **could go** to the park.
  be 動詞の過去形 was　〈could＋動詞の原形〉
  (雨が強く降っています。もし晴れていたら，公園に行けるのになあ。)

- 「私が～だったらなあ」は I wish I were ～.，「私が～できたらなあ」は I wish I could ～. と表す。

  I wish I were a high school student.　(私が高校生だったらなあ。)
  I wish I could go to the moon.　(私が月に行けたらなあ。)

練習

よく出る **1** 次の(　)内から適する語を選び，〇で囲みなさい。

(1) If I (are, am, were) you, I would visit Hokkaido.
(2) I wish I (can, could, will) speak English well.
(3) If it (is, are, was) sunny today, we would go swimming.
(4) What (will, can, would) you do if you were rich?
(5) It (is, would, were) be nice if you talked to me.
(6) I wish I (be, are, were) a pilot.
(7) If I were you, I wouldn't (do, did, done) that.

仮定法の形に注意しよう。

2 次の対話が成り立つように，＿＿に適する語を□から選び，書きなさい。

(1) *A*: What would you do if you ＿＿＿＿ sick?
　B: I ＿＿＿＿ go to a hospital.
(2) *A*: ＿＿＿＿ you met your favorite athlete, what would you do?
　B: Of course, I would take pictures.
(3) *A*: What do you want to be?
　B: I want to be a pilot.　I ＿＿＿＿ I could fly in the sky.

wish
if
were
would

3 次の日本文に合うように，＿＿に適する語を書きなさい。

(1) 私に時間があれば，母といっしょに買いものに行くでしょう。
If I had time, I ＿＿＿＿ ＿＿＿＿ shopping with my mother.

(2) ハワイに行けたらなあ。
I ＿＿＿＿ I ＿＿＿＿ go to Hawaii.

(3) 私がもしあなたなら，家で時間を過ごすでしょう。
＿＿＿＿ I were you, I ＿＿＿＿ spend time at home.

(4) もしあなたが小学生だったら，何をしたいですか。
If you ＿＿＿＿ an elementary school student, ＿＿＿＿ would you like to do?

よく出る 4 次の英文を日本語になおしなさい。

(1) If I were Yoko, I would be a designer.
(　　　　　　　　　　　　　　　　　　　　　　　　)

(2) What would you do if you lived in France?
(　　　　　　　　　　　　　　　　　　　　　　　　)

(3) I wish I could speak many foreign languages.
(　　　　　　　　　　　　　　　　　　　　　　　　)

(4) If I had to choose only one, it would be this one.
(　　　　　　　　　　　　　　　　　　　　　　　　)

5 〔　〕内の語句を並べかえて，日本文に合う英文を書きなさい。

(1) 私が人気のあるコメディアンだったらなあ。
〔 wish / I / a / I / popular / were / comedian 〕.

＿＿＿＿＿＿＿＿＿＿＿＿＿＿＿＿＿＿＿＿

(2) もしタイムマシーンがあったら，私は未来に行くでしょう。*time machine　タイムマシーン
〔 had / I / if / I / to / the future / a *time machine / go / would / , 〕.

＿＿＿＿＿＿＿＿＿＿＿＿＿＿＿＿＿＿＿＿

(3) もし私に時間がたくさんあったら，もっとたくさん本を読めるのに。
〔 I / read / could / had / more / a lot of / I / time / if / , 〕 books.

＿＿＿＿＿＿＿＿＿＿＿＿＿＿＿＿＿＿＿＿ books.

6 次の日本文を(　)内の指示にしたがって英語になおしなさい。

(1) もしお金持ちなら，私は世界中を旅行するでしょう。 (if で始まる仮定法で)

＿＿＿＿＿＿＿＿＿＿＿＿＿＿＿＿＿＿＿＿

(2) 私があなたを手伝えたらいいのになあ。 (I wish で始まる仮定法で)

＿＿＿＿＿＿＿＿＿＿＿＿＿＿＿＿＿＿＿＿

(3) もし私が彼(かれ)の電話番号を知っていれば，彼に電話するのになあ。(if で始まる仮定法で)

＿＿＿＿＿＿＿＿＿＿＿＿＿＿＿＿＿＿＿＿

定着のワーク ステージ2 Lesson 5

解答 p.24

読 聞 書 話

1 LISTENING (1)～(3)の英文を聞いて，その内容に合う絵をア～ケから１つ選び，記号で答えなさい。 ♪ l09

(1)(　　　)
(2)(　　　)
(3)(　　　)

よく出る 2 次の(　)内から適する語を選び，○で囲みなさい。

(1) (If, When) I visited Hokkaido, I would eat seafood.
(2) I wish I (can, could, will) play the guitar well.
(3) If it (is, are, were) sunny, he would go jogging.
(4) What (will, can, would) you do if you were famous?
(5) I (will, can, would) go there if I were you.

よく出る 3 次の日本文に合うように，＿＿に適する語を書きなさい。

(1) 悲しそうですね。どうしましたか。
You look sad. ＿＿＿＿ ＿＿＿＿?
(2) 私はイヌやネコのようなペットを何も飼っていません。
I don't have ＿＿＿＿ pets such as dogs or cats.
(3) ミキは学校で中国語を習うべきだと考えています。
Miki ＿＿＿＿ ＿＿＿＿ she should learn Chinese at her school.
(4) 私は学校を選ぶとき，スポーツを上位の優先事項(じこう)として考えます。
I think of sports ＿＿＿＿ my top priority when I choose my school.
(5) 私たちは何も恐(おそ)れていません。
We are not ＿＿＿＿ ＿＿＿＿ anything.

重要ポイント

2 (1)(3)(5)〈If＋主語＋動詞の過去形～，主語＋could[would など]＋動詞の原形 ....〉「もし(主語)が～するなら，…だろう」の文。

得点力をUP

仮定法で使う would と could
仮定法の文で「(～するなら)，…するだろう」と言うときは would，「(～するなら)，…できるだろう」と言うときは could を使う。

3 (4) top は「上位の」。priority は「優先事項」。

4 次の対話文を読んで，あとの問い に答えなさい。

Kenta: ①Sometimes〔 is / a brother / tough / sister / having / or 〕. My brother ②(go) to Kita High School. He thinks I ③(～すべきである) go there, too.

Mei: ④If I were you, I would take his advice. It's a very good school.

Kenta: But I want to go to Minami High School. It's famous for its baseball team and English education.

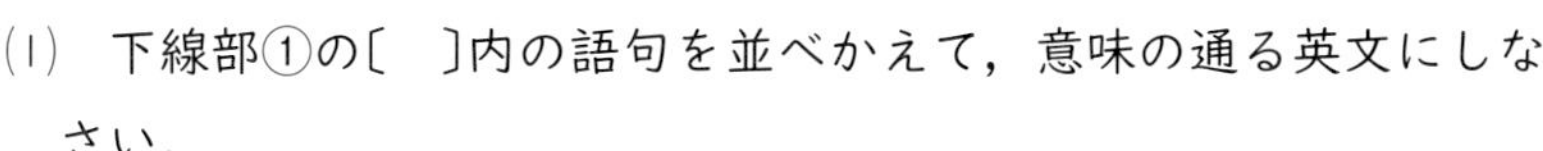

(1) 下線部①の〔 〕内の語句を並べかえて，意味の通る英文にしなさい。

Sometimes ＿＿＿＿＿＿＿＿＿＿＿＿＿＿＿＿.

(2) ②の( )内の語を適する形にかえなさい。

＿＿＿＿＿＿

(3) ③の( )内の日本語を，1語の英語で書きなさい。

＿＿＿＿＿＿

(4) 下線部④を日本語になおしなさい。

(　　　　　　　　　　　　　　　　)

(5) ケンタはなぜ南高校に行きたいのですか。その理由を日本語で答えなさい。

(　　　　　　　　　　　　　　　　)

重要ポイント

4 (1)「兄弟や姉妹がいること」を動名詞を使って表す。
(2)主語が3人称単数であることに注意。
(4)「もし(主語)が～なら，…だろう」という仮定法の文。

よく出る 5 次の英文を日本語になおしなさい。

(1) I wish I were one of the best students in my English class.

(　　　　　　　　　　　　　　　　)

(2) I know that I'm bad at playing baseball.

(　　　　　　　　　　　　　　　　)

5 (1) one of ～「～のうちの1つ[1人]」

得点力をUP

(2) be bad at ～の反対の意味は be good at ～。

レベルUP 6 次の日本文を( )内の指示にしたがって英語になおしなさい。

(1) もし彼に時間があったら，私は彼(かれ)と映画を見られるでしょう。(ifで始めて)

＿＿＿＿＿＿＿＿＿＿＿＿＿＿＿＿

(2) 私がこの都市に住めたらなあ。

＿＿＿＿＿＿＿＿＿＿＿＿＿＿＿＿

(3) 私はサッカー部で有名な高校を選びたいです。(I'dで始めて)

＿＿＿＿＿＿＿＿＿＿＿＿＿＿＿＿

6 (1)「時間がある」は have time。「映画を見る」は see[watch] a movie。
(3)関係代名詞を使う。「～で有名な」は be famous for ～。

Lesson 5

ちょっとBREAK 英語のなぞなぞです。What is the end of the future?

➡答えは次のページ

Lesson 5

解答 p.25

読 聞 書 話

/100

1 LISTENING (1)～(4)の対話を聞いて，その内容として適するものをア～エから１つ選び，記号で答えなさい。 l10 4点×4(16点)

(1) ア She would travel abroad. イ She went shopping.
ウ She wants to help people in need. エ She would spend money. (　　)

(2) ア He wants to go to the airport. イ He wants to be a pilot.
ウ He wants to be an English teacher. エ He wants to be a chef. (　　)

(3) ア She would like to visit some museums to see art.
イ She would like to go to France to eat French food.
ウ She wants to be an artist. エ She has an airplane. (　　)

(4) ア He would go to the stadium. イ He would see a rugby game.
ウ He would practice soccer. エ He would play rugby with his friends. (　　)

よく出る **2** 次の日本文に合うように，＿＿に適する語を書きなさい。 4点×4(16点)

(1) あなたはどんな種類のスポーツを試したいですか。
＿＿＿＿ ＿＿＿＿ of sports do you want to try?

(2) 静岡は富士山で有名です。
Shizuoka is ＿＿＿＿ ＿＿＿＿ Mt. Fuji.

(3) 私は昨日，姉と小さなけんかをしました。
I ＿＿＿＿ a little ＿＿＿＿ with my sister.

(4) タッドはテニスをすることはじょうずですが，ピアノを弾(ひ)くことは下手です。
Tad is ＿＿＿＿ at playing tennis, but ＿＿＿＿ at playing the piano.

3 次の各組の文がほぼ同じ内容を表すように，＿＿に適する語を書きなさい。 4点×2(8点)

(1) I can't go swimming because I have a cold.
If I ＿＿＿＿ have a cold, I could ＿＿＿＿ swimming.

(2) I am busy, so I won't help you with your report.
＿＿＿＿ I weren't busy, I would ＿＿＿＿ you with your report.

よく出る **4** 〔　〕内の語句や符号を並べかえて，日本文に合う英文を書きなさい。ただし１語不要な語があります。 5点×2(10点)

(1) 私が有名なサッカー選手だったらなあ。
〔 wish / I / a / I / am / were / soccer player / famous 〕.

＿＿＿＿＿＿＿＿＿＿＿＿＿＿＿＿

(2) もし雨が降っていなかったら，私たちはテニスができるでしょう。
〔 was / can / it / not / if / rainy / could / we / , 〕 play tennis.

＿＿＿＿＿＿＿＿＿＿＿＿＿＿＿＿ play tennis.

ちょっとBREAKの答え Letter "e"(eの文字)です。

目標

●事実と異なることや実現する可能性がない(低い)ことについて，「〜ならなあ」と仮定する表現を身につけましょう。

自分の得点まで色をぬろう!

がんばろう! もう一歩 合格!

0 60 80 100点

5 次のケンタの発表文を読んで，あとの問いに答えなさい。 (計22点)

①"I wish I were the same as other people." Some people might think so, but I ②(〜と意見を異とする). I want to be ③(異なった). When I started junior high school, I was afraid to be different. ④At the same time, ⑤I wished 〔 sports / the best / most / were / at / and / I / the 〕 popular. But now I have a different view. I know I have things that I'm good at ⑥(do) and bad at ⑥(do). I want to be someone who has his own ideas. I'll always be myself.

(1) 下線部①を，日本語になおしなさい。 (4点)

( )

(2) ②，③の( )内の日本語を英語で書きなさい。 2点×2(4点)

② ＿＿＿＿ ③ ＿＿＿＿

(3) 下線部④の意味を書きなさい。 (3点)

( )

(4) 本文の内容に合うように，下線部⑤の〔 〕内の語句を並べかえなさい。 (4点)

I wished ＿＿＿＿＿＿＿＿ popular.

(5) ⑥の( )内の語を適する形に直しなさい。 (2点)

＿＿＿＿

(6) ケンタはどのような人になりたいと言っていますか。日本語で答えなさい。 (5点)

( )を持った人になりたい。

レベルUP 6 次の日本文を( )内の指示にしたがって英語になおしなさい。 7点×4(28点)

(1) もしチケットを2枚持っていたら，私たちはそのコンサートに行けるでしょう。 (ifで始まる仮定法で)

＿＿＿＿＿＿＿＿

(2) 私が若かったらなあ。 (I wishで始まる仮定法で)

＿＿＿＿＿＿＿＿

(3) 私がフランス語を読むことができればなあ。 (I wishで始まる仮定法で)

＿＿＿＿＿＿＿＿

(4) もし冬休みが長かったら，あなたは何をするでしょうか。 (ifで始まる仮定法で)

＿＿＿＿＿＿＿＿

Lesson 5

定期テスト対策 予想問題 第5回 p.122〜123

解答 p.26

ステージ1 Lesson 6 Why do We Have to Work? ①

教科書の要点 ディスカッションでの表現①

a20

Today's discussion is related to labor. 本日の討論は労働に関係することです。

I agree with Bob. 私はボブに賛成です。

要点

- ディスカッションを始めるときの表現の１つに，Today's discussion is 〜.「本日の討論は〜です」がある。
- 自分の意見を述べるときの表現の１つに，I agree with 〜.「私は〜に賛成です」がある。
- ディスカッションでよく使う表現

始めるとき
□ We talk about new sports.（新しいスポーツについて話します。）

自分の意見を述べるとき
□ I disagree with your idea.（私はあなたの考えには反対です。）
□ In my opinion, it is important.（私の考えでは，それは重要です。）
□ I think it is a good point.（私はそれはよい点だと思います。）
□ I don't think it is common.（私はそれは一般(いっぱん)的ではないと思います。）

Wordsチェック 次の英語は日本語に，日本語は英語になおしなさい。

□(1) discussion （　　　　）　□(2) related （　　　　）
□(3) both 〜 and ... （　　　　）　□(4) 健康 ＿＿＿＿
□(5) バランス ＿＿＿＿　□(6) 労働 ＿＿＿＿

よく出る 1 次の日本文に合うように，＿＿に適する語を書きなさい。

(1) 本日の討論は健康に関係することです。
Today's ＿＿＿＿ is ＿＿＿＿ to health.

(2) 私たちはあなたが言っていることはわかります。
We see ＿＿＿＿ ＿＿＿＿ mean.

(3) あなたは制服を着なければならないのですか。
Do you ＿＿＿＿ ＿＿＿＿ wear a uniform?

(4) ケン，あなたはどうですか。
＿＿＿＿ ＿＿＿＿ you, Ken?

(5) 人生にはお金以上のものがあります。
There is ＿＿＿＿ to life ＿＿＿＿ money.

(6) スポーツを見ることもプレイすることも両方ともおもしろいです。
＿＿＿＿ playing ＿＿＿＿ watching sports are interesting.

表現メモ

「〜しなければならない」の表現
〈have to＋動詞の原形〉と〈must＋動詞の原形〉はどちらも「〜しなければならない」の意味。ただし，否定文になると〈don't[doesn't] have to＋動詞の原形〉は「〜する必要はない」，〈must not＋動詞の原形〉は「〜してはいけない」と異なる意味になる。

heatlh は[hélθ]，think は[θíŋk]と発音するよ。th の発音に気をつけよう。

2 次の対話が成り立つように，＿＿に適する語を□から選び，書きなさい。

Teacher : Everyone, we (1)＿＿＿＿＿＿ about school clubs.
Do you think every student should (2)＿＿＿＿＿＿ school club activity?

Yuka : In my (3)＿＿＿＿＿＿, yes. If we don't, we can't build friendship.

opinion	talk	go	join

3 次の英文を日本語になおしなさい。

(1) Today's discussion is related to school life.
( )

(2) Take a few minutes to talk about today's discussion topic.
( )

(3) In my opinion, it is difficult to find a balance.
( )

4 〔 〕内の語句を並べかえて，日本文に合う英文を書きなさい。

(1) 私たちは働かなければならないと思いますか。
〔 we / you / to / have / do / work / think 〕?

＿＿＿＿＿＿＿＿＿＿＿＿＿＿＿＿＿＿＿＿

(2) 勉強をすることもリラックスすることも両方が重要です。
〔 important / are / studying / and / both / relaxing 〕.

＿＿＿＿＿＿＿＿＿＿＿＿＿＿＿＿＿＿＿＿

(3) 私の兄はほとんど毎日サッカーの練習をします。
〔 almost / my brother / soccer / every / practices 〕 day.

＿＿＿＿＿＿＿＿＿＿＿＿＿＿＿＿＿＿＿＿ day.

ここがポイント

ディスカッションを始めるときの表現
- Today's discussion is ～.
「本日の討論は～です」
- We talk about ～.
「～について話します」

ここがポイント

自分の意見を述べるときの表現
- I disagree with ～.
「私は～には反対です」
- In my opinion, ～.
「私の考えでは，～」
- I think ～.
「私は～と思います」
- I don't think ～.
「私は～とは思いません」

思い出そう

It is ～ (for+人) to ....
主語の It は to 以下の内容を指して「(人が)…することは～だ」という意味になる。

WRITING Plus

次の各問いに対して，あなた自身の答えを英語で書きなさい。

(1) Do you have to wear a school uniform at your school?

＿＿＿＿＿＿＿＿＿＿＿＿＿＿＿＿＿＿＿＿

(2) Which is more important for you, studying English or math?

＿＿＿＿＿＿＿＿＿＿＿＿＿＿＿＿＿＿＿＿

(3) Do you think it is necessary to do your homework at home?

＿＿＿＿＿＿＿＿＿＿＿＿＿＿＿＿＿＿＿＿

解答 p.27

確認のワーク ステージ1 Lesson 6 Why do We Have to Work? ②

教科書の要点 ディスカッションでの表現②

That's a good point, but **can you think of an example?**

それはよい点ですが，例を考えてもらえますか。

As I said before, money isn't the only reason to work.

先ほど言ったように，お金だけが働く理由ではありません。

要点

- 相手の意見を聞くときの表現の１つに，**Can you think of an example?**「例を考えてもらえますか」がある。
- 話し始めにワンクッション置く表現の１つに，**As I said before,**「先ほど言ったように，」がある。
- ディスカッションでよく使う表現

相手の意見を聞くとき	□ How about you?	（あなたはどうですか。）
	□ What do you think about this problem?	（この問題についてあなたはどう思いますか。）
話し始めのワンクッション	□ As you know, it's not the only reason.	（ご存じのように，それだけが理由ではありません。）
	□ So, we talk about money.	（つまり，お金について話します。）

Wordsチェック 次の英語は日本語に，日本語は英語になおしなさい。

□(1) common （　　　）　□(2) wife （　　　）

□(3) cooperate （　　　）　□(4) researcher （　　　）

□(5) 理由 ＿＿＿＿　□(6) 結婚（けっこん）する ＿＿＿＿

よく出る 1 次の日本文に合うように，＿＿に適する語を書きなさい。

(1) ご存じのように，日本人はお米を食べます。

As ＿＿＿＿ ＿＿＿＿, Japanese eat rice.

(2) 家事についてあなたはどう思いますか。

What do you ＿＿＿＿ ＿＿＿＿ the housework?

(3) 私たちにとって英語を勉強することは一般（いっぱん）的なことです。

It is ＿＿＿＿ for us ＿＿＿＿ study English.

ことばメモ

- housework「家事」
- wife「妻」
- husband「夫」

2 次の対話が成り立つように，＿＿に適する語を□から選び，書きなさい。

A: As I (1)＿＿＿＿ before, for some students, it is more (2)＿＿＿＿ to do the club activities.

B: That's a (3)＿＿＿＿ point, but can you (4)＿＿＿＿ of an example?

important	think	said	good	get

まるごと暗記

話し始めのワンクッション表現

- As I said before, 〜「先ほど言ったように，〜」
- As you know, 〜「ご存じのように，〜」

child-raising の raising は[rèiziŋ]と発音するよ。ai の部分を「アイ」と発音しないようにしよう。

よく出る **3** 〔 〕内の語句を並べかえて，日本文に合う英文を書きなさい。

(1) 大人になったら通訳として働きたいです。
I〔 as / to / work / want / I / an interpreter / when / up / grow 〕.
I ________________________________.

(2) 子育ての問題についてあなたはどう思いますか。
〔 do / think / what / about / child-raising / you / problems 〕?
____

(3) ほとんどの学生はテストのあとでさえも家で勉強します。
〔 study / students / even / after / most / at home 〕 the *tests.
*test(s) 試験，テスト
________________________________ the tests.

(4) 私たちが多くの外国語を学ぶことは簡単なことではありません。
〔 not / learn / easy / many / is / foreign languages / to / it / for us 〕.
____

(5) 私たちは人々を助けているように感じます。
〔 feel / we / helping / are / people / we / like 〕.
____

(6) 私の先生は生徒たちに英語を教えることを楽しんでいます。
〔 enjoys / students / to / English / my teacher / teaching 〕.
____

ことばメモ
- interpreter「通訳」
- child-raising「子育て」

思い出そう
〈enjoy＋動詞の -ing形〉「～することを楽しむ」
enjoy のようにあとに目的語に動名詞をとる動詞には，ほかに finish, like, start, stop などがある。

4 次の英文を日本語になおしなさい。

(1) I saw a TV show the other day about wildlife.
(　　　　　　　　　　　　　　　　)

(2) I want my friend to help me with my homework.
(　　　　　　　　　　　　　　　　)

(3) It's not common for Japanese to eat pizza in the morning.
(　　　　　　　　　　　　　　　　)

(4) Most parents are busy, even after their children sleep.
(　　　　　　　　　　　　　　　　)

思い出そう
〈want＋人＋to＋動詞の原形〉
「(人)に～してもらいたい」と言うときは，want のあとに「人」を入れて〈to＋動詞の原形〉を続ける。

Lesson 6

5 次の日本文を( )内の語句を使って英語になおしなさい。

(1) それはよい点ですが，例を考えてもらえますか。 (that's)
____

(2) スウェーデンの子育てについてあなたはどう思いますか。 (what)
____

(3) 高校へ行くということだけが勉強をする理由ではありません。 (going)
____

ここがポイント
相手の意見を聞くときの表現
- Can you think of an example?「例を考えてもらえますか」
- What do you think about[of] ～?「～についてあなたはどう思いますか」

解答 p.28

Lesson 6 Why do We Have to Work? ③

読 聞 書 話

教科書の要点 ディスカッションでの表現③

a22

Who's going to report to the class? だれがクラスに報告しますか。

Did anyone think that people don't have to work?

人々は働く必要がないと考えた人はいますか。

要点

- 意見をまとめるときの表現に，**Who's going to ～?**「だれが～しますか」や，**Did anyone think that ～?**「～と考えた人はいますか」などがある。
- ディスカッションでよく使う表現

相手の意見に賛成するとき	□ I **agree with** him.	(私は彼(かれ)に賛成です。)
	□ I'm **for** Yumi and Keita.	(私はユミとケイタに賛成です。)
相手の意見に反対するとき	□ I **disagree with** Rika's opinion.	(私はリカの意見に反対です。)
	□ I'm **against** her.	(私は彼女(かのじょ)に反対です。)
理由を述べるとき	□ I agree with her, **because** I've done that before.	(私は彼女に賛成です。なぜならば，以前にそれをしたことがあるからです。)
	□ **The reason is that** we have to make money.	(その理由は私たちがお金を稼がなければならないからです。)

Wordsチェック 次の英語は日本語に，日本語は英語になおしなさい。

□(1) government ( )　□(2) discuss ( )

□(3) 半分 ＿＿＿＿　□(4) man の複数形 ＿＿＿＿

1 ( )内の日本語を参考に，次の対話が成り立つように，＿＿に適する語を書きなさい。

Teacher : Did anyone (1)＿＿＿＿ (2)＿＿＿＿ students should not listen to music while they are studying?
(～するべきではないと考えた人はいますか。)

Yuko : Not (3)＿＿＿＿! (思いません！)

Bob : Me, (4)＿＿＿＿. (私も思いません。)

Kay : I disagree (5)＿＿＿＿ Yuko and Bob.
(ユウコとボブに反対です。)

ここがポイント

意見をまとめるときの表現
- Who's going to ～?「だれが～しますか」
- Did anyone think that ～?「～と考えた人はいますか」

賛成・反対を述べるときの表現
- I agree with ～. / I'm for ～.「私は～に賛成です」
- I disagree with ～. / I'm against ～.「私は～に反対です」

よく出る **2** 次の日本文に合うように，＿＿に適する語を書きなさい。

(1) 私はあなたに賛成です，なぜならばそれは難しいからです。
I'm ＿＿＿＿ you, because it's difficult.

(2) だれが先生に報告しますか。
＿＿＿＿ is going to ＿＿＿＿ to the teacher?

neither は[níːðər]と発音するよ。ei[iː]の部分に気をつけよう。

解答 p.28

Project 2 英語で卒業スピーチをしよう！ 読 聞 書 話

教科書の要点 スピーチでの表現 a23

I hope she will enjoy studying math in high school.

彼女が高校で数学を勉強することを楽しんでくれることを願っています。

要点

- スピーチをするときの表現の１つに，I hope 〜.「私は〜を願っています」がある。
- スピーチでよく使う表現

□ Now I know that she did her best when she was the captain of the team.

(今では私は，彼女がチームのキャプテンだったときに最善を尽くしたということがわかります。)

Wordsチェック 次の英語は日本語に，日本語は英語になおしなさい。

□(1) opinion (　　　　)　□(2) busy (　　　　)

□(3) 夢 ＿＿＿＿　□(4) 職，仕事 ＿＿＿＿

1 次の英文の下線部を日本語になおしなさい。

(1) I hope he will be good at speaking English someday.

私はいつか(　　　　　　　　)ことを願っています。

(2) We enjoyed singing and playing the guitar.

私たちは(　　　　　　　　)を楽しみました。

スピーチや手紙，作文などで使える表現を覚えてね。

2 次の日本文に合うように，＿＿に適する語を書きなさい。

(1) 今では私は，英語を勉強することが重要なことだとわかります。

＿＿＿＿ I know ＿＿＿＿ it is important to study English.

(2) サヤカはテニスがじょうずですが，サッカーは下手です。

Sayaka is ＿＿＿＿ at tennis, but ＿＿＿＿ at soccer.

3 タッドが卒業式に向けて “My Dream” というタイトルで，中学校生活最後のスピーチの原稿を書いています。(1)(2)の〔　〕内の語句を並べかえて，英文を書きなさい。

My Dream

My dream is to become a professional baseball player in the future.

(1) I〔practicing / years old / it / have / I / seven / was / since / been〕.

Now I know that it is not easy to become a professional athlete, but I will do my best.

(2) I〔playing / enjoy / hope / I / baseball / will〕in high school.

Thank you for listening.

(1) I ＿＿＿＿＿＿＿＿＿＿＿＿＿＿＿＿.

(2) I ＿＿＿＿＿＿＿＿＿＿＿＿＿＿ in high school.

解答 p.28

定着のワーク ステージ2 Lesson 6 〜 Project 2

読 聞 書 話

1 LISTENING 対話を聞いて，その内容について正しいものをア〜エから１つ選び，記号で答えなさい。 l11

ア The girl doesn't want to wear a school uniform every day.

イ The boy doesn't like to wear school uniforms.

ウ Their school uniforms are colorful.

エ The girl likes school uniforms.

(　　　)

よく出る **2** 次の(　)内から適する語を選び，○で囲みなさい。

(1) Today's discussion is (relate, related) to Japanese culture.

(2) I've (think, thought) of a few different reasons.

(3) Did (someone, anyone) think that it is easy to work?

(4) (Half, Every) of the students will join club activities.

(5) Studying both English (or, and) Japanese is necessary.

3 次の対話が成り立つように，＿＿に適する語を□から選び，書きなさい。

as / is / got / so

(1) *A* : You need to add salt before you boil it.
B : ＿＿＿＿ it. Thank you.

(2) *A* : ＿＿＿＿ I said before, I've stopped playing the piano.
B : ＿＿＿＿ that true?

よく出る **4** 〔　〕内の語句を並べかえて，日本文に合う英文を書きなさい。

(1) 私に結果を確認させてください。
〔 let / result / confirm / me / the 〕.

＿＿＿＿＿＿＿＿＿＿＿＿＿＿＿＿＿＿

(2) クラスに報告するのはあなたの番です。
It's 〔 to / turn / your / report / to 〕 the class.
It's ＿＿＿＿＿＿＿＿＿＿＿＿ the class.

(3) その医者はテレビを見るのは多くて１日１時間と勧(すす)めています。
The doctor 〔 a day / one hour / watching TV / recommends / at 〕 most.
The doctor ＿＿＿＿＿＿＿＿＿＿＿＿ most.

重要ポイント

2 (1) be related to で「〜と関係がある」。
(2)現在完了形の文。
(3)疑問文で「だれか」を表す語を選ぶ。
(4)「生徒の半分」が主語。
(5)「国語も英語も両方とも」。

3 (1)「わかりました」という意味になる。
(2)「先ほど言ったように」という意味になる。

得点力をUP

話し始めのワンクッション
- As I said before, 〜
- As you know, 〜
- So, 〜

4 (1)「〜を確認する」は confirm。
(2) turn は「順番，番」。
(3)「１日１時間」は one hour a day。

5 次の対話文を読んで，あとの問いに答えなさい。

Aya : Let's start!　Do you all think we have to work?
①(あなたはどうですか), Bob?

Bob : Well, in my opinion, yes.　If we don't, how can we live?

Kenta : I agree (　②　) Bob.　People need money.　But there's (　③　) to life than that.

Mei : You're right, Kenta.　Our health, our friends and family, our hobbies — those are all important, too.

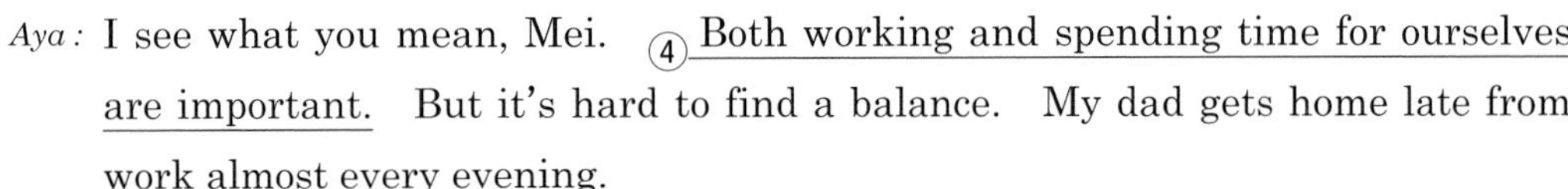

Aya : I see what you mean, Mei.　④Both working and spending time for ourselves are important.　But it's hard to find a balance.　My dad gets home late from work almost every evening.

(1) ①の(　)内の日本語を３語の英語で書きなさい。

______　______　______

(2) ②と③の(　)に適する語をア～エから選び，記号で答えなさい。

ア more　イ in　ウ with　エ to

②(　　)　③(　　)

(3) メイがあげた人生で重要なことのうち，３つを日本語で答えなさい。

(　　　)(　　　)(　　　)

(4) 下線部④を日本語になおしなさい。

(　　　　　　　　　　　　)

重要ポイント

5 (3)本文には４つある。

(4) both ～ and ...「～も…も両方とも」

テストに出る!

相手の意見に賛成・反対するとき

賛成 I agree with ～.
I'm for ～.

反対 I disagree with ～.
I'm against ～.

6 次の日本文に合うように，____に適する語を書きなさい。

(1) 彼が高校で英語を楽しんで勉強することを願っています。

I ______ he will enjoy studying English in high school.

(2) 私は父にできるかぎり早く家に帰ってきてもらいたいです。

I ______ my father to ______ home as early as he can.

6 (1)「楽しんで勉強する」は enjoy studying。

(2)「(～が)できるかぎり早く」は as early as ～ can。

レベルUP 7 次の英文を日本語になおしなさい。

(1) Do you all think we have to play sports in the winter?

(　　　　　　　　　　　　)

(2) It's common for junior high school students to wear uniforms.

(　　　　　　　　　　　　)

7 (1) Do you all think ～? は「皆(みな)さんは～と思いますか」という意味。

(2)〈It is ... (for＋人) to＋動詞の原形 ～.〉の文。

ちょっとBREAK 英語で「いい夢」は good dream です。では，「悪夢」は？

➡答えは次のページ

解答 p.29

実力判定テスト ステージ3 Lesson 6 〜 Project 2

30分 /100 読 聞 書 話

1 LISTENING (1)〜(3)の英文を聞いて，その内容に合う絵をア〜カから１つ選び，記号で答えなさい。 l12 2点×3(6点)

(1)(　　　)
(2)(　　　)
(3)(　　　)

よく出る **2** 次の日本文に合うように，＿＿に適する語を書きなさい。 4点×4(16点)

(1) ご存じのように，明日は子どもの日です。

As you ＿＿＿＿, tomorrow is *Children's Day. *Children's Day 子どもの日

(2) 本日の討論は子どもに関係することです。始めましょう。

Today's discussion is ＿＿＿＿ to children. ＿＿＿＿ start.

(3) 母がいつも言っているように，英語を勉強することは大切です。

＿＿＿＿ my mother ＿＿＿＿ says, it's important to study English.

(4) だれが最初に始めますか。

＿＿＿＿ ＿＿＿＿ to start first?

3 次の対話が成り立つように，＿＿に適する語を□から選び，必要があれば適切な形にかえて書きなさい。 4点×2(8点)

(1) *A:* ＿＿＿＿ a few minutes to talk about today's discussion topic.

B: That ＿＿＿＿ good to me.

(2) *A:* I ＿＿＿＿ heard that most Japanese people work overtime.

B: ＿＿＿＿ that true?

have　take　is　sound

よく出る **4** 次の文を( )内の指示にしたがって書きかえなさい。 4点×2(8点)

(1) I'm for Akari and Ren. (逆の意味の文に)

＿＿＿＿＿＿＿＿＿＿＿＿＿＿＿＿

(2) Someone thinks that money is the most important for life. (疑問文に)

＿＿＿＿＿＿＿＿＿＿＿＿＿＿＿＿

ちょっとBREAKの答え nightmare[náitmèər]または bad dream と言います。

目標

●相手の話をよく聞いて，賛成や反対，その理由などの意見を伝える表現を学びましょう。

自分の得点まで色をぬろう!

がんばろう!　もう一歩　合格!

0　60　80　100点

5 次の対話文を読んで，あとの問いに答えなさい。　（計27点）

Mei : But (①) I said before, ②money isn't (　　) (　　) (　　) (　　) (　　). For some people, it's more important to do the work they love.

Aya : ③That's a good point, but can you think of an example?

Mei : Well, my dad is a university researcher and my mom works (①) an interpreter. They both really enjoy their jobs because they feel like they're ④(help) other people.

(1) 2つある①に共通して入る語を書きなさい。　(3点)

(2) 下線部②が「お金だけが働く理由ではない」という意味になるように，(　)内に適する語を書きなさい。　(5点)

(3) 下線部③を日本語になおしなさい。　(8点)

(　　　　)

(4) メイの両親の仕事は何ですか。それぞれ日本語で答えなさい。　4点×2(8点)

父(　　　　)　母(　　　　)

(5) ④の(　)内の語を適する形にかえなさい。　(3点)

レベルUP 6 次の日本文を(　)内の語句を使って英語になおしなさい。　7点×2(14点)

(1) 留学についてあなたはどう思いますか。 (what, studying abroad)

(2) 私たちは自由時間のことについて話しました。 (talk)

レベルUP 7 次の英文を日本語になおしなさい。　7点×3(21点)

(1) Do you all think we have to go to school and study?

(　　　　)

(2) We discussed how important it is to find the balance.

(　　　　)

(3) I think there is more to life than money.

(　　　　)

定期テスト対策　予想問題　第6回 p.124〜125

解答 p.30

確認のワーク ステージ1 Lesson 7 Debating Doggy Bags ①

教科書の要点 ディベートでの表現①

a24

現在完了形〈経験〉〈have＋動詞の過去分詞形〉

Has anyone ever asked for a doggy bag in a restaurant?

「これまでに」

これまでにレストランでドギーバッグを頼んだことがある人はいますか。

要点

●ディベートでの問題提起で，現在完了形〈経験〉〈have＋動詞の過去分詞形〉の疑問文を使って〈Has anyone＋動詞の過去分詞形 ～?〉「～したことがある人はいますか」と表現できる。

Wordsチェック 次の英語は日本語に，日本語は英語になおしなさい。

□(1) though (　　　　)　□(2) decline (　　　　)

□(3) システム ＿＿＿＿　□(4) 廃棄物 ＿＿＿＿

□(5) ディベート，討論(会) ＿＿＿＿　□(6) 責任 ＿＿＿＿

1 次の日本文に合うように，＿＿に適する語を書きなさい。

(1) これまでに北海道に行ったことがある人はいますか。

＿＿＿＿ anyone ever been to Hokkaido?

(2) 父は花屋を経営しています。

My father ＿＿＿＿ a flower shop.

(3) 友達と私はその日本料理店で外食をしました。

My friend and I ate ＿＿＿＿ at the Japanese restaurant.

(4) 夜に歩くときは注意するべきです。

You ＿＿＿＿ be careful when you walk at night.

(5) 楽しい活動だったのですけれども。

It was a fun activity, ＿＿＿＿.

ミス注意

(1) anyone は3人称単数のため，現在完了形の have は has になる。
(5)「けれども」という意味の副詞を文末に置いて表す。

2 次の対話が成り立つように，＿＿に適する語を□から選び，書きなさい。

Teacher: Have you ever asked (1)＿＿＿＿ a *plastic bag at a supermarket?

*plastic bag ビニール袋

Student: I always use my shopping bag. It (2)＿＿＿＿ be a solution to environment issues.

Teacher: (3)＿＿＿＿ is important for us to think about it, though. Do you have any other opinions?

could	it	for	at

表現メモ

助動詞を使った表現
- could ～「～できるかもしれない」
- might ～「～するかもしれない」
- should ～「～すべきである」

chef は[ʃéf]と発音するよ。che を「チェ」と発音しないように気をつけよう。

Lesson 7 Debating Doggy Bags ②

読 聞 書 話

教科書の要点 ディベートでの表現②

a25

We have two points: “food loss” and “family budget.”

２つの要点があります。「食品ロス」と「家計」です。

What is the difference between food loss and food waste?

「～と…の間」

食品ロスと食品廃棄の違(ちが)いは何ですか。

要点

- ディベートで意見を述べるとき，We have ～ point(s).「～つの要点があります」という表現を使うと，最初に要点を伝えることができる。そのあと，要点の詳細を話すとわかりやすい。
- 相手の述べたことに対して，What is the difference between ～ and …?「～と…の違いは何ですか」のような表現で質問することができる。

Wordsチェック 次の英語は日本語に，日本語は英語になおしなさい。

□(1) research　(　　　　)　□(2) meal　(　　　　)

□(3) 可能な　＿＿＿＿　□(4) lose の過去分詞形　＿＿＿＿

1 次の日本文に合うように，＿＿に適する語を書きなさい。

(1) 理由を説明していただけますか。

Would you please ＿＿＿＿ the ＿＿＿＿?

(2) このケーキにはたくさんの卵が使われています。

A lot of eggs are ＿＿＿＿ ＿＿＿＿ this cake.

(3) 食品ロスについて討論しましょう。

Let's ＿＿＿＿ food loss.

(4) common と popular の違いは何ですか。

What is the ＿＿＿＿ between common and popular?

まるごと暗記

司会の人が使う表現

- Let's discuss ～.「～について討論しましょう」
- It's your turn.「あなたの番です」
- Would you please explain the reason?「理由を説明していただけますか」

よく出る **2** エリが「米」について意見を述べています。次の英文の＿＿に適する語を□から選び，書きなさい。

I think we (1)＿＿＿＿ eat more rice. We (2)＿＿＿＿ some points for this. (3)＿＿＿＿, rice is one of the *traditional food in Japan. (4)＿＿＿＿, rice has a lot of good things for our health. I believe that eating more rice will be good for Japanese *farmers, too. I hope all of you enjoy more rice.

*traditional 伝統的な　*farmer(s) 農家

should	second	first	have

ここがポイント

手順を追って説明するときの表現

- First, ～「はじめに」
- Second, ～「次に」

Lesson 7

解答 p.31

Lesson 7 Debating Doggy Bags ③

教科書の要点 ディベートでの表現③

Over 10,000 people per year get food poisoning, according to government research.

政府の調査によると，年間に1万人を超える人々が食中毒になっています。

要点

- ディベートで意見の根拠(こんきょ)を述べるときは，according to 〜「〜によると」などの表現を使う。
- 意見の根拠を述べるときの表現
  - □ **For example,** rice is eaten all over the world.（例えば，米は世界中で食べられています。）
  - □ **First,** "air pollution." **Second,** "water pollution."（第1に，「大気汚染」。第2に，「水質汚染」です。）

Wordsチェック 次の英語は日本語に，日本語は英語になおしなさい。

□(1) cost	(　　)	□(2) strongly	(　　)
□(3) humid	(　　)	□(4) provide	(　　)
□(5) 価格	＿＿＿＿	□(6) その通りです。	＿＿＿＿

よく出る 1 次の日本文に合うように，＿＿に適する語を書きなさい。

(1) あなたの立場から見て，理由を考えてもらえますか。
From your point of ＿＿＿＿, can you think of a reason?

(2) 空き缶(かん)がごみ問題を引き起こしています。 *garbage ごみ
Empty cans ＿＿＿＿ a *garbage problem.

(3) 新聞によると，10月から2月まではだんだん寒くなっていきます。
＿＿＿＿ to the newspaper, it is getting colder ＿＿＿＿ October to February.

(4) この工場では月に何台の車が作られますか。
How many cars are made ＿＿＿＿ month in this factory?

まるごと暗記

相づちを打つ表現
- You're right.「そうですね」
- I see.「そうですね／なるほど」
- Got it.「わかりました」
- That's a good point.「それはいい考えです／その通りです」

WRITING Plus

次の各問いに対して，あなた自身の答えと理由を英語で書きなさい。

(1) Which do you like to eat for breakfast, rice or bread?

＿＿＿＿＿＿＿＿＿＿＿＿＿＿＿＿

(2) Do you think students should be allowed to use smartphones at junior high school?

＿＿＿＿＿＿＿＿＿＿＿＿＿＿＿＿

government[gʌ́vərnmənt]は o にアクセントがあるよ。

解答 p.31

Lesson 7 Debating Doggy Bags ④

ディベートでの表現④

Let me respond to the other side's points.

反対側の意見に答えさせてください。

For these reasons, we strongly disagree with the resolution.

これらの理由から，私たちはその解決策に強く反対します。

要点

- ディベートで相手の意見に対する自分の意見を述べるときには，Let me respond to 〜.「〜に答えさせてください」のように言うことができる。
- 自分の意見をまとめるときには，具体的な根拠を挙げたあとに For these reasons 〜,「これらの理由から，〜」のような表現を使って結論を述べるとよい。
- 結論を述べるときの表現

□ Thus, we think money is important. （したがって，私はお金は大切だと思います。）

Wordsチェック 次の英語は日本語に，日本語は英語になおしなさい。

□(1) respond （　　　）　□(2) immediately （　　　）

□(3) regarding （　　　）　□(4) thus （　　　）

□(5) リスク ＿＿＿＿　□(6) 〜を許可する ＿＿＿＿

よく出る 1 次の日本文に合うように，＿＿に適する語を書きなさい。

(1) これらの理由から，私はこの意見に強く賛成します。

For these ＿＿＿＿, I strongly agree with this opinion.

(2) あなたの学校について同じことが言えます。

The same thing can be ＿＿＿＿ about your school.

(3) 私たちはそのために，余分に支払わなければなりません。

We have to ＿＿＿＿ extra for it.

ことばメモ

-ly がつく副詞
- strongly 「強く」
- immediately 「すぐに」
- quickly 「すぐに」

2 〔 〕内の語句を並べかえて，日本文に合う英文を書きなさい。

(1) 私たちは，学校はスマートフォンを許可するべきだと信じています。

We〔 schools / smartphones / should / allow / believe 〕.

We ＿＿＿＿＿＿＿＿.

(2) 私にあなたの意見に答えさせてください。

〔 to / let / respond / opinion / your / me 〕.

＿＿＿＿＿＿＿＿

(3) たとえ疲れているとしても，彼(かれ)はサッカーを練習するでしょう。

He will practice soccer〔 tired / even / he / if / is 〕.

He will practice soccer ＿＿＿＿＿＿＿＿.

表現メモ

〈believe (that)＋主語＋動詞〉

「〜ということを信じている」の意味。that は省略できる。同じ形に know (that) 〜「〜ということを知っている」などがある。

確認のワーク ステージ1 Project 3 ディベートをしよう！

解答 p.31

読 聞 書 話

教科書の要点 ディベートでの表現⑤

a28

You don't like cats, do you?　あなたはネコが好きではないのですよね。

（カンマ）（do：動詞に合わせる）（you：主語に合わせる）

要点

●ディベートで，相手に念を押したり確認したりしたいときには，「〜しますよね」「〜ですよね」という意味を表す付加疑問を使える。〜, right? でも同じ意味を表せる。

一般動詞の付加疑問 〈肯定文, don't[doesn't]＋主語を示す代名詞?〉,〈否定文, do[does]＋主語を示す代名詞?〉

She likes Japanese food, **doesn't she?**　（彼女は和食が好きなのですよね。）

Ken doesn't have the book, **does he?**　（ケンはその本を持っていないのですよね。）

be動詞の付加疑問 〈肯定文, be動詞の否定形＋主語を示す代名詞?〉,〈否定文, be動詞＋主語を示す代名詞?〉

It's rainy outside, **isn't it?**　（外は雨ですよね。）

Yuri and Mai aren't tired, **are they?**　（ユリとマイは疲れていないですよね。）

Wordsチェック 次の英語は日本語に，日本語は英語になおしなさい。

□(1) convenient　（　　　　　）　□(2) nutritious　（　　　　　）

□(3) 権利　＿＿＿＿＿＿　□(4) 選ぶ　＿＿＿＿＿＿

1 次の日本文に合うように，＿＿に適する語を書きなさい。

(1) 彼女はカレーライスが好きではないのですよね。
She doesn't like curry and rice, ＿＿＿＿＿＿ she?

(2) 3番目の意見をもう一度言っていただけますか。
Could you ＿＿＿＿＿＿ the third opinion?

(3) 学校に出発する前はとても忙しいです。
I am so busy before I ＿＿＿＿＿＿ for school.

ミス注意
(1)「,（カンマ）」より前の文がdoesn'tを使った否定文なので，付加疑問ではdoesを使う。

2 次の対話が成り立つように，＿＿に適する語を□から選び，書きなさい。

Teacher : Let's (1)＿＿＿＿＿＿ the school club activities.

Student A : I (2)＿＿＿＿＿＿ believe that all students should join the school club activities.

Student B : You think that everyone needs to join the school club activities, (3)＿＿＿＿＿＿?
Well, I don't agree (4)＿＿＿＿＿＿ you.

strongly	discuss	for	right	with

表現メモ
●「〜について話し合う」 discuss 〜
●「〜を話す」 talk about 〜
discussにはaboutをつけないことに注意。

convenient[kənvíːnjənt]は1つ目のeのところを強く発音するよ。

解答 p.31

Reading 2 My Prayer for Peace ①

読 聞 書 話

●次の英文を読んで，あとの問いに答えなさい。

Hello, everyone. I am Koyama Yuto from Hiroshima. ①<u>What is the most important thing in the world?</u> Wealth? Health? Love? These things are surely very important, but there is one thing that might be basic to them all. That is peace. Today I'd like to talk about three topics involving teenagers ②(〜のような) you and me. ③<u>I hope my speech will make you think about peace.</u>

④<u>〔 ever / have / been / Hiroshima / to / you 〕?</u> If you have a chance to visit, please take a tram. There are six tramlines, and the network is actually the longest and most ⑤(use) in Japan. There are nearly 300 tram cars, and many of them are from other cities like Kyoto and Kobe. Hiroshima trams will take you to many interesting places such as Miyajima, Hiroshima Castle, and Peace Memorial Park.

Question

(1) 下線部①の答えにあたる英文を，本文中から抜き出して書きなさい。

____

(2) ②の(　)内の日本語を１語の英語で書きなさい。 ________

(3) 下線部③を日本語になおしなさい。

(　　　　　　　　　　　　　　　　)

(4) 下線部④の〔　〕内の語を並べかえて，意味の通る英文にしなさい。

____

(5) ⑤の(　)内の語を適する形にかえなさい。 ________

(6) 本文の内容に合うように，次の問いに英語で答えなさい。

How many tram cars are there in Hiroshima?

―― ________________

次の英語は日本語に，日本語は英語になおしなさい。

(1) wealth (　　　　)　(2) surely (　　　　)

(3) nearly (　　　　)　(4) memorial (　　　　)

(5) 事実 ________　(6) 困難 ________

(7) 〜を落とす ________　(8) 立ち直る ________

Project 3 〜 Reading 2

解答 p.32

Reading 2 My Prayer for Peace ②

読 聞 書 話

●次の英文を読んで，あとの問いに答えなさい。

Have you ever ①(hear) of *In This Corner of the World,* or *Kono Sekai no Katasumi ni,* a manga (②) Kono Fumiyo? There is also an animated film based on the manga. ③<u>This work shows us how people in Hiroshima lived during the war.</u>

I watched the film some years ago, and was shocked (④) many scenes. The main character, Suzu, loses her hand in a terrible accident, but she ⑤(determine) to face reality and carry (⑥) with her life. I think this is ⑦(show) by her decision to bring up ⑧<u>〔 girl / little / who / family / her / a / lost 〕 just after the atomic bomb.</u>

Question

(1) ①，⑤，⑦の(　)内の語を適する形にかえなさい。

① ＿＿＿＿　⑤ ＿＿＿＿　⑦ ＿＿＿＿

(2) ②，④，⑥の(　)内に適する語を□から選び，それぞれ書きなさい。

at	on	by

② ＿＿＿＿　④ ＿＿＿＿　⑥ ＿＿＿＿

(3) 下線部③を日本語になおしなさい。

(　　　　　　　　　　　　　　　　　　　　)

(4) 下線部⑧が「原子爆弾の直後に家族を失った小さな女の子」という意味になるように，〔　〕内の語を並べかえなさい。

＿＿＿＿＿＿＿＿＿＿＿＿＿＿ just after the atomic bomb

(5) 本文の内容に合うように，次の問いに３語以上の英語で答えなさい。

1. What is the main character's name of the film?

＿＿＿＿＿＿＿＿＿＿＿＿＿＿

2. What does the main character lose in a terrible accident?

＿＿＿＿＿＿＿＿＿＿＿＿＿＿

Word Box BIG

次の英語は日本語に，日本語は英語になおしなさい。

(1) importance (　　　　)　(2) terrible (　　　　)

(3) determine (　　　　)　(4) pray (　　　　)

(5) realize (　　　　)　(6) それ自身 ＿＿＿＿

(7) 快晴の，明るい ＿＿＿＿　(8) 〜を育てる ＿＿＿＿

解答 p.32

Further Reading 1 Painting the Fence ①

読 聞 書 話

●次の英文を読んで，あとの問いに答えなさい。

It was a ①(明るい) summer morning. Tom usually was free to do anything he wanted to do, but this day was different. His aunt Polly ②(get) very angry at him (③) he came home the night before. His clothes were all dirty because he had a fight. ④[punish / to / him / decided / she]. ⑤"Tomorrow you will paint the fence out front all day!" she yelled. So, ⑥(～の代わりに) a day of adventure and fun, he had to paint the fence.

Question

(1) ①，⑥の日本語を，①は1語，⑥は2語の英語で書きなさい。

① ＿＿＿＿

⑥ ＿＿＿＿ ＿＿＿＿

(2) 下線部②の( )内の語を適する形にかえなさい。

＿＿＿＿

(3) ③の( )内に適する語をア～ウから選び，記号で答えなさい。

ア if　イ when　ウ whether　(　　)

(4) 下線部④の[ ]内の語を並べかえて，意味の通る英文にしなさい。

＿＿＿＿

(5) 下線部⑤を日本語になおしなさい。

(　　)

(6) 本文の内容に合うように，次の問いに3語以上の英語で答えなさい。

1. Was Tom free to do anything on this day?

＿＿ ＿＿＿＿

2. Why were Tom's clothes all dirty?

＿＿ ＿＿＿＿

Word Box BIG

次の英語は日本語に，日本語は英語になおしなさい。

(1) decide (　　)　(2) punish (　　)

(3) yell (　　)　(4) awful (　　)

(5) dark (　　)　(6) all day (　　)

(7) 冒険(ぼうけん) ＿＿＿＿　(8) 瞬間(しゅんかん) ＿＿＿＿

(9) ふりをする ＿＿＿＿　(10) 叫ぶ(さけぶ) ＿＿＿＿

解答 p.32

Further Reading 1 Painting the Fence ②

読 聞 書 話

●次の英文は，塀(へい)にペンキを塗(ぬ)っているトム(Tom)のところに友達のベン(Ben)がやってきた場面です。これを読んで，あとの問いに答えなさい。

Ben said, "Hello! You are (①) trouble." No answer. Tom was ②(concentrate). Ben became curious. "You have to work today?" he asked. "What do you mean? Work?" Tom said with a surprised look. "I'm ③(enjoy) it! How often does a boy get a chance to paint a fence?"

Ben ④(〜を食べることをやめた) the apple. ⑤"[a / paint / me / little / let]," he said. Tom replied, "No, Ben. ⑥Aunt Polly wants this fence to be perfect. It must be ⑦(do) very carefully." "Oh, Tom, let me try. Only a little. I will give you this apple." Tom gave the brush to Ben reluctantly, but with joy in his heart. (⑧) Ben was painting, Tom sat under the tree and ate the apple.

Question

(1) ①，⑧の( )内に適する語を□から選び，それぞれ書きなさい。

while	in	at	during

① ＿＿＿＿ ⑧ ＿＿＿＿

(2) 下線部②，③，⑦の( )内の語を適する形にかえなさい。

② ＿＿＿＿ ③ ＿＿＿＿ ⑦ ＿＿＿＿

(3) ④の( )内の日本語を２語の英語で書きなさい。

＿＿＿＿ ＿＿＿＿

(4) 下線部⑤の[ ]内の語を並べかえて，意味の通る英文にしなさい。

"＿＿＿＿＿＿＿＿＿＿＿＿," he said.

(5) 下線部⑥を日本語になおしなさい。

( )

(6) 本文の内容に合うものには○，そうでないものには×を書きなさい。

1. ベンは最初，トムが仕事をしていると思っていました。 ( )
2. トムとベンは２人でいっしょに塀を塗りました。 ( )
3. ベンはトムにリンゴをあげました。 ( )

Word Box BIG

次の英語は日本語に，日本語は英語になおしなさい。

(1) carefully ( ) (2) curious ( )
(3) reluctantly ( ) (4) 顔つき ＿＿＿＿
(5) 喜び ＿＿＿＿ (6) すべての ＿＿＿＿

解答 p.33

Further Reading 2 Counting on Katherine Johnson ①

読 聞 書 話

● 次の英文を読んで，あとの問いに答えなさい。

What is your ①(お気に入りの) subject? Have you ever wondered if you might get a job ②related to it ③(将来は)?

Katherine Johnson loved math. She was born in 1918 in West Virginia, U.S.A. (④) a young girl, she loved to count. She counted everything. ⑤She counted the number of steps she took. She counted the steps to church. She (⑥) counted the forks and plates when she washed the dishes.

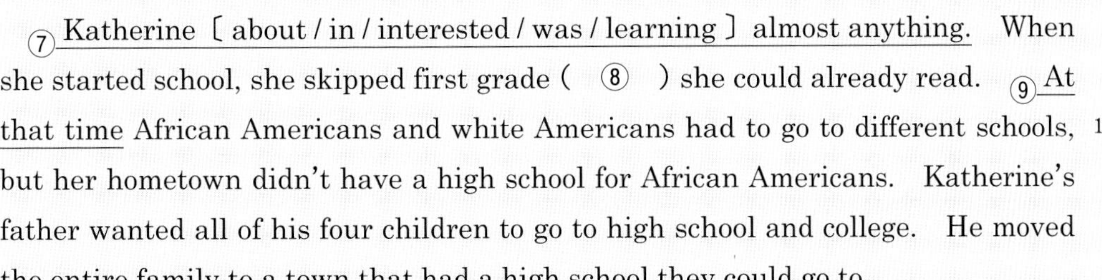

⑦Katherine〔 about / in / interested / was / learning 〕almost anything. When she started school, she skipped first grade (⑧) she could already read. ⑨At that time African Americans and white Americans had to go to different schools, but her hometown didn't have a high school for African Americans. Katherine's father wanted all of his four children to go to high school and college. He moved the entire family to a town that had a high school they could go to.

Question

(1) ①，③の(　)内の日本語を，①は 1 語，③は 3 語の英語で書きなさい。

① ＿＿＿＿　③ ＿＿＿＿ ＿＿＿＿ ＿＿＿＿

(2) 下線部②，⑨の英語を日本語になおしなさい。

②(　　　　　)　⑨(　　　　　)

(3) ④，⑥，⑧の(　)内に適する語を□から選び，それぞれ書きなさい。

even	because	as

④ ＿＿＿＿　⑥ ＿＿＿＿　⑧ ＿＿＿＿

(4) 下線部⑤を日本語になおしなさい。

(　　　　　　　　　　)

(5) 下線部⑦の〔　〕内の語を並べかえて，意味の通る英文にしなさい。

Katherine ＿＿＿＿＿＿＿＿＿＿＿＿ almost anything.

(6) 本文の内容に合うように次の問いに英語で答えるとき，＿＿に適する語または数字を書きなさい。

1. When was Katherine Johnson born? ── She was born in ＿＿＿＿.
2. What did Katherine's father want all of his children to do?
   ── He wanted them to go to ＿＿＿＿ ＿＿＿＿ and ＿＿＿＿.

解答 p.33

Further Reading 2 Counting on Katherine Johnson ②

読 聞 書 話

●次の英文を読んで，あとの問いに答えなさい。

Katherine majored in math and French. She was ready to be a math researcher when she graduated from college with honors in 1937, but ①(find) a job as a math researcher was difficult for an African American woman. ②She taught French and piano to elementary school children. She went to graduate school in the ③meantime. She got married and started her own family, too.

In 1953 Katherine was ④(offer) a job as a research mathematician at the National Advisory Committee for Aeronautics (NACA). ⑤〔 called / people / "computers" / research mathematicians 〕 those days because their job was to ⑥compute numbers. Katherine loved her job as a computer.

Question

(1) ①，④の(　)内の語を適する形にかえなさい。

① ＿＿＿＿＿＿　④ ＿＿＿＿＿＿

(2) キャサリンが下線部②のようにした理由を次のように表すとき，(　)に適する日本語を書きなさい。

(　　　　　　　　　　)が(　　　　　　　　)としての仕事を見つけることは(　　　　　　　　)から。

(3) 下線部③，⑥の英語を日本語になおしなさい。

③(　　　　　　　　)　⑥(　　　　　　　　)

(4) 下線部⑤の〔　〕内の語句を並べかえて，意味の通る英文にしなさい。

＿＿＿＿＿＿＿＿＿＿＿＿＿＿＿＿ those days

(5) 本文の内容に合うように，次の問いに２語以上の英語で答えなさい。

1. When did Katherine graduate from college?

—— ＿＿＿＿＿＿＿＿＿＿＿＿＿＿＿＿

2. Did Katherine like to work as a "computer"?

—— ＿＿＿＿＿＿＿＿＿＿＿＿＿＿＿＿

Word Box BIG

次の英語は日本語に，日本語は英語になおしなさい。

(1) project	(　　　　)	(2) faith	(　　　　)
(3) electric	(　　　　)	(4) calculate	(　　　　)
(5) 専攻する	＿＿＿＿	(6) フランス語	＿＿＿＿
(7) 卒業する	＿＿＿＿	(8) 宇宙	＿＿＿＿

解答 p.34

Further Reading 2 Counting on Katherine Johnson ③

読 聞 書 話

● 次の英文を読んで，あとの問いに答えなさい。

Katherine also became an important member of the team behind *Apollo 11*. On July 16, 1969, it lifted off and headed to the moon with three ①astronauts on board. ②Four days later, on July 20, astronaut Neil Armstrong took mankind's first step on the moon. ③Katherine's calculations〔 ever / were / accurate / as / as 〕. On July 24, the astronauts splashed down in the Pacific Ocean.

Katherine worked on every space mission at NASA (④) she retired in 1986. In 2015 she received the Presidential Medal of Freedom. She was 97 at the time — an impressive number even for a math lover!

Question

(1) 下線部①，②の英語を日本語になおしなさい。

①(　　　　　　　　)　②(　　　　　　　　)

(2) 下線部③の〔　〕内の語を並べかえて，意味の通る英文にしなさい。

Katherine's calculations ＿＿＿＿＿＿＿＿＿＿＿＿.

(3) ④の(　)内に適する語をア～ウから選び，記号で答えなさい。

ア by　イ until　ウ after　(　　)

(4) 本文の内容に合うように，次のア～オのできごとを起こった順に正しく並べかえ，記号で答えなさい。

ア キャサリンが退職した。

イ 宇宙飛行士たちが太平洋に着水した。

ウ キャサリンが大統領自由勲章(くんしょう)を受章した。

エ アポロ 11 号が月に向かって打ち上げられた。

オ ニール・アームストロングが月に降り立った。

(　　)→(　　)→(　　)→(　　)→(　　)

Word Box BIG

次の英語は日本語に，日本語は英語になおしなさい。

(1) impressive (　　　　)　(2) retire (　　　　)

(3) attend (　　　　)　(4) on board (　　　　)

(5) mankind (　　　　)　(6) keep ～ing (　　　　)

(7) 招待する ＿＿＿＿　(8) 愛好者 ＿＿＿＿

(9) 向かう ＿＿＿＿　(10) keep の過去形 ＿＿＿＿

解答 p.34

Further Reading 3 Free The Children ①

読 聞 書 話

●次の英文は，世界の児童労働の問題に対して行動を起こした少年クレイグ・キールバーガーについてのものです。これを読んで，あとの問いに答えなさい。

For Japanese children, school is part of everyday life. However, for ① more than 150 million children under 18 years old around the world, school is only a dream. For them, everyday life means work — in many cases, dirty and dangerous work for very little money. ② This problem is ③(call) child labor. Figures 1 and 2 show us the areas with the most serious situations. Many child laborers live and work in Africa and Asia. ④ Some 〔 think / people / not / it's / might / their problem 〕, but other people all over the world are working to stop child labor now.

Craig Kielburger, from Canada, is one of those people. One day in 1995, when he was 12 years old, an article in the newspaper ⑤(catch) his eye. It was about a boy from Pakistan named Iqbal Masih. ⑥ From the age of four, Iqbal was forced to work in a carpet factory. He escaped the factory six years later. To end child labor, he began to tell the world about it. When he was just 12, the same age as Craig, he was shot and killed. The truth about Iqbal's death is not clear, but some people believe he was killed for speaking out.

Question

(1) 下線部①の英語を日本語になおしなさい。 (　　　　　　　　　　　　　　　)

(2) 下線部②のThis problemの内容を次のように表すとき，(　)に適する日本語を書きなさい。
子どもたちの毎日の生活が(　　　　　)であり，(　　　　　　　　　　　　)のために，
(　　　　　　　　　　　　)をしている問題。

(3) 下線部③，⑤の(　)内の語を適する形にかえなさい。
③ ＿＿＿＿＿＿　⑤ ＿＿＿＿＿＿

(4) 下線部④の〔　〕内の語を並べかえて，意味の通る英文にしなさい。
Some ＿＿＿＿＿＿＿＿＿＿＿＿＿＿＿＿＿＿＿＿＿＿＿＿,

(5) 下線部⑥を日本語になおしなさい。Iqbalは「イクバル」と読みます。
(　　　　　　　　　　　　　　　　　　　　　　　　　　)

(6) 本文の内容に合うものには○，そうでないものには×を書きなさい。
1. 児童労働をする子どもの多くは，アフリカにだけ住んでいる。 (　　)
2. 児童労働を止めるために活動している人々は世界中にいる。 (　　)
3. クレイグはパキスタン出身の少年だった。 (　　)
4. イクバルは10歳のときに工場から逃げた。 (　　)
5. イクバルの死についての真相はすべて明らかになっている。 (　　)

解答 p.34

Further Reading 3 Free The Children ②

読 聞 書 話

●次の英文を読んで，あとの問いに答えなさい。

Craig was shocked by Iqbal's story. He went to the library to get more information, and shared it in a speech to his classmates. ①He invited them to join him in a fight against child labor. Together with 11 of his friends, Craig formed a group ②(name) "Free The Children," or FTC in 1995.

FTC started ③(collect) and ④(send) petitions to political leaders and company presidents. FTC members also gave speeches to students and other groups. ⑤Craig [asked / was / that / he could / many questions] not answer, so he wanted to see child labor with his own eyes.

Question

(1) 下線部①の英文を，them の内容を明らかにして日本語になおしなさい。

( )

(2) 下線部②～④の( )内の語を適する形にかえなさい。

② ______ ③ ______ ④ ______

(3) 下線部⑤の[ ]内の語句を並べかえて，意味の通る英文にしなさい。

Craig ______ not answer.

(4) FTC のメンバーは請願書(せいがん)をどのような人々に送りましたか。日本語で２つ答えなさい。

( ) ( )

(5) 本文の内容に合うように，次の問いに３語以上の英語で答えなさい。

1. Where did Craig go to get more information?

—— ______

2. In 1995, how many members were there in FTC?

—— ______

Word Box BIG

次の英語は日本語に，日本語は英語になおしなさい。

(1) president	( )	(2) relative	( )
(3) forced	( )	(4) political	( )
(5) ～を結成する	______	(6) ～を旅行する	______
(7) 貧しい	______	(8) understand の過去形	______

解答 p.34

Further Reading 3 Free The Children ③

読 聞 書 話

●次の英文を読んで，あとの問いに答えなさい。

Craig is around 40 now. He and his brother Marc founded Me to We in 2008. This organization is trying to change the world by inviting us all to take small steps in our daily lives. ①Me to We sells goods made in developing countries by people in safe, healthy work environments. It also offers speeches, workshops, international volunteer trips, and leadership training camps. (②) people like Craig Kielburger, going to school may someday be part of everyday life for all children. ③[an / example / Craig's / lesson / us / important / teaches].

Question

(1) 下線部①の英語を日本語になおしなさい。

ミー・トゥー・ウィーは(　　　　　　　　　　)を売ります。

(2) ②の(　)に適する語句をア～ウから選び，記号で答えなさい。

ア According to　イ Although　ウ Thanks to　(　　)

(3) 下線部③が「クレイグの例は私たちに重要な教訓を教えてくれます」という意味になるように，[　]内の語を並べかえなさい。

____

(4) ミー・トゥー・ウィーの活動について次のように説明するとき，(　)に適する日本語を書きなさい。

この組織は，(　　　　　　　　　　)の中で
(　　　　　　　　　　)ために，私たちみんなを誘うことで
(　　　　　　　　　　)としている。

(5) ミー・トゥー・ウィーが提供しているものを日本語で4つ答えなさい。

(　　　　　　　　　　)(　　　　　　　　　　)
(　　　　　　　　　　)(　　　　　　　　　　)

(6) 本文の内容に合うように，次の問いに3語以上の英語で答えなさい。

Who founded Me to We in 2008?

— ____________________

Word Box BIG

次の英語は日本語に，日本語は英語になおしなさい。

(1) healthy (　　　　)　(2) organization (　　　　)
(3) educational (　　　　)　(4) 支援 ________
(5) 追加 ________　(6) ～が広がる ________

解答 p.35

Further Reading 4 John Mung ①

読 聞 書 話

● 次の英文は，江戸時代の人物，ジョン万次郎(まんじろう)について書かれたものです。これを読んで，あとの問いに答えなさい。

Manjiro's story starts when he was born in 1827. He was a fisherman in Nakanohama, Tosa, but ①<u>he became one of the first Japanese to live in the United States.</u> He returned to Japan only two years before Perry's visit.

When he was 14, his boat was wrecked. Manjiro and four other fishermen swam to an island. ②<u>〔 were / there / no / living / people 〕 on the island.</u> They ate albatrosses and ③(drink) rainwater.

After 143 days, they were saved by an American whaling ship, the John Howland. Captain Whitfield liked Manjiro and named him John after the ship. John Mung became his nickname.

The ship went to Hawaii. There, everything was new to Manjiro — beds, forks, knives, everything. He had a very good ear, and he learned English very quickly.

Question

(1) 下線部①を日本語になおしなさい。

(　　　　　　　　　　　　　　　　　　　　　　　　　　　　)

(2) 下線部②が「その島に住んでいる人はいなかった」という意味になるように，〔　〕内の語を並べかえなさい。

______________________________ on the island.

(3) ③の(　)内の語を適する形にかえなさい。 __________

(4) 本文の内容に合うように次の問いに英語で答えるとき，____に適する語を書きなさい。

1. What saved Manjiro and the other fishermen from the island?
—— An ________ ________ ________ did.

2. Was it very difficult for Manjiro to learn English?
—— ________, it ________.

(5) 万次郎の「ジョン」という名前は，何にちなんでつけられましたか。日本語で具体的に答えなさい。

(　　　　　　　　　　　　　　　　　　　　　　　　　　　　)

Word Box BIG

次の英語は日本語に，日本語は英語になおしなさい。

(1) eager (　　　　　)
(2) 礼儀(れいぎ)正しい ________
(3) knife の複数形 ________
(4) swim の過去形 ________

解答 p.35

Try! READING Further Reading 4 John Mung ②

読 聞 書 話

●次の英文は，アメリカで暮らすジョン万次郎(まんじろう)について書かれたものです。これを読んで，あとの問いに答えなさい。

The Whitfields went to church on Sundays, but ①<u>their church〔attend / didn't / to / want / the service / Manjiro〕</u>. It was only for white people. Mr. Whitfield found a church that Manjiro could go to and he went there, too.

When Manjiro was 17, he started to go to a navigation school. There he studied math and sailing, among other things. (②) he finished school at 19, he became a sailor. When he came back three and a half years later in 1849, he lived with the Whitfields again for two months.

(③) all this time Manjiro missed his mother. He wanted to go back to Japan, but ④<u>he didn't have enough money to do it.</u>

The year 1849 was a big year for the "⑤<u>Gold Rush</u>." Thousands of people went to California to find gold. Manjiro didn't miss the chance. In about 70 days, he saved enough for his trip back to Japan.

Question

(1) 下線部①の〔 〕内の語句を並べかえて，意味の通る英文にしなさい。

their church ______________________________.

(2) ②，③の( )内に適する語をア〜エから選び，記号で答えなさい。

ア Before イ After ウ By エ During ②( ) ③( )

(3) 下線部④を，it の内容を明らかにして日本語になおしなさい。

( )

(4) 下線部⑤の Gold Rush のとき，どのようなことが起こりましたか。( )に適する日本語を書きなさい。

( )の人々が，( )ために ( )へ行った。

(5) 本文の内容に合うように，次の問いに３語以上の英語で答えなさい。

How old was Manjiro when he became a sailor?

____

(6) 本文の内容に合うものには○を，そうでないものには×を書きなさい。

1. 万次郎は 17 歳のときに航海学校で勉強し始めた。 ( )
2. 万次郎は母親に会いたかったので，何度か日本に帰った。 ( )
3. 1849 年に，万次郎はホイットフィールド家で２か月間暮らした。 ( )
4. 万次郎はゴールド・ラッシュのとき，お金を貯めることができなかった。 ( )

解答 p.35

Further Reading 4 John Mung ③

読 聞 書 話

●次の英文は，日本に帰ってきてからのジョン万次郎について書かれたものです。これを読んで，あとの問いに答えなさい。

The next year the Kurofune, or black ships, came to Uraga. ① Manjiro was the only person who knew anything about America. He was also the only person who spoke English well. The Tokugawa Government called him to Edo. Manjiro was made a samurai. His name was ②(change) to Nakahama Manjiro. The meeting with Perry went well because of Manjiro's help.

In 1860, the Tokugawa Government sent a group of messengers to the United States in an American ship. A Japanese ship, the Kanrin-maru, also went to the United States. Katsu Kaishu was the captain of the ship. Fukuzawa Yukichi was also on the ship. Manjiro went along (③) interpreter.

The ships arrived in San Francisco. The Japanese messengers were warmly welcomed. American people were very surprised when Manjiro spoke English naturally.

Question

(1) 下線部①を日本語になおしなさい。

( )

(2) ②の( )内の語を適する形にかえなさい。

______

(3) ③の( )内に適する語をア〜ウから選び，記号で答えなさい。

ア from イ as ウ on ( )

(4) 本文の内容に合うように，次の問いに３語以上の英語で答えなさい。

1. Did the meeting between Tokugawa Government and Perry go well?

———

2. Who was the captain of the Kanrin-maru?

———

3. Why were American people very surprised?

———

Word Box BIG

次の英語は日本語に，日本語は英語になおしなさい。

(1) bravely ( ) (2) go well ( )

(3) 温かく ______ (4) 自然に ______

Lesson 7 〜 Further Reading 4

1 LISTENING 対話を聞いて，その内容に合う絵をア〜エから１つ選び，記号で答えなさい。 l13

(　　　)

2 次の日本文に合うように，＿＿に適する語を書きなさい。

(1) この映画を見たことがある人はいますか。
＿＿＿＿ anyone ever watched this movie?

(2) ニュースによると，明日は雨です。
According ＿＿＿＿ the news, it will rain tomorrow.

(3) これらの理由で，私たちはあなたの意見に賛成です。
For these ＿＿＿＿, we agree with your opinion.

(4) そのスピーチは私を平和の重要性を実感させてくれました。
The speech helped me ＿＿＿＿ the importance of peace.

(5) ユキ，あなたの番です。
Yuki, it's your ＿＿＿＿.

よく出る 3 〔　〕内の語句を並べかえて，日本文に合う英文を書きなさい。

(1) 私たちはあなたの意見に強く反対します。
We〔 your / strongly / with / opinion / disagree 〕.
We ＿＿＿＿＿＿＿＿＿＿＿＿.

(2) 私にそのＥメールに対応させてください。
〔 the email / to / let / respond / me 〕.
＿＿＿＿＿＿＿＿＿＿＿＿

(3) このマンガは日本の歴史に基づいています。
〔 manga / history / this / is / on / Japanese / based 〕.
＿＿＿＿＿＿＿＿＿＿＿＿

(4) 私は，彼は来るかなと思いました。
I〔 come / he / if / wondered / would 〕.
I ＿＿＿＿＿＿＿＿＿＿＿＿.

重要ポイント

2 (1) 動詞が watched となっていて ever があるので現在完了形の疑問文にする。
(4)〈help＋人＋動詞の原形〉で「(人)が〜するのを助ける」。
(5)「できるだけ速く」は as 〜 as ... の形を使う。

得点力をUP

意見の根拠を述べるときの表現
according to 〜
「〜によると」
for example
「例えば」
for these reasons
「これらの理由で」

3 (1)「強く」は strongly。
(2)「〜に対応する」は respond to 〜。
(3)「〜に基づいている」は be based on 〜。
(4)「〜かなと思う」は wonder if 〜。

4 次の対話文を読んで，あとの問いに答えなさい。

Kenta : My father is a chef and runs a restaurant. Customers ①(～を求める) doggy bags, but he always declines. He's afraid the food might spoil and make someone sick. If ②that happened, his restaurant might have to close.

Bob : Customers should be careful. If the food spoils, it's their ③(責任).

Mei : The doggy bag is a good system. ④It could be a solution to food waste.

Ms. King : ⑤〔 important / perspectives / different / to / issues / think about / it's / from 〕. Let's hold a doggy bag debate next class.

(1) ①，③の(　)内の日本語を，①は２語，③は１語の英語で書きなさい。

①＿＿＿＿　＿＿＿＿

③＿＿＿＿

(2) 下線部②が指すものを具体的に日本語で答えなさい。

(　　　　　　　　　　　　　　　　)こと

(3) 下線部④を，It が指すものを明らかにして日本語になおしなさい。

(　　　　　　　　　　　　　　　　)

(4) 下線部⑤の〔　〕内の語句を並べかえて，意味の通る英文にしなさい。

＿＿＿＿＿＿＿＿＿＿＿＿＿＿＿＿

(5) 本文の内容に合うように，次の問いに３語以上の英語で答えなさい。

1. Does Kenta's father always give customers doggy bags?

―― ＿＿＿＿＿＿＿＿＿＿＿＿＿＿＿＿

2. What will they do next class?

―― ＿＿＿＿＿＿＿＿＿＿＿＿＿＿＿＿

重要ポイント

4 (2)前の文の内容を指している。

(3) food waste は「食品廃棄」。

(4)語群の it's と to に注目する。

テストに出る!

〈It is ... (for＋人) to＋動詞の原形 ～.〉
「(人が[人にとって]) ～することは…だ」

レベルUP 5 次の英文を日本語になおしなさい。

(1) He was a very polite, kind and eager student.

(　　　　　　　　　　　　　　　　)

(2) This is something to think about.

(　　　　　　　　　　　　　　　　)

(3) She was invited to attend the meeting.

(　　　　　　　　　　　　　　　　)

5 (1) eager は「熱心な」。

(3)〈invite＋人＋to＋動詞の原形〉で「～するよう(人)を招待する[誘う]」。

ちょっとBREAK 「満月」は full moon ですが，「半月」は何と言うでしょうか？

➡答えは次のページ

Lesson 7 〜 Further Reading 4

解答 p.36

読 聞 書 話

/100

1 LISTENING (1)〜(3)の英文や対話とその内容についての質問を聞いて，その答えとして適切なものをア〜エから1つ選び，記号で答えなさい。 l14 2点×3(6点)

(1) ア Monday. イ Wednesday. ウ Tuesday. エ Friday. (　　)

(2) ア Spring. イ Summer. ウ Winter. エ Summer and winter. (　　)

(3) ア A woman who worked for NASA. イ Their math teacher. ウ An American actor. エ A student from Africa. (　　)

2 次の日本文に合うように，____に適する語を書きなさい。 3点×4(12点)

(1) もしその問題が起きたら，彼の店は閉めなければならないかもしれません。
If the problem happened, his shop might ________ ________ close.

(2) あなたはもっと気をつけるべきです。
You ________ be more ________.

(3) もし店がビニール袋を提供すれば，価格は高くなるでしょう。
________ the stores provided plastic bags, the prices would become higher.

(4) 食品廃棄(はいき)は「食品を準備する過程で廃棄された使われていない食べもの」として定義されています。
Food waste is ________ ________ "unused food discarded in the process of preparing food."

よく出る **3** 次の文の____に，( )内の語を適する形にかえて書きなさい。 3点×5(15点)

(1) The bomb was ________ on Hiroshima on August 6. (drop)

(2) My family and I ________ out last night. (eat)

(3) The same can be ________ about your idea. (say)

(4) Miho was ________ apple juice in the kitchen. (drink)

(5) That company usually ________ goods made in Japan. (sell)

よく出る **4** 次の文を( )内の指示にしたがって書きかえなさい。 5点×3(15点)

(1) He has visited the Hiroshima Peace Memorial Museum. (疑問文に)

____

(2) We disagree with your point. (strongly を加えて)

____

(3) He was the first teacher. He taught English in Japan. (who を使って1つの文に)

____

ちょっとBREAKの答え half moon と言います。「新月」は new moon です。

目標 ●ディベートでのテーマを理解し，自分の意見を言ったり，相手に質問できるようにしましょう。

自分の得点まで色をぬろう!

がんばろう! もう一歩 合格!

0 60 80 100点

5 次の英文を読んで，あとの問いに答えなさい。 （計31点）

論題 First, the resolution: "①All restaurants in Japan should introduce the doggy bag system." The first speaker from the affirmative side, please begin.

賛成派の意見

Sure. All restaurants in Japan should introduce doggy bags. We have two points: "food loss" and "family budget."

(②), "food loss." Government research reports over six million tons of food is lost yearly. Reducing this loss is possible if we take leftovers home from restaurants.

(③), "family budget." An average family spends about 290,000 yen a month, and about 80,000 yen is used for food. That is about 890 yen per meal. Doggy bags can reduce the family budget. (④).

(1) 下線部①を日本語になおしなさい。 （6点）

( )

(2) ②～④に適する語句をア～ウから選び，それぞれ記号で答えなさい。 3点×3（9点）

ア Second イ That's all ウ First

②( ) ③( ) ④( )

(3) ドギーバッグについての賛成派の意見を2つまとめる場合，( )に適する日本語を書きなさい。 5点×2（10点）

1. ( )を持ち帰れば，( )を減らすことができる。
2. ( )を節約することができる。

(4) 本文の内容に合うように，次の問いに5語以上の英語で答えなさい。 （6点）

According to the government research, how many tons of food is lost yearly?

——

レベルUP 6 次の日本文を英語になおしなさい。 7点×3（21点）

(1) 彼のお母さんは彼を罰(ばっ)することを決めました。

(2) 何百万人もの若い人々が，そのチャリティーイベントに興味を持っています。

(3) 何よりも，私たちはこの仕事を終わらせなければなりません。

定期テスト対策 予想問題 第7回 p.126～128

不規則動詞変化表

動詞の形の変化をおさえましょう。

[　]は発音記号。

		原形	意味	現在形	過去形	過去分詞形
A・B・C型	□	be	～である	am, is / are	was / were	been [bín]
	□	begin	(～を)始める	begin(s)	began	begun
	□	do	～をする	do, does	did	done [dʌ́n]
	□	drink	～を飲む	drink(s)	drank	drunk
	□	eat	～を食べる	eat(s)	ate	eaten
	□	give	(～を)与(あた)える	give(s)	gave	given
	□	go	行く	go(es)	went	gone [gɔ́:n, gá:n]
	□	know	(～を)知っている	know(s)	knew	known
	□	see	～を見る	see(s)	saw	seen
	□	sing	(～を)歌う	sing(s)	sang	sung
	□	speak	(～を)話す	speak(s)	spoke	spoken
	□	swim	泳ぐ	swim(s)	swam	swum
	□	take	～を持って行く	take(s)	took	taken
	□	write	～を書く	write(s)	wrote	written
A・B・B型	□	bring	～を持ってくる	bring(s)	brought	brought
	□	build	～を組み立てる	build(s)	built	built
	□	buy	～を買う	buy(s)	bought	bought
	□	feel	(～を)感じる	feel(s)	felt	felt
	□	find	～を見つける	find(s)	found	found
	□	get	～を得る	get(s)	got	got, gotten
	□	have	～を持っている	have, has	had	had
	□	hear	耳にする	hear(s)	heard	heard
	□	keep	～を飼う	keep(s)	kept	kept
	□	make	つくる	make(s)	made	made
	□	say	～と[を]言う	say(s)	said [séd]	said [séd]
	□	stand	立っている	stand(s)	stood	stood
	□	teach	～を教える	teach(es)	taught	taught
	□	think	～と思う	think(s)	thought	thought
A・B・A型	□	become	～になる	become(s)	became	become
	□	come	来る	come(s)	came	come
	□	run	走る	run(s)	ran	run
A・A・A型	□	cut	～を切る	cut(s)	cut	cut
	□	read	(～を)読む	read(s)	read [réd]	read [réd]
	□	set	設定する	set(s)	set	set

アプリで学習！
Challenge! SPEAKING

- この章は，付録のスマートフォンアプリ『文理のはつおん上達アプリ　おん達 Plus』を使用して学習します。
- 右の QR コードより特設サイトにアクセスし，アプリをダウンロードしてください。
- アプリをダウンロードしたら，アクセスコードを入力してご利用ください。

おん達 Plus
特設サイト

アプリアイコン

アプリ用アクセスコード　C064347

※アクセスコード入力時から 15 か月間ご利用になれます。

アプリの特長

- アプリでお手本を聞いて，自分の英語をふきこむと，AI が採点します。
- 点数は「流暢度」「発音」「完成度」の３つと，総合得点が出ます。
- 会話の役ごとに練習ができます。
- 付録「ポケットスタディ」の発音練習もできます。

アプリの使い方

①ホーム画面の「かいわ」を選びます。
②学習したいタイトルをタップします。

トレーニング

① をタップしてお手本の音声を聞きます。
② をおして英語をふきこみます。
③点数を確認します。

- 点数が高くなるようにくりかえし練習しましょう。

- をタップするとふきこんだ音声を聞くことができます。

チャレンジ

①カウントダウンのあと，会話が始まります。
② が光ったら英語をふきこみます。
③ふきこんだら をタップします。
④ “Role Change!” と出たら役をかわります。

利用規約・お問い合わせ　https://www.kyokashowork.jp/ontatsuplus/terms_contact.html

※本サービスは無料ですが，別途各通信会社の通信料がかかります。　※お客様のネット環境および端末によりご利用いただけない場合がございます。ご理解，ご了承いただきますよう，お願いいたします。　※【推奨環境】スマートフォン，タブレット（iOS11以上 / Android5.0以上）

海外旅行について

●付録アプリを使って，発音の練習をしましょう。

トレーニング

s01

海外旅行について英語で言えるようになりましょう。

□ Have you ever been abroad?	あなたは外国へ行ったことがありますか。 abroad：外国に[へ，で]
□ No, I haven't.	いいえ，行ったことがありません。
□ What country do you want to visit?	あなたはどこの国を訪れたいですか。
□ I want to visit Australia. Singapore / China / Peru	私はオーストラリアを訪れたいです。
□ Why?	なぜですか。
□ Because I want to visit Uluru. see the Merlion / visit the Great Wall / visit Machu Picchu	なぜならウルルを訪れたいからです。 the Merlion：マーライオン the Great Wall：万里の長城 Machu Picchu：マチュピチュ
□ I see.	わかりました。

チャレンジ

s02

海外旅行についての英語を会話で身につけましょう。□に言葉を入れて言いましょう。

A： **Have you ever been abroad?**
B： **No, I haven't.**
A： **What country do you want to visit?**
B： **I want to visit □.**
A： **Why?**
B： **Because I want to □.**
A： **I see.**

Challenge! SPEAKING❷ 遊びに誘う

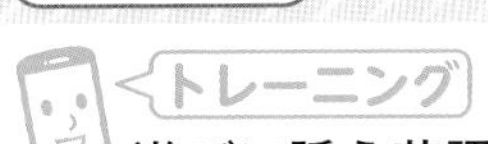

●付録アプリを使って，発音の練習をしましょう。

トレーニング

s03

遊びに誘う英語を言えるようになりましょう。

□ Do you have any plans for tomorrow?	明日は何か予定がありますか。 plan：予定
□ No, I'm free tomorrow.	いいえ，明日はひまです。
□ I have two tickets for a movie. （a movie → the museum / the aquarium / the amusement park）	私は映画のチケットを２枚持っています。 aquarium：水族館 amusement park：遊園地
□ Why don't we go together?	いっしょに行きませんか。
□ Wow!　Sounds good!	わあ！　いいですね！
□ What time do you want to meet, and where?	何時にどこで会いたいですか。
□ How about nine at the theater? （nine → one / ten / eight） （the theater → the city hall / the bus stop / the station）	映画館に９時ではどうですか。
□ Got it.	わかりました。

チャレンジ

s04

遊びに誘う英語を会話で身につけましょう。［　　］に言葉を入れて言いましょう。

A：Do you have any plans for tomorrow?

B：No, I'm free tomorrow.

A：I have two tickets for ［　　］.
Why don't we go together?

B：Wow!　Sounds good!
What time do you want to meet, and where?

A：How about ［　　］ at ［　　］?

B：Got it.

Challenge! SPEAKING③ ファストフード店で注文

●付録アプリを使って，発音の練習をしましょう。

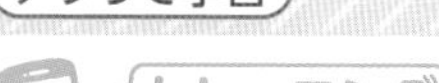

トレーニング

s05

ファストフード店で注文する英語を言えるようになりましょう。

□ May I take your order?	ご注文はお決まりですか。 order：注文
□ Can I have a hamburger and a small French fries, please? （a cheeseburger and a coffee / a large French fries and a soda / two hamburgers and two orange juices）	ハンバーガーとSのフライドポテトをいただけますか。
□ All right.	わかりました。
□ Anything else?	他にご注文はありますか。
□ That's it.	それだけです。
□ For here, or to go?	こちらでお召し上がりですか，それともお持ち帰りですか。
□ For here, please. （To go）	こちらで食べます。
□ Your total is 7 dollars. （8 / 5 / 14）	お会計は7ドルになります。
□ Here you are.	はい，どうぞ。
□ Thank you.	ありがとう。

チャレンジ

s06

ファストフード店で注文する英語を会話で身につけましょう。[　　]に言葉を入れて言いましょう。

A： May I take your order?
B： Can I have [　　　], please?
A： All right.　Anything else?
B： That's it.
A： For here, or to go?
B： [　　　], please.
A： Your total is [　　　] dollars.
B： Here you are.
A： Thank you.

Challenge! SPEAKING④ 観光地について

アプリで学習

●付録アプリを使って，発音の練習をしましょう。

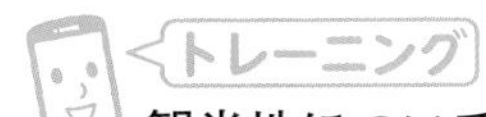

トレーニング

s07

観光地についての英語を言えるようになりましょう。

□ What are you going to do during the summer vacation?	あなたは夏休みの間に何をする予定ですか。
□ I'm thinking of visiting Okinawa. （Hokkaido / Nagasaki / Iwate）	私は沖縄を訪れることを考えています。
□ Do you recommend any places there?	そこでおすすめの場所はありますか。
□ There is a famous aquarium. （is a popular farm / are many old churches / are famous mountains）	有名な水族館があります。 aquarium：水族館　farm：農場 church：教会
□ You can see many sea animals there. （enjoy delicious food / see beautiful scenery / see beautiful nature）	そこでたくさんの海の動物をみることができます。 scenery：景色　nature：自然
□ Sounds great.	いいですね。

チャレンジ

s08

観光地についての英語を会話で身につけましょう。［　］に言葉を入れて言いましょう。

A：What are you going to do during the summer vacation?

B：I'm thinking of visiting ［　　］.
Do you recommend any places there?

A：There ［　　］.
You can see ［　　］ there.

B：Sounds great.

Challenge! SPEAKING⑤ ショッピングモールでの案内

●付録アプリを使って，発音の練習をしましょう。

トレーニング

s09

ショッピングモールでの案内の英語を言えるようになりましょう。

□ Excuse me.	すみません。
□ How can I get to the bookstore? (the *sushi* restaurant / the fruit shop / the shoe shop)	書店へはどのようにしたら行くことができますか。
□ Well, you are here.	ええと，あなたはここにいます。
□ Take the escalator and go up to the third floor. (the elevator) (fifth / second / fourth)	エスカレーターに乗って，３階へ上がってください。 escalator：エスカレーター elevator：エレベーター
□ OK.	わかりました。
□ Then turn right, and you can see it. (left)	それから右に曲がると見つかります。
□ I see.　Thank you.	わかりました。ありがとう。

チャレンジ

s10

ショッピングモールでの案内の英語を会話で身につけましょう。□に言葉を入れて言いましょう。

A：**Excuse me.**
How can I get to □?
B：**Well, you are here.**
Take the □ and go up to the □ floor.
A：**OK.**
B：**Then turn □, and you can see it.**
A：**I see.　Thank you.**

Challenge! SPEAKING⑥ 誕生日パーティー

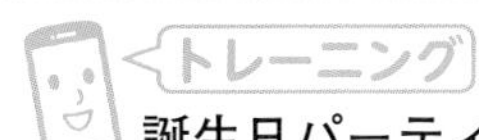

●付録アプリを使って，発音の練習をしましょう。

トレーニング

s11

誕生日パーティーでの英語を言えるようになりましょう。

- □ Welcome to my birthday party!　ようこそ私の誕生日パーティーへ！
- □ Thank you for inviting me to the party.　このパーティーに招待してくれてありがとう。
- □ I'm happy to have you here.　ここにお迎えできてうれしいです。
- □ Please make yourself at home.　どうぞ楽にしてください。
- □ Here is a present for you.　これはあなたへのプレゼントです。
- □ Thank you so much!　どうもありがとう！
- □ Can I open it?　開けてもいいですか。
- □ Sure.　もちろんです。
- □ Wow, a beautiful scarf!　わあ，何て美しいマフラーでしょう！
- □ I love it.　とても気に入りました。

チャレンジ

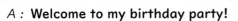

s12

誕生日パーティーでの英語を会話で身につけましょう。

A : Welcome to my birthday party!
B : Thank you for inviting me to the party.
A : I'm happy to have you here.
Please make yourself at home.
B : Here is a present for you.
A : Thank you so much!
Can I open it?
B : Sure.
A : Wow, a beautiful scarf!
I love it.

Challenge! SPEAKING 7 ディベート

●付録アプリを使って，発音の練習をしましょう。

トレーニング

s13

ディベートでの英語を言えるようになりましょう。

□ Let's start a debate.	ディベートを始めましょう。
□ Today's topic is "electric energy".	今日の話題は電気エネルギーです。 electric：電気の
□ I think it's convenient for us to use electric machines.	私は私たちにとって電気機器を使うことは便利だと思います。 machine：機械
□ You may be right, but saving energy is also important.	あなたは正しいかもしれませんが，エネルギーを節約することも大切です。
□ It's better to use sustainable energy, such as solar energy.	太陽光エネルギーのような持続可能なエネルギーを使うことがより良いです。 sustainable：持続可能な
□ I have a question about sustainable energy.	持続可能なエネルギーについて質問があります。
□ How many countries is it used in?	いくつの国でそれは使われていますか。
□ According to this article, sustainable energy is now used by many countries.	この記事によると，持続可能なエネルギーは今，多くの国で使われています。

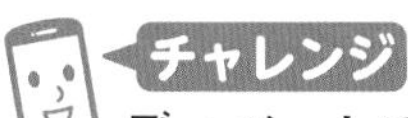

チャレンジ

s14

ディベートでの英語を会話で身につけましょう。

A：Let's start a debate.　Today's topic is "electric energy".
B：I think it's convenient for us to use electric machines.
A：You may be right, but saving energy is also important.
　It's better to use sustainable energy, such as solar energy.
B：I have a question about sustainable energy.
　How many countries is it used in?
A：According to this article, sustainable energy is now used by many countries.

定期テスト対策

得点アップ！予想問題

1 この「**予想問題**」で実力を確かめよう！

2 「**解答と解説**」で答え合わせをしよう！

3 わからなかった問題は戻って復習しよう！

この本での学習ページ

スキマ時間でポイントを確認！
別冊「**スピードチェック**」も使おう

●予想問題の構成

回数	教科書ページ	教科書の内容	この本での学習ページ
第1回	4～20	Review Lesson ～ Tips 2 for Writing	4～21
第2回	21～30	Lesson 2	22～31
第3回	31～46	Lesson 3 ～ Reading 1	32～47
第4回	47～56	Lesson 4	48～59
第5回	57～65	Lesson 5	60～71
第6回	69～79	Lesson 6 ～ Project 2	72～81
第7回	81～119	Lesson 7 ～ Further Reading 4	82～103

第1回 予想問題 Review Lesson 〜 Tips 2 for Writing

読 聞 書 話

解答 p.38

/100

1 LISTENING 対話を聞いて，その内容に合うように(　)に適する日本語を書きなさい。

t01 5点×3(15点)

・ルーシーは(　①　)を食べたことがない。
・ルーシーは次の(　②　)にケンの家に行くことにした。
・ケンの家は(　③　)のとなりにある。

①		②	
③			

2 次の日本文に合うように，___に適する語を書きなさい。 5点×4(20点)

(1) 新宿駅で降りてください。
Please ______ ______ at Shinjuku Station.

(2) それらの野菜を切り刻(きざ)んでください。
Please ______ ______ those vegetables.

(3) その図書館は私たちの学校の近くにあります。
The library is ______ ______ our school.

(4) 私は空を飛んでいるように感じます。
I ______ ______ flying in the sky.

(1)			(2)		
(3)			(4)		

3 〔　〕内の語を並べかえて，日本文に合う英文を書きなさい。 5点×4(20点)

(1) 私たちは私たちのネコをクロと呼びます。 〔 our / cat / call / we / Kuro 〕.

(2) 彼(かれ)は２度，中国を訪れたことがあります。 〔 visited / he / twice / China / has 〕.

(3) あなたは何を買うべきかわかっていますか。 〔 know / to / you / what / buy / do 〕?

(4) 速く走ることは彼にはやさしいです。 〔 fast / to / him / easy / it's / for / run 〕.

(1)	
(2)	
(3)	
(4)	

4 次の英文はアヤがハンナに送ったメールの一部です。これを読んで，あとの問いに答えなさい。

(計 25 点)

I have ①(ちょうど) come back from Souris East Lighthouse. ②<u>You were right!</u> It was really beautiful!
My host parents and I climbed to the top and saw some fantastic views of the harbor. Thanks for ③(recommend) the lighthouse here! ④<u>I〔the time / had / visit / to / haven't〕the other ones yet</u>, but I still have two more weeks.
Oh, Mrs. Elliot has ①(ちょうど) called me to dinner. Tonight we're having roast chicken!

(1) ①の(　)内の日本語を英語で書きなさい。 (3点)

(2) 下線部②から，ハンナはアヤにどんなことを伝えていたと考えられますか。(　)に適する日本語を書きなさい。 (5点)

(　　　　　　)は本当に(　　　　　　)ということ。

(3) ③の(　)内の語を適する形にかえて書きなさい。 (4点)

(4) 下線部④の〔　〕内の語句を並べかえて，意味の通る英文にしなさい。 (5点)

(5) 本文の内容に合うように，(　)に適する日本語を書きなさい。 4点×2(8点)

1. アヤは灯台のてっぺんから(　　　　)のすばらしい景色(けしき)を見ました。
2. アヤの今夜の夕食は(　　　　　　)です。

(1)		(2)		
(3)		(4)		
(5)	1.		2.	

5 次の日本文を(　)内の語を使って英語になおしなさい。

5点×4(20点)

(1) 彼女(かのじょ)はその人形にカレン(Karen)と名づけました。 (doll)

(2) あなたはうまみ(umami)のことを耳にしたことがありますか。 (have)

(3) 私はどこで眠るべきかがわかりません。 (to)

(4) 日本語を学ぶことは私には難しいです。 (it)

(1)	
(2)	
(3)	
(4)	

解答 p.39

第2回 予想問題 Lesson 2

読 聞 書 話　30分　/100

1 LISTENING (1)〜(3)の対話を聞いて，チャイムのところに入る適切な英文をア〜ウから１つ選び，その記号を書きなさい。　t02　5点×3(15点)

(1) ア For an hour.　イ For two hours.　ウ For three hours.

(2) ア I want to go to Nagoya.　イ I lived in Tokyo.
ウ I have never visited Nagoya.

(3) ア It has already closed.　イ It opened at ten.
ウ There are no convenience stores near here.

(1)		(2)		(3)	

2 次の日本文に合うように，＿＿に適する語を書きなさい。　5点×4(20点)

(1) ついに私は富士山に登りました。
＿＿＿＿ ＿＿＿＿ I climbed Mt. Fuji.

(2) 雨のおかげで私は買いものに行けませんでした。
I wasn't able to go shopping ＿＿＿＿ ＿＿＿＿ rain.

(3) 結果として，私たちはその試合に勝ちました。
＿＿＿＿ a ＿＿＿＿, we won the game.

(4) 彼女(かのじょ)は弟が宿題をするのを手伝いました。
She ＿＿＿＿ her brother ＿＿＿＿ his homework.

(1)			(2)		
(3)			(4)		

3 次の文を( )内の指示にしたがって書きかえなさい。　5点×4(20点)

(1) Meg has already cleaned her room.（yet を使って疑問文に）

(2) We should help the birds.（受け身の文に）

(3) I got a dog last year.　I still have the dog.（現在完了形の１文に）

(4) It started to rain when I went outside.　It's still raining.（現在完了進行形の文に）

(1)	
(2)	
(3)	
(4)	

4 次の英文はクラス新聞に掲載されたアヤの発表の一部です。これを読んで，あとの問いに答えなさい。 (計25点)

The ① veterinarian Saito Keisuke works for the Kushiro Wetland Wildlife Center. He noticed that many eagles died from eating deer meat. The meat was poisoned by lead bullets. He started a movement against them. As a result, in 2004 the use of lead bullets was ②(ban) in Hokkaido. The situation has been improving since ③ then.

Eagles face ④ other dangers. Many are killed by trains and windmills. Others die from electric shocks when they try to rest on top of utility poles. ⑤ The Center〔 tools / protect / to / birds / been / has / developing 〕from the electricity.

(1) 下線部①の英語を日本語になおしなさい。 (3点)

(2) ②の( )内の語を適する形にかえて書きなさい。 (4点)

(3) 下線部③が指すものを本文中の2語で答えなさい。 (5点)

(4) 下線部④について本文の内容に合うように，( )に適する日本語を書きなさい。

1. (　　　　)や(　　　　)で死ぬ危険。 4点×2(8点)

2. (　　　　)のてっぺんで休もうとして，(　　　　)で死ぬ危険。

(5) 下線部⑤の〔 〕内の語を並べかえて，意味の通る英文にしなさい。 (5点)

(1)		(2)		(3)	
(4)	1.			2.	
(5)					

5 次の日本文を英語になおしなさい。 4点×5(20点)

(1) その医者は病気の人々を治療するために一生懸命(けんめい)に働きます。

(2) 私は長い間ずっとこの町にいます。

(3) あなたはどのくらいの間ユミを知っていますか。

(4) ケンは3時からずっと眠っています。

(5) 私の祖母は50年間ここに住んでいます。

(1)	
(2)	
(3)	
(4)	
(5)	

解答 p.40

第3回 予想問題 Lesson 3 〜 Reading 1

30分 /100

1 LISTENING (1)〜(3)の英文を聞いて，その内容に合う絵をア〜オから１つ選び，その記号を書きなさい。 t03 2点×3(6点)

(1)		(2)		(3)	

2 次の日本文に合うように，____に適する語を書きなさい。 4点×4(16点)

(1) 今すぐに家を出なさい。 Leave home ______ ______.

(2) 何千もの人々がそのパレードに参加しました。

______ ______ people joined the parade.

(3) 私の祖父は30年以上ここに住んでいます。

My grandfather has lived here for ______ ______ 30 years.

(4) 今日中にお電話を！ ______ a ______ today!

(1)			(2)		
(3)			(4)		

3 〔 〕内の語句を並べかえて，日本文に合う英文を書きなさい。 5点×5(25点)

(1) 今なら特価で１万円です。〔 for / now / sale / yen / on / ten thousand 〕.

(2) 向こうで歌っている女の子はリズです。〔 Liz / singing / is / the girl / there / over 〕.

(3) パーティーで使われたお皿を洗いましょう。

〔 the party / used / wash / at / let's / the dishes 〕.

(4) これは私が昨日買った本です。〔 bought / the book / is / yesterday / this / I 〕.

(5) 私の夢はその舞台で演じることです。〔 the stage / dream / is / perform / my / to / on 〕.

(1)	
(2)	
(3)	
(4)	
(5)	

4 次の英文は，レポーターがハワイのパン・パシフィック・フェスティバルについてニュース動画で報告したものの一部です。これを読んで，あとの問いに答えなさい。 (計 23 点)

① The Pan-Pacific Parade, the final event of the three-day festival, has just ②(begin). Many performers are marching ③(ア across イ from ウ down) Kalakaua Avenue. Look at the colorful costumes they are wearing. Listen to the music they are playing. ④ How exciting! Let's enjoy the *matsuri*! This is Joe Suzuki in Honolulu.

(1) 下線部①について本文の内容に合うように説明するとき，( )に適する日本語を書きなさい。 (4 点)

( )間に渡るパン・パシフィック・フェスティバルの( )のイベント。

(2) ②の( )内の語を適する形にかえて書きなさい。 (3 点)

(3) ③の( )内から適する語を選び，記号で答えなさい。 (3 点)

(4) 下線部④を日本語になおしなさい。 (5 点)

(5) レポーターは，1. 何を見て，2. 何を聞くように言っていますか。本文の内容に合うように，( )に適する日本語を書きなさい。 4 点×2(8 点)

1. パフォーマーたちが( )，色とりどりの( )。

2. パフォーマーたちが( )。

(1)			(2)	
(3)		(4)		
(5)	1.		2.	

5 次の日本文を，( )内の語句を使って英語になおしなさい。 6 点×5(30 点)

(1) 青い帽子をかぶっている男の子を見てください。 (wearing)

(2) 彼(かれ)の目的の1つは，そのパフォーマーにインタビューすることでした。 (to)

(3) 私たちは100年前につくられたテーブルにふれました。 (made)

(4) 私が昨夜会った女性はフランスの出身でした。 (from France)

(5) そのドローンは分速1キロメートルで飛ぶことができます。 (per)

(1)	
(2)	
(3)	
(4)	
(5)	

解答 p.41

第4回 予想問題 Lesson 4

1 LISTENING (1)～(3)の英文を聞いて，その内容に合う絵をア～オから１つ選び，その記号を書きなさい。 t04 3点×3(9点)

ア	イ	ウ	エ	オ

(1)		(2)		(3)	

2 次の日本文に合うように，＿＿に適する語を書きなさい。 4点×4(16点)

(1) アヤは選手たちを元気づけました。

Aya ＿＿＿＿ ＿＿＿＿ the players.

(2) 私たちに見せてください。

Let us ＿＿＿＿ a ＿＿＿＿.

(3) 私の祖父によると，ワシは多くの危険に直面しています。

＿＿＿＿ ＿＿＿＿ my grandfather, eagles are facing many dangers.

(4) 彼女(かのじょ)は16歳でプロの歌手になりました。

She became a professional singer ＿＿＿＿ the ＿＿＿＿ of 16.

(1)			(2)		
(3)			(4)		

3 次の各組の文がほぼ同じ内容を表すように，＿＿に適する語を書きなさい。 5点×4(20点)

(1) We called the athlete the "Golden Girl."
The athlete ＿＿＿＿ ＿＿＿＿ the "Golden Girl."

(2) This is the dog.　It helped a child.
This is the dog ＿＿＿＿ ＿＿＿＿ a child.

(3) She is an actress.　She is also a pianist.
She is not ＿＿＿＿ an actress ＿＿＿＿ also a pianist.

(4) The T-shirt was too small for my *aunt.　She gave it to me.　　*aunt おば
The T-shirt ＿＿＿＿ my aunt ＿＿＿＿ to me was too small for her.

(1)			(2)		
(3)			(4)		

4 次の英文は，高梨沙羅(たかなしさら)選手について書かれたインターネットの記事の一部です。これを読んで，あとの問いに答えなさい。 (計31点)

Takanashi has been ①(study) English hard since she was an elementary school student. ②<u>She says, "〔 is / that / need / English / a / tool / I 〕 as a professional athlete.</u> For example, athletes have to use English for interviews."

She also says, "People around me talk in many different languages. ③(Be) able to speak English gives me confidence. ④<u>This</u> helps me to concentrate on my performance."

She wants to encourage younger jumpers with her example. ⑤<u>She always wants to make the ski jump more popular in Japan.</u>

(1) ①，③の( )内の語を適する形にかえて書きなさい。 5点×2(10点)

(2) 下線部②の〔 〕内の語を並べかえて，意味の通る英文にしなさい。 (5点)

(3) 下線部④が指すものを本文中の1語で答えなさい。 (4点)

(4) 下線部⑤を日本語になおしなさい。 (7点)

(5) 本文の内容に合うように次の問いに英語で答えるとき，____に適する語を書きなさい。

What does Takanashi want to do for younger jumpers? (5点)

—— She want to ________ them with her ________.

(1)	①		③	
(2)			(3)	
(4)				
(5)				

5 次の日本文を，( )内の語を使って英語になおしなさい。 6点×4(24点)

(1) それは大切な経験のように聞こえます。 (like)

(2) 彼(かれ)は野生動物のために働く獣医(じゅうい)です。 (who)

(3) 大きな庭のあるあの家を見なさい。 (which)

(4) ケンが受け取った手紙はリズ(Liz)によって送られました。 (that)

(1)	
(2)	
(3)	
(4)	

解答 p.42

第5回 予想問題 Lesson 5

読 聞 書 話　30分　/100

1 LISTENING 対話を聞き，その内容に合う絵をア～オから１つ選び，その記号を書きなさい。　t05　5点×3(15点)

ア　イ　ウ　エ　オ

(1)		(2)		(3)	

2 次の日本文に合うように，＿＿に適する語を書きなさい。　5点×4(20点)

(1) どうしたの。　What's ＿＿＿＿＿＿?

(2) 私は次の日曜日にダンと買いものに行くつもりです。
I'm going to ＿＿＿＿＿＿ ＿＿＿＿＿＿ with Dan next Sunday.

(3) 私は歌を歌うのが下手です。
I'm ＿＿＿＿＿＿ ＿＿＿＿＿＿ singing songs.

(4) 同時に，私はほかの人と異なっていることを恐(おそ)れています。
At the ＿＿＿＿＿＿ ＿＿＿＿＿＿, I'm afraid to be different from other people.

(1)			(2)		
(3)			(4)		

3 次の文を( )内の指示にしたがって書きかえなさい。　5点×4(20点)

(1) I want to visit a country.　It has many museums.（which を使って１つの文に）
I want to visit a country ＿＿＿＿＿＿ ＿＿＿＿＿＿ many museums.

(2) It isn't rainy.　So I can't use my new umbrella.（ほぼ同じ内容の文に）
If it ＿＿＿＿＿＿ rainy, I ＿＿＿＿＿＿ use my new umbrella.

(3) I'm not free.　So I don't sleep enough.（ほぼ同じ内容の文に）
If I ＿＿＿＿＿＿ free, I ＿＿＿＿＿＿ sleep enough.

(4) I want to be good at cooking.（「料理が得意だったらなあ」という文に）
I ＿＿＿＿＿＿ I ＿＿＿＿＿＿ good at cooking.

(1)			(2)		
(3)			(4)		

4 次の英文は，ケンタとメイの教室での会話の一部です。これを読んで，あとの問いに答えなさい。 (計 25 点)

Kenta : ①I〔 fight / a little / had / brother / my / with 〕this morning.
Mei : ②I envy you.
Kenta : ③What do you mean?
Mei : Well, I don't have any brothers or sisters. I want a big brother! If I ④(have) a brother, I ⑤(can) do a lot of things with him.

(1) 下線部①の〔 〕内の語句を並べかえて，意味の通る英文にしなさい。 (4 点)

(2) 下線部②のメイの気持ちを本文の内容に合うように説明するとき，( )に適する日本語を書きなさい。 (5 点)

( )ができる( )がいるのがうらやましい。

(3) 下線部③を日本語になおしなさい。 (4 点)

(4) ④，⑤の( )内の語を適する形にかえて書きなさい。 4 点×2(8 点)

(5) 本文の内容に合うように次の問いに英語で答えるとき，＿＿に適する語を書きなさい。 (4 点)

What does Mei want?

── She wants a ＿＿＿＿ ＿＿＿＿.

(1)			
(2)		(3)	
(4)	④	⑤	
(5)			

5 次の日本文を，( )内の語を適する形にかえて使い，英語になおしなさい。 4 点×5(20 点)

(1) 彼(かれ)は私よりもたくさんのことがもっとじょうずにできます。 (well)

(2) もしあなたが彼を知っているなら，彼があなたを助けてくれるのに。 (know, will)

(3) もし私があなただったら，その競技会に参加するのに。 (be, will)

(4) 私が鳥だったらなあ。 (be)

(5) 私がフランス語が話せたらなあ。 (can)

(1)	
(2)	
(3)	
(4)	
(5)	

解答 p.44

第6回 予想問題 Lesson 6 ～ Project 2

読 聞 書 話

/100

1 LISTENING 次のようなとき，英語でどのように言いますか。ア～ウの英文を聞いて，最も適切なものを１つ選び，その記号を書きなさい。 t06 5点×3(15点)

(1) 「あなたに賛成です」と言うとき。

(2) I don't think ～. と言う意見を聞いて「私もそう思いません」と言うとき。

(3) 「例を考えてもらえますか」とたずねるとき。

(1)		(2)		(3)	

2 次の日本文に合うように，____に適する語を書きなさい。 4点×4(16点)

(1) 私はサリーの考えに反対です。

I ________ ________ Sally's idea.

(2) ケンは昨日，何時に帰宅しましたか。

What time did Ken ________ ________ yesterday?

(3) 私たちは先日，通りで加藤さんに会いました。

We saw Ms. Kato on the street the ________ ________.

(4) 彼女(かのじょ)は英語も中国語も両方とも話せます。

She can speak ________ English ________ Chinese.

(1)			(2)		
(3)			(4)		

3 〔 〕内の語句を並べかえて，日本文に合う英文を書きなさい。 5点×4(20点)

(1) 私はあなたにこの本を読んでほしいです。〔 this book / to / you / want / I / read 〕.

(2) これがどんなに重要か，知っています。〔 this / know / important / I / how / is 〕.

(3) この問題について，数分かけて考えてください。

〔 minutes / think / take / this problem / a few / to / about / please 〕.

(4) 今日の討論は環境と関係があります。

〔 related / discussion / the environment / today's / is / to 〕.

(1)	
(2)	
(3)	
(4)	

4 次の英文は，働かなければならないかどうかについてアヤたちが行ったディスカッションの一部です。これを読んで，あとの問いに答えなさい。 (計 37 点)

Kenta : I've heard that people in Singapore work long hours. Is ①that true, Mei?

Mei : You're right. The government recommends working 44 hours a week at most, but about half of all the men and women there work overtime. But as my parents always say, if you love your job, it doesn't feel like work.

Bob : So we've thought of several different reasons. ②[to / report / going / who's / the class / to]? I did it yesterday, so I think it's your turn, Kenta!

Kenta : Me? OK, let me confirm first. ③Our reasons were to make money, to do something we love, and to do something for other people?

(1) 下線部①が指す内容を日本語で答えなさい。 (6 点)

(2) 下線部②の[ ]内の語句を並べかえて，意味の通る英文にしなさい。 (6 点)

(3) 下線部③の理由を３つ，日本語で答えなさい。 5 点×3(15 点)

(4) 本文の内容に合うように，( )に適する日本語を書きなさい。 5 点×2(10 点)

1\. シンガポール政府は，週に最長で( )時間働くことを勧(すす)めています。

2\. シンガポールでは，すべての男女の約( )が時間外に働いています。

(1)			
(2)			
(3)			
(4)	1.	2.	

5 次の質問について，あなた自身の考えを，理由を明らかにして英語で書きなさい。ただし，( )内の語句を使うこと。 (12 点)

Some students think that they don't need homework. What do you think?

(think so, because)

解答 p.45

第7回 予想問題 Lesson 7 〜 Further Reading 4

/100

1 LISTENING (1)〜(3)の対話を聞いて，チャイムのところに入る適切な英文をア〜ウから1つ選び，その記号を書きなさい。 t07 3点×3(9点)

(1) ア I have already done it.
　イ I have been here since I was born.
　ウ I have been there twice.

(2) ア I think so, too.　イ I don't think so.　ウ Me, neither.

(3) ア Oh, I agree with you, Liz.
　イ Oh, I don't know, Liz.
　ウ Oh, I'm disagree with you, Liz.

(1)		(2)		(3)	

2 次の文の___に，( )内の語を適する形にかえて書きなさい。 3点×4(12点)

(1) ______ plastic bags is possible. (reduce)

(2) Have you ever ______ Mt. Fuji? (climb)

(3) I have been ______ English for three hours. (study)

(4) The same can be ______ about your third point. (say)

(1)		(2)	
(3)		(4)	

3 次の日本文に合うように，___に適する語を書きなさい。 3点×4(12点)

(1) 実際に，クレイグはアジアの国々を旅行しました。
______ ______, Craig traveled to countries in Asia.

(2) 彼女(かのじょ)は多くの子どもたちを育てました。
She ______ ______ many children.

(3) その記事によると，アジアには多くの児童労働者がいます。
______ ______ the article, there are many child laborers in Asia.

(4) 父が仕事を変えたら，私はアメリカに引っ越(こ)さなければならないかもしれません。
______ my father changed his job, I ______ have to move to America.

(1)			(2)		
(3)			(4)		

4 次の英文は，メイがディベートで賛成派の最後のスピーチとしてドギーバッグ反対派に反論したものです。これを読んで，あとの問いに答えなさい。 (計20点)

①First, 〔 respond / me / let / points / to / side's / the other 〕. Food poisoning bacteria grow between 5 and 60 degrees centigrade. If we store our leftovers in the refrigerator immediately when we get home, the risk will be reduced.

And about "cost." Customers can bring their own doggy bags or pay extra for one.

Food loss is a serious problem. So, we strongly believe that all restaurants in Japan should allow doggy bags.

(1) 下線部①の〔 〕内の語句を並べかえて，意味の通る英文にしなさい。 (4点)

(2) メイは，ドギーバッグを使うことによる食中毒の危険について，どうすればリスクが減ると言っていますか。日本語で書きなさい。 (4点)

(3) メイは，ドギーバッグを使うことにかかる費用の問題について，どうすればよいと言っていますか。日本語で2つ書きなさい。 3点×2(6点)

(4) 本文の内容に合うように，( )に適する日本語または数字を書きなさい。 3点×2(6点)

1. 食中毒のバクテリアは，(　　　　)度から(　　　　)度の間で成長します。

2. メイたちは，日本のすべての(　　　　)がドギーバッグを(　　　　)べきであると強く信じています。

(1)				
(2)				
(3)				
(4)	1.		2.	

5 〔 〕内の語句を並べかえて，日本文に合う英文を書きなさい。 4点×3(12点)

(1) 私はその意見に反対です。 〔 with / I / opinion / the / disagree 〕.

(2) 私が会った男性はインドの出身です。 〔 the man / from / is / India / I / saw 〕.

(3) あなたは彼(かれ)がどのように生きたか知るべきです。〔 how / should / he / you / lived / know 〕.

(1)	
(2)	
(3)	

6 次の英文はジョン万次郎(まんじろう)の生涯について述べた文の最後の部分です。これを読んで，あとの問いに答えなさい。 (計20点)

Manjiro wrote several textbooks. For example, he wrote an English textbook and a textbook on navigation. He was the first Japanese teacher who taught English. His life was full of hardships, but he tackled ①them bravely. He never gave up. ②He〔its / Japan / wanted / open / doors / to〕. ③(何よりも), he was a bridge between Japan and America.

(1) 下線部①が指すものを本文中の1語で答えなさい。 (2点)
(2) 下線部②の〔 〕内の語を並べかえて，意味の通る英文にしなさい。 (3点)
(3) ③の( )内の日本語を3語の英語で書きなさい。 (3点)
(4) 万次郎が書いた教本について，1，2の( )に適する日本語を書きなさい。 3点×2(6点)
1. ( )の教科書
2. ( )に関する教本
(5) 本文の内容に合うように，( )に適する日本語を書きなさい。 3点×2(6点)
1. 万次郎は，( )を教えた( )の日本人教師でした。
2. 万次郎は，日本と( )の間の( )でした。

(1)			
(2)			
(3)			
(4)	1.	2.	
(5)	1.		
	2.		

7 次の日本文を( )内の語を使って英語になおしなさい。 5点×3(15点)
(1) ディベートとディスカッションの間の違(ちが)いは何ですか。 (between)
(2) 私たちは自分たちのまわりの世界をよりよくすることができます。 (can, around)
(3) あなたは野菜が好きではないのですよね。 (do)

(1)	
(2)	
(3)	

教科書ワーク英語

どこでもワーク

こちらにアクセスして，ご利用ください。
https://portal.bunri.jp/app.html

単語特訓▶

重要語句の暗記に便利

音声つき

▼文法特訓

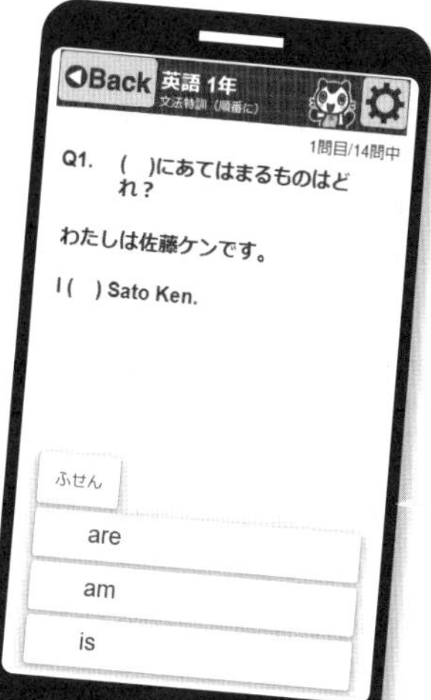

文法事項を三択問題で確認！

間違えた問題だけを何度も確認できる！

無料ダウンロード ホームページテスト

無料でダウンロードできます。表紙カバーに掲載のアクセスコードを入力してご利用ください。
https://www.bunri.co.jp/infosrv/top.html

文法問題▶

英語 2年 第1回
中学教科書ワーク ホームページテスト
文法問題 基本
第1回 過去形／過去進行形
時間 30分 ／100点

1 次の文の＿に，( )内の語を適する形にかえて書きなさい。 3点×5(15点)
(1) Ms. Green ＿＿ in Osaka two years ago. (live)
(2) Mary ＿＿ to the library yesterday. (go)
(3) He ＿＿ a lot of pictures in Okinawa last month. (take)
(4) Emi was ＿＿ a computer at that time. (use)
(5) They were ＿＿ in the river then. (swim)

2 次の日本文の意味を表すように，＿に適する語を書きなさい。 7点×7(49点)
(1) 私は昨日，数学と理科を勉強しました。
＿＿ math and science yesterday.
…はおもしろくありませんでした。
…ook ＿＿ interesting.
…そのときケーキを作っていませんでした。
＿＿ not ＿＿ a cake at that time.
…野球をしましたか。―はい，しました。／いいえ，しませんでした。
＿＿ they ＿＿ baseball yesterday?
― Yes, ＿＿ ＿＿. / No, ＿＿ ＿＿.
(5) 彼らはそのとき公園を走っていましたか。
―はい，走っていました。／いいえ，走っていませんでした。
＿＿ they ＿＿ in the park then?
― Yes, ＿＿ ＿＿. / No, ＿＿ ＿＿.
(6) あなたはこの前の日曜日，何をしましたか。
＿＿ ＿＿ you ＿＿ last Sunday?
(7) トムとケンは1時にどこにいましたか。
＿＿ ＿＿ Tom and Ken at one o'clock?

3 次の文を( )内の指示にしたがって書きかえなさい。 12点×3(36点)
(1) I wrote an e-mail in English. (then を加えて過去進行形の文に)
(2) Mr. Jones stopped his car there. (否定文に)
(3) She was having lunch then. (下線部をたずねる疑問文に)

テスト対策や復習に使おう！

リスニング試験対策にバッチリ！

▼リスニング問題

★音声は「中学教科書ワーク英語」のp.1「もくじ」にあるQRコードよりお聞きください。 英語 2年 第1回
中学教科書ワーク ホームページテスト
リスニング問題 LISTENING
第1回 過去形／過去進行形
時間：10分 ／50点

1 対話と質問を聞き，その質問に対する答えとして適切なものをア～エから1つ選び，その記号を書きなさい。 6点×3(18点)
h01

(1)	ア	Yes, he did.	イ	Yes, he was.
	ウ	No, he didn't.	エ	No, he wasn't.
(2)	ア	He was busy.	イ	He was reading a book.
	ウ	He was running.	エ	He was drinking coffee.
(3)	ア	He was in the park.	イ	He was looking for Kumi.
	ウ	He was taking some pictures.	エ	He was running with his dog.

(1) (　　) (2) (　　) (3)(　　)

注意 ●アプリは無料ですが，別途各通信会社からの通信料がかかります。
●アプリの利用には iPhone の方は Apple ID，Android の方は Google アカウントが必要です。対応 OS や対応機種については，各ストアでご確認ください。
●お客様のネット環境および携帯端末により，ご利用いただけない場合，当社は責任を負いかねます。ご理解，ご了承いただきますよう，お願いいたします。

中学教科書ワーク

解答と解説

教育出版版 ワンワールド

英語3年

この「解答と解説」は，取りはずして使えます。

Review Lesson ～ Tips 2 for Writing

p.4 ステージ1

Wordsチェック (1)機会 (2)料理(法) (3) **each** (4) **famous**

1 (1)何を持ってくるのか
(2)いつそこへ行くのか

2 (1) **how to** (2) **where to**

3 (1) **Do you know where to go?**
(2) **We learned how to use the computer.**

解説

1 (1)〈what to＋動詞の原形〉は「何を～するのか」を表す。bring は「～を持ってくる」。
(2)〈when to＋動詞の原形〉は「いつ～するのか」を表す。there は「そこへ」。

2 (1)「～の仕方」は〈how to＋動詞の原形〉で表す。
(2)「どこで～すればいいのか」は〈where to＋動詞の原形〉で表す。

3 (1)相手に「あなたは～かわかりますか」とたずねているので，Do you know ～で文を始める。
(2)ミス注意！ how to ～で「～の仕方」。「～」には動詞の原形がくる。

ポイント 〈疑問詞＋to＋動詞の原形〉
・how to ～「どのように～するのか，～の仕方」
・what to ～「何を～するのか，～すべきこと」
・when to～「いつ～するのか，～すべきとき」
・where to～「どこに[で]～するのか」

p.5 ステージ1

Wordsチェック (1)基本の (2) **discover** (3) **tradition** (4) **known**

1 (1) **calls me** (2) **It, to** (3) **It's, to** (4) **was discovered** (5) **made me**

解説

1 (1)「(人[もの])を～と呼ぶ」は〈call＋人[もの]＋～〉で表す。
(2)(3)「(人が)～するのは…である」は〈It is ... (for＋人) to＋動詞の原形.〉で表す。
(3)ミス注意！ 空所の数より，It is の短縮形 It's を使う。
(4)「～された」は受け身〈be 動詞＋動詞の過去分詞形〉で表す。過去の文なので be 動詞を過去形にする。
(5)「(人[もの])を～にする」は〈make＋人[もの]＋形容詞〉で表す。過去の文なので make の過去形 made を使う。

ポイント1 〈call＋人[もの]＋～〉など
・〈call＋人[もの]＋～〉
「(人[もの])を～と呼ぶ」
・〈name＋人[もの]＋～〉
「(人[もの]を～と名づける」
・〈make＋人[もの]＋～〉
「(人[もの]を～にする」

ポイント2 〈It is ... (for＋人) to ～.〉
・〈It is ... (for＋人) to ～.〉
「(人が)～することは…である」

p.6 文法のまとめ①

1 (1) **what to** (2) **when to** (3) **how to**

2 (1) **Does she know where to go**
(2) **tell me when to call you**
(3) **I didn't know how to buy the ticket.**

3 **I'll tell[teach, show] you where to sit.**

《解説》

1 (1)「何を～すべきか」は〈what to＋動詞の原形〉で表す。
(2)「いつ～したらいいか[すべきか]」は〈when to＋動詞の原形〉で表す。
(3)「～の仕方」は〈how to＋動詞の原形〉で表す。

2 (1)「彼女(かのじょ)は～を知っていますか」なので Does she know ～で文を始める。「どこへ行くべきか」は where to go。
(2)「私に教えてください」なので Please tell me

～で文を始める。「いつあなたに電話すればいいか」は when to call you。

(3)「私は～がわかりませんでした」なので I didn't know ～で文を始める。「～の買い方」は how to buy ～。

3 「あなたに教えましょう」は I'll tell[teach, show] you ～で文を始める。「どこにすわるべきか」は where to sit。6 語という指定があるので，I will の短縮形 I'll を使う。

p.7 文法のまとめ②

1 (1) **calls, cats** (2) **named** (3) **It, for, to**

2 (1) **made** (2) **call**

3 (1) **It's dangerous for us to swim here.**
(2) **The music made me sad.**

解説

1 (1)「(人[もの])を～と呼ぶ」は〈call＋人[もの]＋～〉で表す。

(2)ミス注意 「(人[もの])を～と名づける」は〈name＋人[もの]＋～〉で表す。過去形なので named とする。

(3)「(人が[人にとって])～するのは…である」は〈It is ... (for＋人) to ～.〉で表す。

2 (1)「あなたは昨日なぜ怒(おこ)っていたのですか」→「昨日何があなたを怒らせたのですか」「怒らせる」は〈make＋人[もの]＋形容詞〉「(人[もの])を～にする」で表す。

(2)「あの山の名前は阿蘇山(あそさん)です」→「私たちはあの山を阿蘇山と呼びます」「(人[もの])を～と呼ぶ」は〈call＋人[もの]＋～〉で表す。

3 (1)「(人が[人にとって]～するのは…である」を表す〈It is ... (for＋人) to ～.〉を使う。7 語という指定があるので，It is の短縮形 It's を使う。

(2) the music「その音楽」を主語にして，「(人[もの])を～にする」を表す〈make＋人[もの]＋形容詞〉を使う。過去形なので made とする。「悲しい」は sad。

ポイント 補語になる名詞・形容詞

・〈call[name]＋人[もの]＋～〉
「(人[もの])を～と呼ぶ[名づける]」の「～」には名詞がくる。

・〈make＋人[もの]＋～〉
「(人[もの])を～にする」の「～」には，状態や感情を表す形容詞がくる。

p.8～9 ステージ1

Wordsチェック (1)(客をもてなす)主人，ホスト (2)灯台 (3)港 (4) **haven't** (5) **east** (6) **climb**

❶ (1) **climbed** (2) **had** (3) **come** (4) **yet** (5) **just** (6) **already**

❷ (1) **has just** (2) **have already** (3) **written, yet**

❸ (1) **It has just started to rain.**
(2) **Reina has already eaten an apple pie.**
(3) **I haven't[have not] discovered a problem yet.**

❹ (1) **two more weeks to finish**
(2) **Thanks for recommending this restaurant.**
(3) **I have not bought souvenirs for my sister**
(4) **She is having fried chicken**
(5) **I will email you**

❺ (1) **has not[hasn't] eaten lunch yet**
(2) **has already visited the garden**
(3) **has not[hasn't] seen the lighthouse yet**
(4) **has already eaten lunch**
(5) **has not[hasn't] visited the garden yet**
(6) **has already seen the lighthouse**

解説

❶ 現在完了形は〈have[has]＋動詞の過去分詞形〉。

(1) climb は規則動詞で過去分詞形は ed をつける。

(2) have は不規則動詞で過去分詞形は had。

(3)ミス注意 come の過去分詞形は原形と同じ形。

(4)ミス注意 現在完了形の否定文なので，yet を文末に置いて「まだ(～ない)」の意味にする。

(5) just「ちょうど」は肯定文で使われて，have[has]のあとに置く。

(6)肯定文なので，already を have のあとに置いて「もう～してしまった」の意味にする。

❷ (1)主語 The movie は 3 人称単数なので〈has＋動詞の過去分詞形〉となる。

(2)「すでに～した」という意味なので，have と動詞の過去分詞形の間に already を置く。

(3) write(～を書く)の過去分詞形は written。「まだ(～ない)」という否定文なので文末に yet を置く。

❸ (1)「ちょうど雨が降り始めたところです」とい

う文にする。just は has のあとに置く。
(2)「レイナはすでにアップルパイを食べてしまいました」という文にする。already は has のあとに置く。
(3)ミス注意!「私はまだ問題を発見していません」という文にする。現在完了の否定文では，yet は文末に置く。

❹ (1)「あと 2 週間」は two more weeks。
(2)「～してくれてありがとう」は thanks for ～ing。
(3)「お土産を買う」は buy souvenirs。buy の過去分詞形は bought。
(4)現在進行形は現在していることを表すほかに，近い未来の予定を表すときにも用いる。動詞 have は「～を食べる[飲む]」の意味でも使われる。
(5)「E メールを送る」は email。

❺ 主語が 3 人称単数なので has を用いる。「すでにした」ことは〈has already＋動詞の過去分詞形〉，「まだしていない」ことは〈has not[hasn't]＋動詞の過去分詞形＋yet〉で表す。

ポイント 現在完了形〈完了の用法〉
〈have[has]＋動詞の過去分詞形〉で「～したところだ」を表す。

p.10～11 ステージ1

Wordsチェック (1)～のことを耳にする
(2)～を翻訳(ほんやく)する (3)シリーズ
(4)～のように感じる (5)一歩踏み込む
(6) **someday** (7) **heard** (8) **you'll**

❶ (1) **visited** (2) **heard**

❷ (1) **have climbed** (2) **has played**
(3) **has read**

❸ (1) **feel like** (2) **translated into**
(3) **We're going**
(4) **Have, cooked / Yes, have**
(5) **Has, been / No, hasn't**

❹ (1) **seen, once** (2) **Have, talked**
(3) **Has listened** (4) **He has**

❺ (1)あなた(たち)は日本食文化について考えたことがありますか[考えましたか]。
(2)私はグリーンゲーブルズを訪れることを待ちきれません。
(3)あなたはあなたの夢に一歩踏み出していると感じることでしょう。
(4)彼女(かのじょ)はオーストラリアに行ったことがあります。

解説

❶ 「～したことがある」という「経験」を表す現在完了形の文なので，〈have[has]＋動詞の過去分詞形〉にする。
(2)ミス注意! hear の過去分詞形は heard。

❷ (1)(2) climb と play は規則動詞。過去形と同じように ed をつけて過去分詞形にする。
(3)ミス注意! read は不規則動詞。過去形も過去分詞形も read だが，発音は[réd]となることに注意。

❸ (1)「～したい気分です」は feel like ～で表す。
(2) translate into ～「～を翻訳する」を受け身の形にする。
(3)ミス注意!「～する予定です」という未来の文は be going to ～で表す。空所の数より，短縮形 We're を使う。
(4)(5)「以前に～したことがありますか」という現在完了形の疑問文。have[has]を主語の前に置く。答えるときも have[has]を使う。
(5)ミス注意! 主語が she なので has を使い，Has she ～? とする。答えの文は，空所の数より短縮形 hasn't を使う。「～へ行ったことがある」は have been to ～で表す。go ではなく be 動詞を使うことに注意。

❹ (1)「私はこの映画を 1 度見たことがあります」という文にする。see の過去分詞形は seen。once は「1 度」の意味。
(2)「あなたは彼(かれ)と話したことがありますか」という文にする。〈Have you＋動詞の過去分詞形 ～?〉で表す。
(3)「ホワイトさんはその歌を聞いたことがありますか」という文にする。has を文頭に置く。空所の数より，短縮形 hasn't を用いる。
(4)主語を 3 人称単数の he にするので，have を has にする。

❺ (1) thought は think「考える，思う」の過去分詞形。think about ～は「～について考える」。
(2) can't wait は「待ちきれない」。
(3) feel like ～は「～のように感じる」，step は「一歩踏み込む」。
(4) have[has] gone to ～は「～へ行ってしまった」。have[has] been to ～との違(ちが)いに注意。

ポイント **現在完了形〈経験の用法〉**
〈have[has]＋動詞の過去分詞形〉で「～したことがある」という経験を表す。

p.12～13 ステージ1

Wordsチェック (1)(食事，飲みもの)を出す (2)～の匂い(にお)をかぐ (3)～をゆでる (4)やわらかい (5)add (6)pass (7)tried (8)done

❶ (1)yet (2)ever (3)never

❷ (1)ever eaten[had] (2)hasn't, yet (3)Has, cut

❸ (1)yet / haven't (2)Has / has (3)Have, ever / haven't

❹ (1)watch TV until he comes
(2)Have you interviewed the actor yet?
(3)We're going to make some soup with fresh vegetables.
(4)Let's boil the potatoes for about five minutes.

❺ (1)彼(かれ)はもう駅に着き[到着(とうちゃく)し]ましたか。
(2)10分経ったので，カップ1杯の水を加えなさい。
(3)あなたは(たち)日本での滞在を楽しむと思います[楽しむと確信しています]。

WRITING Plus (1)(2) 例1 Yes, I have.
例2 No, I haven't[have not].

解説

❶ (1)「私はまだその本を読み終えていません」という文。現在完了形の否定文のyetは「まだ(～ない)」の意味。
(2)「あなたはこれまでにこのコンピュータを使ったことがありますか」という文。経験を表す現在完了形の疑問文で「これまでに」はeverで表す。
(3)ミス注意!「私は伊藤さんに一度も会ったことがありません。私は彼に会いたいです」という文。現在完了形の否定文で「一度も～したことがない」と言うときは，have[has]と動詞の過去分詞形の間にneverを置く。

❷ (1)「これまでに～したことがありますか」は経験を表す現在完了形の疑問文で表す。everは動詞の過去分詞形の前に置く。「食べたことがある」にはeatの過去分詞形eaten，またはhaveの過去分詞形hadを使う。
(2)空所の数より，has notの短縮形hasn'tを使う。完了を表す現在完了形の否定文では，yetを文末に置いて「まだ」と表す。
(3)ミス注意! 完了を表す現在完了形の疑問文。主語が3人称単数なのでhasを用い，〈Has＋主語＋動詞の過去分詞形 ～?〉の形にする。cutの過去分詞形はcut。

❸ (1)A「あなたはもうあなたの部屋を掃除(そうじ)しましたか」 B「いいえ，していません。今すぐやります」
(2)A「あなたの妹[お姉さん]はもうお皿を洗ってしまいましたか」 B「はい，洗ってしまいました。彼女(かのじょ)はそれを1時間前にやってしまいました」
(3)A「あなたはこれまでにニューヨークを訪れたことがありますか」 B「いいえ，ありません。私はいつかそこへ行きたいです」

❹ (1)「彼が来るまで」は，接続詞until「～まで」のあとに〈主語＋動詞〉を続けて表す。
(2)現在完了形の疑問文で使うyetは文末に置いて「もう(～しましたか)」の意味になる。
(3)「～を使って」はwithで表す。
(4)「～しましょう」なのでLet's ～で文を始める。「～をゆでる」はboil。「およそ5分間」はfor about five minutesで表す。

❺ (1)現在完了形の疑問文のyetは「もう(～してしまいましたか)」の意味になる。arrive at ～は「～に着く[到着する]」。
(2)ten minutes have passedは「10分が過ぎた」。addは「～を加える」。
(3)I'm sure ～.は「～だと確信している」。

WRITING Plus
(1)「あなたは家でカレーライスをつくったことがありますか」という問い。
(2)「宿題はしてしまいましたか」という問い。
(1)(2)とも現在完了形の疑問文。答えるときはYes, I have. / No, I haven't[have not]. となる。

ポイント **現在完了形の文でよく使われる語**
完了 just, already →動詞の過去分詞形の前
yet(疑問文，否定文)→文末
経験 ever(疑問文)，never →動詞の過去分詞形の前
before →文末

p.14～15 文法のまとめ

1 (1)made (2)played (3)been (4)written

(5) **tried** (6) **done**

2 (1) **Has / hasn't** (2) **ever / never[not]**

3 (1) **I have[I've] just cooked dinner.**

(2) **Have you ever heard of the news?**

(3) **Atsushi hasn't[has not] finished breakfast yet.**

4 (1) **My grandfather has never been to Tokyo.**

(2) **Has Yumi written a letter yet?**

(3) **Have you ever watched the TV program?**

(4) **She has just arrived here.**

5 (1)私の兄[弟]は一度も留学したことがありません。

(2)あなたはもう手紙を書いてしまいましたか。

(3)私の両親はすでに『ハリー・ポッター』シリーズを2回読みました。

6 (1) **I have been to Kyoto many times.**

(2) **The train has already arrived at the station.**

(3) **Have you washed your hands yet?**

《 解 説 》

1 すべて動詞の過去分詞形にする。(2)(5)は規則動詞。

(1) make の過去分詞形は made。

(3) be の過去分詞形は been。

(4) write の過去分詞形は written。

(5) try は y を i に変えて ed をつける。

(6) do の過去分詞形は done。

2 (1) ever があるので,「これまでに～したことがありますか」という現在完了形の疑問文にする。主語が3人称単数なので has を使う。

(2) been to ～とあるので,「これまでに～へ行ったことがありますか」という疑問文にする。答えの文は, never を使って「いいえ, 一度もそこへ行ったことはありません」とする。

3 (1)「私はちょうど夕食を料理したところです」という文にする。just は have と動詞の過去分詞形の間に置く。

(2)「あなたはこれまでにそのニュースを耳にしたことがありますか」という文にする。

(3) **ミス注意!** 「アツシはすでに朝食を終えました」を「アツシはまだ朝食を終えていません」という文にする。肯定文で使う already「すでに」を取り, 否定文の文末に yet「まだ(～していない)」を置く。

4 **ミス注意!** 現在完了形でよく使われる never, yet, ever, just などの語の位置に注意する。

5 (1) study abroad は「留学する」。

(3) twice は「2度」。

6 (1)「何度も」は many times。

(2)「～に到着する」は arrive at ～。arrive は規則動詞。

(3)「手を洗う」は wash one's hands。

ポイント been と gone の意味の違いに注意

・have[has] been to～「～へ行ったことがある」
→〈経験〉を表す。

・have[has] gone to ～「～へ行ってしまった」
→「行ってしまって今はもういない」という意味。〈完了〉を表す。

p.16 ステージ1

Wordsチェック (1)線 (2)～に近い

(3) **airport** (4) **stadium**

❶ (1) **tell** (2) **get** (3) **Take** (4) **change**

❷ (1)私の家の最寄り駅 (2)案内所

❸ (1) **Could you tell me how to get to**

(2) **The bookstore is close to the station.**

解 説

❶ (1)(2)「～への行き方を教えていただけませんか」と目的地までの行き方をたずねるときは, Could you tell me how to get to ～? と言う。

(4) change to ～「～に乗りかえる」。

❷ (1) closest は close「近い」の最上級。「～にいちばん近い駅」なので「～の最寄り駅」となる。

❸ (1)「～を教えていただけませんか」なので Could you tell me ～で文を始める。

(2) be close to ～は「～に近い」。

ポイント 目的地までの行き方をたずねる表現

Could you tell me how to get to ～?
「～への行き方を教えていただけませんか」

p.17 ステージ1

Wordsチェック (1)ご多幸をいのって,

(2)将来, 未来 (3) **dear** (4) **surprised**

❶ (1)親切で手助け (2)驚き(おどろ)ました

❷ (1) **Thank, for** (2) **hope, doing**

❸ (1) **for your help during my stay**

(2) **I am looking forward to meeting**

解説

❶ (1) kind は「親切な，やさしい」，helpful は「協力的な，助けてくれる」。

(2) be surprised that ～で「～ということに驚く」。

❸ (1) Thank you very much for ～. で「～に感謝します」という意味になる。during my stay は「(私の)滞在中に」。

(2) look forward to ～ing で「～するのを楽しみに待つ」。to のあとは動詞の -ing 形がくる。

p.18～19 ステージ2

❶ LISTENING ウ

❷ (1) **have** (2) **make** (3) **him** (4) **walk**

❸ (1) **to** (2) **haven't**

❹ (1) **Anne has already learned a lot about**

(2) **That news made Masae sad.**

(3) **I don't know where to stay.**

(4) **What do you call your father?**

❺ (1) **have you heard of her**

(2) **translated**

(3) イ

(4) 私は以前に日本語で『赤毛のアン』の本を読んだことがあります

(5) **I've also watched the TV series.**

❻ (1) **forward, meeting[seeing]**

(2) **tell, how**

❼ (1) **It is[It's] easy for me to get up early. [Getting up early is easy for me.]**

(2) **I've[I have] seen him before.**

(3) **People call the tower Tokyo Tower.**

解説

❶ LISTENING A「あなたはこれまでにニューヨークを訪れたことはありますか」B「いいえ。でも，ロンドンを訪れたことがあります」

> 音声内容
> A: Have you ever visited New York, Taro?
> B: No. But I've visited London.

❷ (1) 現在完了形の文は〈have[has]＋動詞の過去分詞形〉で表す。主語は We なので have になる。

(2) how to ～で「～の仕方」という意味になる。to のあとには動詞の原形。

(3) call のあとの目的語になる代名詞は目的格にする。

❸ (1) A「次に何をするのか知っていますか」
B「いいえ，知りません。教えてください」

(2) A「これまでにそのニュースを聞いたことはありますか」
B「いいえ，ありません」
A「本当ですか。私は昨日聞きました」

❹ (1) 現在完了形の文なので learn は過去分詞形の learned にする。

(2) 〈make＋人＋sad〉で「(人)を悲しくさせる」。

(3) 〈where to＋動詞の原形〉で「どこで～するのか」。

❺ (1) hear of ～で「～のことを耳にする」。

(2) 前に be 動詞があるので受け身の形にする。

(4) it は直前の文の the book (*Anne of Green Gables*)を指す。

(5) also の位置に注意。

❻ (1) ミス注意! look forward to ～ing は「～するのを楽しみに待つ」。「会う」は meet または see。

(2) 「～への行き方」は how to get to ～。

❼ (1) 〈It is ... (for＋人) to＋動詞の原形 ～.〉で表す。get up early は「早起きする」。

(2) 「～したことがある」なので現在完了形で表す。

p.20～21 ステージ3

❶ LISTENING イ

❷ (1) **how to get** (2) **Take, get off**

(3) **when to** (4) **is known**

❸ (1) **have** (2) **never[not]**

❹ (1) **Kana has already written a letter.**

(2) **Has the baseball game started yet?**

(3) **I have[I've] visited New York twice.**

❺ (1) **Have you tried seafood chowder**

(2) ② **had** ③ **cut** ⑦ **done**

(3) 私は野菜を水の入ったなべに入れました。

(4) ⑤ **until** ⑥ **add**

(5) (新鮮な)ロブスター，ハマグリ[アサリ]，魚，ホタテ，野菜

❻ (1) **Is it easy for you to write *kanji*?**

(2) **Have you used the Internet at school?**

❼ (1) **Please tell me when to visit your house / Tell me when to visit your house, please.**

(2) **It is[It's] important for me to enjoy my life.**

解説

❶ LISTENING 電車での行き方についての対話。Chuo Line，Yamate Line などの路線名や，fifth stop，third stop といった語句に注意して聞く。

音声内容
A : Could you tell me how to get to the library?
B : Sure. First, take the Chuo Line for Kitamachi. You have to change at the fifth stop. Then take the Yamate Line, and get off at the third stop. The library is near the station.
A : I see. Thank you very much.
Question : Where is the library?

❷ (1) Could you tell me how to get to ～? は目的地への行き方を聞くときの決まり文句。
(4) ミス注意! be known to ～「～に知られている」

❸ (1) A「歴史の授業のレポートは書き終えましたか」 B「はい，終わっています。昨日書きました」
(2) A「この本を1度読んだことがあります。あなたはどうですか」 B「私は一度も読んだことがありません。今週末に読んでみます」

❹ (1)(2)「完了」，(3)「経験」を表す現在完了形の文にする。それぞれ already，yet，twice を入れる位置に注意。

❺ (1) Have で始まる現在完了形の疑問文にする。try「試(ため)す」は try-tried-tried と変化する。
(2) すべて動詞の過去分詞形にする。②③⑦は次のように変化する。
② have → have-had-had
③ cut → cut-cut-cut
⑦ do → do-did-done
(3) them は直前の文の vegetables を指す。

❻ (1)〈It is ... (for＋人) to＋動詞の原形 ～.〉の疑問文にする。
(2) 現在完了形〈経験〉の疑問文にする。

❼ (1) when to visit ～で「いつ～を訪ねるべきか」。
(2)〈It is ... (for＋人) to＋動詞の原形 ～.〉で表す。

Lesson 2

p.22～23 ステージ1

Wordsチェック (1) トピック (2) 危険 (3) **he's** (4) **chosen** (5) **seen** (6) **human**

❶ (1) **has had** (2) **has lived**
(3) **have known**

❷ (1) **since** (2) **for** (3) **since**

❸ (1) **I have[I've] lived in Osaka since 2016.**
(2) **He has[He's] played the guitar for three years.**
(3) **How long have you known her?**

❹ (1) **has played tennis for a long time**
(2) **was late because of the traffic accident**
(3) **How long have you wanted a piano?**
(4) **has lived here for more than five years**

WRITING Plus (1) 例 **I have know her for two years.**
(2) 例 **Yes, I have. / No, I haven't[have not].**
(3) 例 **Yes, I have. / No, I haven't[have not].**

解説

❶ 〈have[has]＋動詞の過去分詞形〉にする。
(1) have の過去分詞形は had にする。
(2) live の過去分詞形は語尾に d をつける。
(3) know の過去分詞形は known にする。

❷ (1) 現在完了形〈継続〉の文で，「起点」を表す語句の前には前置詞 since を置く。
(2) 現在完了形〈継続〉の文で，「期間」を表す語句の前には前置詞 for を置く。
(3) ミス注意! 〈since＋主語＋動詞 ～〉で「～したとき以来(ずっと)」という意味を表す。この since は接続詞。

❸ すべて現在完了形〈継続〉の文にする。
(1)「私は2016年から大阪に住んでいます」
(2)「彼(かれ)は3年間ギターを弾(ひ)いています」
(3)「あなたはどのくらいの間彼女(かのじょ)を知っていますか」という文に。

❹ (1)「長い間」は for a long time。
(2)「～のせいで」は because of ～。
(3)「どれくらいの間」という疑問文なので How long ～で始める。
(4)「～以上」は more than ～。その前に期間を表す for をつけ，あとに「5年」five years を続ける。

WRITING Plus (1)「あなたはどのくらいの間あなたの親友を知っていますか」という質問。

(2)「あなたは小さいころからあなたの市に住んでいるのですか」という質問。

(3)「あなたは長い間何かペットを飼っていますか」という質問。

ポイント 現在完了形〈継続の用法〉

・〈have[has]＋動詞の過去分詞形〉で「ずっと～している」を表す

・〈for＋期間を表す語句〉「～間」

・〈since＋起点を表す語句や文〉「～(して)以来」

p.24～25 ステージ1

Wordsチェック (1)～時 (2)～を殺す

(3)結果として (4)～で死ぬ

(5)～に反対して (6) meat (7) century

(8) shock

❶ (1) have been playing (2) has been using

(3) has been studying

❷ (1) has been raining

(2) have been using

❸ (1)多くのワシがシカの肉を食べたことが原因で死んでいる

(2) poisoned

(3) As a result

(4) The situation has been improving since then.

(5)鉛(なまり)の銃弾(じゅうだん)，禁止された

❹ (1) has (2) working (3) known

(4) been studying

❺ (1) is killed by cars

(2) He has been developing tools to protect

(3) This movement should be know to many people.

解説

❶ すべて現在完了進行形〈have[has] been＋動詞の -ing 形〉「ずっと～している」の文にする。

(2)**ミス注意!** use は e をとって ing をつける。

❷ (1)主語が 3 人称単数なので，has を使って〈has been＋動詞の過去分詞形〉にする。

(2) use は e をとって ing をつける。

❸ (1) die from ～は「～が原因で死ぬ」。

(2)前に be 動詞，あとに by があるので，過去分詞形にして受け身の文にする。

(4)〈since＋起点を表す語句〉を使い，現在完了進行形で表す。

(5)本文 3～5 行目参照。

❹ (1)主語が 3 人称単数なので has。

(2)前に has been があるので，動詞の -ing 形を続け，現在完了進行形にする。

(3)**ミス注意!** know，love，live などの「状態」を表す動詞は，現在完了進行形にはしない。

(4)前に have，あとに〈for＋期間を表す語句〉が続いているので，現在完了進行形にする。

❺ (1)「～されている」なので受け身の文〈be 動詞＋動詞の過去分詞形〉。

(2)「道具を開発する」は develop tools。

(3)「～されるべき」は〈should be＋動詞の過去分詞形〉。

ポイント 現在完了進行形の文

・〈have[has] been＋動詞の -ing 形〉で「ずっと～している」を表す。

・現在完了〈継続〉の文と同様に，for や since といっしょに使われることが多い。

p.26～27 文法のまとめ

1 (1) since (2) for (3) since (4) for (5) for

2 (1) long，been / have been

(2) How long / I've known

3 (1) She has[She's] lived in Kyoto since she was born.

(2) I have[I've] been playing tennis for three hours.

(3) How long has she had a cat?

4 (1) My grandmother has lived in Yokohama for thirty years.

(2) The town has been changing a lot since

(3) How long have you been studying English?

(4) I haven't eaten anything for two

5 (1)私の兄[弟]は彼(かれ)らを 4 年間知っています。

(2)あなた(たち)はどのくらいの間[いつから]ピアノを弾(ひ)いていますか。

(3)その医者たちはそれ以来ずっと，多くの人々を治すためにとても一生懸命(けんめい)働いています。

6 (1) Have you lived in this city for a long time?

(2) We have been busy since this morning.

(3) I've been using this computer for two hours.

《 解説 》

1 継続を表す現在完了形と現在完了進行形で用いられる〈since＋起点を表す語句や文〉と〈for＋期間を表す語句〉の違い(ちが)に注意。
(3) since then は「それ以来」。

2 (1) A「あなたはどれくらいの間日本語を学んでいるのですか」B「私はそれを5年間学んでいます」の意味。Bが期間を答えているので How long ～「どのくらいの間～」とたずねる。動詞の -ing 形が続いているので現在完了進行形の文にすること。
(2) A「あなたはあなたの先生をどれくらいの間知っているのですか」B「私は彼を昨年から知っています」の意味。Bが起点を答えているので，How long ～「いつから～」とたずねる。空所の数より短縮形 I've を使って答える。

3 (1) since は接続詞としての働きもあり，〈主語＋動詞〉の前に置いて「～して以来」を表す。「彼女(かんじょ)は生まれたときからずっと京都に住んでいます」の意味。
(2)現在完了進行形は〈have[has] been＋動詞の -ing 形〉を使って表す。「私は3時間ずっとテニスをしています」の意味。
(3)期間をたずねるときは How long ～? を使う。「彼女はどのくらいの間ネコを飼っていますか」の意味。

4 (2)現在完了進行形の文で継続を表す。「大きく変わる」は change a lot。
(3)「どのくらいの間」とあるので How long ～で始める。
(4)現在完了形〈継続〉の否定文にする。not ～ anything で「何も～ない」。「2日間」は for two days。

5 (3) cure は「(人・病気)を治す」。

6 (1)現在完了形〈継続〉の疑問文にする。
(2)「ずっと忙(いそが)しい」は busy を用いて現在完了形で表す。
(3)「2時間」は期間を表す for を使う。

p.28～29 ステージ2

1 LISTENING ア
2 (1) **chosen** (2) **has** (3) **for** (4) **walking**
3 (1) **since** (2) **for**
4 (1) **Have you been here since yesterday?**
(2) **Lisa has liked Japanese since then.**
(3) **She has been working to help people.**
(4) **How long have you been playing soccer?**
(5) **Eagles have been facing a lot of danger.**
5 (1)私の祖父は北海道にずっと住んでいます
(2)②ア ④ウ
(3) **How long has he been there?**
(4) **has seen**
(5) 1. 人間 2. 多くの危険
6 (1) **on, of** (2) **As, result**
7 (1)トムは今朝からずっと彼のお父さんのコンピュータを使っています。
(2)あなた(たち)はどのくらいの間[いつから]病気なのですか。
8 (1) **How long have you lived in Japan?**
(2) **Natsumi has been watching TV for four hours.**

解説

1 LISTENING How long have you been ～ing? は「あなたはどのくらいの間～していますか」という意味。stay は「滞在する」。

音声内容
A: How long have you been staying at this hotel?
B: For three days.

2 (1) choose「選ぶ」の過去分詞形は chosen。

3 ミス注意! since は「～以来」で起点を表す。for「～の間」は期間を表す語句の前に置く。

4 (1)現在完了形〈継続〉の疑問文〈Have you＋動詞の過去分詞形 ～?〉。be を過去分詞形 been にかえる。「昨日から」は since yesterday。
(2)動詞 like はふつう進行形にしないため，「ずっと～が好きである」は現在完了形で表す。like を過去分詞形 liked にかえる。
(3)現在完了進行形の文。「人々を助けるために」は to help people。主語が3人称単数なので have を has にかえる。
(4)「どのくらいの間」は How long ～? でたずねる。語群に been があるので現在完了進行形〈have been＋動詞の -ing 形〉の疑問文にする。play を playing にかえる。
(5)「直面しています」は，語群に have と been

があるので現在完了進行形で表す。動詞 face「～に直面する」を facing にかえる。

5 (1)現在完了形〈継続〉「ずっと～している」の文。
(2)どちらも現在完了形〈継続〉の文。②あとに期間を表す語句が続いているので for「～間」，④あとに〈主語＋動詞〉で過去の文が続いているので接続詞 since「～して以来」が適する。
(3)「どのくらい長く」なので How long ～? に現在完了形の疑問文を続けて表す。
(5)アヤの最後の発言参照。

6 (1)「～の上に」は on top of ～。
(2)「その結果」は as a result。

7 (1)現在完了進行形の文なので「ずっと～している」と表す。
(2) How long ～? は「どのくらいの間～していますか」と期間を問う疑問文。

8 (1)「どのくらいの間～」とたずねる疑問文は How long ～で文を始める。
(2)「ずっと～している」と動作の継続を表す文なので，現在完了進行形の文にする。

p.30～31 ステージ3

1 LISTENING イ

2 (1) **Have, chosen** (2) **have, going to**
(3) **for centuries** (4) **movement against**
(5) **noticed that**

3 (1) **been, since** (2) **known, for**

4 (1) **We have lived in Taiwan since 2012.**
(2) **How long have they been staying in Sapporo?**
(3) **I have[I've] been busy since this morning.**
(4) **Tomo has been reading the book for thirty minutes.**

5 (1)あなたはその本をずっと読んでいます
(2) **since three o'clock**
(3) **Eagles have been flying over Hokkaido**
(4)銃弾(じゅうだん)によって殺されたため。

6 (1) **has already learned**
(2) **has seen[watched], times**
(3) **been cleaning, since**

7 (1) **I have[I've] lived in Kyoto for fifteen years.**
(2) **My teacher has been teaching English for more than four hours.**
(3) **How long has your sister been sleeping?**

解説

1 LISTENING 「ミキはいつピアノを弾(ひ)き始めましたか」という問い。for や since, when といった，期間や時を表す語句に注意して聞く。2文目で，「10年間ピアノを練習してきた」と言っているのでイが適切。

> **音声内容**
> Miki's dream is to be a pianist. She has practiced the piano for ten years. She started to play it when she was five years old. She wants to go abroad to study music in the future.
> *Question* : When did Miki start to play the piano?

2 (1)現在完了形の疑問文にする。「選ぶ」choose の過去分詞形は chosen。
(2)現在完了形の疑問文には have[has]を使って答える。
(3)「何世紀にもわたり」は for centuries で表す。century は「100年間」という意味。
(4)「活動」は movement，「～に反対して」は against。
(5)「～ということに気づく」は〈notice that＋主語＋動詞 ～.〉。notice は規則動詞。

3 (1) A「彼女(かのじょ)はどのくらいの間ケーキをつくっていますか」 B「彼女は昨夜からずっとそれをつくっています」 現在完了進行形の文〈have[has] been＋動詞の -ing 形〉で答える。
(2) A「あなたとトムはよい友達ですか」 B「はい。私は彼(かれ)を10年以上知っています」 現在完了形〈have[has]＋動詞の過去分詞形〉で表す。know はふつう進行形にはしない動詞。

4 (1)現在完了形〈have[has]＋動詞の過去分詞形〉を使って，「私たちは2012年以来台湾に住んでいます」という文にする。
(2)下線部が期間を表しているので，How long ～で文を始めて「彼(かれ)らはどのくらい[いつから]札幌に滞在(たいざい)していますか」という疑問文をつくる。
(3)現在完了進行形〈have[has] been＋動詞の -ing 形〉を使って，「私は今朝からずっと忙(いそが)しいです」という文にする。
(4)現在完了進行形〈have[has] been＋動詞の -ing

形〉を使って，「トモは 30 分間ずっと本を読んでいます」という文にする。

5 (1)現在完了進行形の文なので「ずっと〜している」という意味になる。
(2)「3 時から」は起点を表す since を用いる。
(3) have, flying に注目し，現在完了進行形の文にする。
(4)アヤの最後の発言参照。

6 (1)現在完了形〈完了〉の文。「すでに」は already 。
(2)現在完了形〈経験〉の文。see の過去分詞形は seen。「3 回」は three times。
(3)現在完了進行形の文。「4 時から」は起点を表すので since を使う。

7 (1)「ずっと〜に住んでいる」は現在完了形〈継続〉で表すことができる。
(2)「ずっと〜を教えている」は現在完了進行形で表す。「4 時間以上」は for more than four hours。
(3)「どのくらいの間」と期間をたずねる疑問文は How long 〜?。

Lesson 3 〜 Reading 1

p.32〜33 ステージ1

Wordsチェック (1)チアリーディング (2)〜を演じる (3)選手権 (4) **final** (5) **star** (6) **performance**

1 (1) **standing** (2) **crying** (3) **performing**

2 (1) **reading** (2) **studying English**
(3) **The girl making a cake**

3 (1) **Who is the girl speaking Chinese?**
(2) **The man walking with his dog is Mr. Takahashi.**
(3) **Look at the boy swimming in the pool.**

4 (1) **Who is that singing child?**
(2) **The teacher teaching English to us is from Canada.**
(3) **Look at the boy speaking English on**

5 (1) **hoping** (2) **perform** (3) **reporting**

6 (1) **playing basketball**
(2) **girl[woman, lady] reading**

解説

1 すべて「〜している」の意味で名詞を修飾(しゅうしょく)する動詞の -ing 形を選ぶ。
(2)動詞の -ing 形が単独で名詞を修飾するときは，名詞の前に置く。

2 「〜している女の子」は〈The girl＋動詞の -ing 形〉で表す。

3 (1) speaking 〜は the girl のあとに続ける。
(2) walking 〜は The man のあとに続ける。
(3)ミス注意！ swimming のあとに in the pool を加え，動詞の -ing 形で始まる語句のまとまりが後ろから the boy を修飾する形にする。

4 (1) singing は 1 語で名詞(child)を修飾するので，名詞の前に置く。
(2)「私たちに英語を教えている」teaching English to us が The teacher を後ろから修飾する。
(3)「英語を話している」speaking English が the boy を後ろから修飾する。

5 (1) hope「願う」を使って，進行形にする。
(2)前に to があるので「〜すること」は〈to＋動詞の原形〉で表す。「公演する」は perform。
(3)「報告します」はこれから「報告する」という意味になり，現在進行形で未来を表す。

6 名詞の後ろに動詞の -ing 形をつけて表す。

(1)「バスケットボールをしている」は playing basketball。

(2)「本を読んでいる」は reading a book。「木の下で」は under the tree。

ポイント 名詞を説明する動詞の -ing 形

「～している…」

・〈名詞＋動詞の -ing 形＋語句〉

・〈動詞の -ing 形＋名詞〉

p.34～35 ステージ1

Wordsチェック (1)キログラム (2)～に連絡(れんらく)する (3) pick (4) forgot

❶ (1) letter written (2) a dish washed
(3) This is a room cleaned by Kumi.

❷ (1) playing (2) known

❸ (1)日本中で読まれ(てい)るマンガ本
(2)そのレストランで出され(てい)るカレーライス

❹ (1) My father wants a car made in America.
(2) This is a picture taken in Okinawa.
(3) Used computers are not so expensive.
(4) Australia is a country visited by many people.

❺ (1) Type, into (2) First, need
(3) per hour (4) up to

WRITING Plus (1) 例1 Yes, I do.
例2 No, I don't.
(2) 例1 Yes, I do. 例2 No, I don't.

解説

❶ 名詞を修飾(しゅうしょく)する「～された[されている]」は動詞の過去分詞形で表す。

❷ (1)「サッカーをしている少年」なので動詞の -ing 形。
(2)「世界中で知られている俳優」なので動詞の過去分詞形。

❸ (1) **ミス注意!** read all over Japan が comic books を修飾している。この read は動詞の過去分詞形。
(2) served at the restaurant が The curry and rice を修飾している。

❹ (1)「アメリカ製の」は「アメリカでつくられた」made in America と考え，後ろから a car を修飾する。
(2)「沖縄で撮(と)られた」taken in Okinawa が後ろからの a picture を修飾する。
(3)「中古の」は「使われた」と考える。used が 1 語で名詞(computers)を修飾するので，名詞の前に置く。
(4)「訪問される国」は名詞 a country のあとに〈動詞の過去分詞形＋語句〉を続ける。

❺ (1)「～にタイプする」は type ～ into ...。
(2)「まず始めに」は first を使う。「次に」は next,「それから」は then もあわせて覚えておこう。
(3) per ～「～につき」を使って表現する。「1 秒につき(秒速)」は per second,「1 分につき(分速)」は per minute,「1 時間につき(時速)」は per hour となる。
(4)「～まで」は up to ～。

WRITING Plus (1)「あなたは夏目漱石(なつめそうせき)が書いた本を何か持っていますか」という問い。
(2)「あなたはデパートで売っているケーキを食べたいですか」という問い。

ポイント 名詞を説明する動詞の過去分詞形

「～された…」

・〈名詞＋動詞の過去分詞形＋語句〉

・〈動詞の過去分詞形＋名詞〉

p.36～37 ステージ1

Wordsチェック (1)国際的な (2)いろいろな (3)行進する (4)～にわたって (5) aim (6) group (7) culture (8) interview

❶ (1) Ryo read (2) a guitar Ryo bought
(3) This is a bag Ryo used yesterday.

❷ (1)ジロウが毎日使うコンピュータ
(2)私が昨日会った女の子
(3)彼女(かのじょ)が今つくっている美しいドレス

❸ (1) many people (2) cooks (3) Mike took

❹ (1) The gift my father gave me was a bag.
(2) about the place you visited last month

❺ (1) thousands of (2) One of (3) through
(4) able to (5) How colorful

❻ (1) I like (2) seen twice

解説

❶「－が～した」は〈主語＋動詞 ～〉の形で名詞のあとに置く。「昨日」なので動詞はすべて過去形となる。

2 前の名詞を修飾する〈主語＋動詞 ～〉の部分から先に日本語になおしていく。動詞の時制にも注意する。

(1)現在形なので「ーが～する」となる。

(2)過去形なので「ーが～した」となる。

(3)現在進行形なので「ーが～している」となる。

3 〈名詞＋動詞の過去分詞形 ～〉を〈名詞＋主語＋動詞 ～〉で表す。1つ目の文の〈by ～〉で示されている語句を主語にして書きかえる。

(1)「多くの人々によってプレーされるスポーツ」→「多くの人々がプレーする」

(2)「母によってつくられるクッキー」→「母がつくるクッキー」

(3)「マイクによって撮られた写真」→「マイクが撮った写真」

4 (1)**ミス注意!**「父が私にくれた」my father gave me が後ろから The gift を修飾する。

(2)「あなたが先月訪れた」you visited last manth が the place を修飾する。

5 (1)「何千もの～」は thousands of ～。

(2)「～の1つ」は one of ～。

(3)「～を通して」は through ～。

(4)「～できる」は be able to ～を使って表す。

(5)「なんて～なんだろう！」という〈How＋形容詞！〉の感嘆文で表す。

6 あとの文の it は，1文目の名詞を指す。(1)は the song，(2)は the movie の後ろに2文目の〈主語＋動詞 ～〉を置く。

ポイント **名詞を説明する〈主語＋動詞 ～〉**
「ーが～した…」〈名詞＋主語＋動詞 ～〉

p.38～39 《 文法のまとめ

[1] (1) **found** (2) **studying** (3) **gave** (4) **written**

[2] (1) **like** (2) **held**

[3] (1)私が昨日買ったセーター
(2)イヌを散歩させている人々

[4] (1) **broken by** (2) **flying** (3) **taken**

[5] (1) **The girl speaking English well lived**
(2) **The boy called Shun is my brother.**
(3) **The man talking with my mother teaches**
(4) **I have seen the actor you like the best.**
(5) **The dog playing with my brother is our pet.**

[6] (1) **sent** / ボブは彼(かれ)のお父さんから送られた手紙を読んでいます。
(2) **riding** / 新しい自転車に乗っているその少年はケンタです。

[7] (1) **He has a computer I want to buy[get].**
(2) **The girls dancing on the stage are very popular.**

《 解 説 》

[1] (1)「机の下で見つけられた」とするため動詞の過去分詞形を用いる。

(2)「中国語を勉強している友達」なので動詞の -ing 形を用いる。

(3)「ジムが私にくれた本」なので a book を〈主語＋動詞 ～〉で修飾する。

(4)「英語で書かれた手紙」なので動詞の過去分詞形を用いる。

[2] (1)「あなたがいちばん好きな」you like the best が後ろから the song を修飾する。

(2)〈名詞＋動詞の過去分詞形〉で「～された…」の形にする。hold の過去分詞形は held。

[3] (1)名詞 a sweater の後ろに〈主語＋動詞 ～〉の形で説明が続いている。

(2) walking their dogs が名詞 many people を説明している。

[4] (1)「これはカップです。それはタクヤによって割られました」→「これはタクヤによって割られたカップです」

(2)「その鳥を見て。それは木の上を飛んでいます」→「木の上を飛んでいるその鳥を見て」

(3)「リサは彼女の兄[弟]が撮(と)った何枚かの写真を私に見せてくれました」→「リサは彼女の兄[弟]によって撮られた何枚かの写真を私に見せてくれました」

[5] (1)「英語をじょうずに話しているその少女」を〈名詞＋動詞の -ing 形〉で表す。

(2)「シュンと呼ばれている少年」を〈名詞＋動詞の過去分詞形〉で表す。

(3)「母と話しているその男性」を〈名詞＋動詞の -ing 形〉で表す。

(4)「私は～したことがあります」は現在完了形で表す。「いちばん好きな俳優」は〈名詞＋主語＋動詞 ～〉の形にする。

(5)「弟と遊んでいるイヌ」は〈名詞＋動詞の -ing 形〉で表す。

6 (1) a letter と send の関係から，〈名詞＋動詞の過去分詞形〉で「彼のお父さんから送られた手紙」とする。send の過去分詞形は sent。
(2)名詞 The boy を「新しい自転車に乗っている」という意味で説明するので動詞の -ing 形にする。

7 (1)「私が買いたいコンピュータ」を〈名詞＋主語＋動詞 ～〉で表す。
(2)主語の「そのステージで踊(おど)っているその少女たち」は〈名詞＋動詞の -ing 形 ～〉で表す。

ポイント 後置修飾
・「～している…」〈名詞＋動詞の -ing 形 ～〉
・「～された…」〈名詞＋動詞の過去分詞形 ～〉
・「－が～する[した，していた…]」〈名詞＋主語＋動詞 ～〉

p.40 ステージ1

Wordsチェック (1)便利な
(2)値段が手頃な (3)目覚める (4) **fun**

❶ (1) **loves** (2) **First, Next**
(3) **Give, call**

❷ ① **news** ② **there's** ③ **sale**
④ **easy** ⑤ **Get**

解説

❶ (1)「みんな大好き～」は Everybody loves ～. で表す。everybody は 3 人称単数なので，動詞に s をつける。
(2)順序を説明するときの表現として，first「まず，最初に」，next「次に」，finally「最後に」を覚えよう。
(3)「お電話を」は命令文で表す。

❷ ②「～がある」は there's ～を使って表す。
④「使いやすい」は easy to use で表す。

ポイント CM や広告でよく使われる表現
・Get yours now! 「今すぐ手に入れて！」
・Give a call today! 「今日中にお電話を！」
・First, ～.「まず～」 Next, ～.「次に～」
Finally, ～.「最後に～」

p.41 Try! READING

Question
(1)あなたはこれまでに『ローマの休日』や『マイ・フェア・レディ』を見たことはありますか。
(2)② **more than** ④ **took over**
(3) **when she was young**
(4) **1. It[Her job] was an actress.**
2. She was ten (when her mother took her to the Netherlands).

Word Box BIG
1 (1)女優 (2)オランダ (3)軍隊 (4)ドイツの
(5)～だけれども (6)バレリーナ (7) **rich**
(8) **safe** (9) **left** (10) **thought**

解説

Question
(1)現在完了形〈経験〉の疑問文なので「これまでに～したことはありますか」と表す。
(2)④「～の支配権を得る」は take over ～。ここでは過去形にする。
(3) when を接続詞として使い，「彼女(かのじょ)が若かったときに」という意味にする。
(4) 1.「オードリーの仕事は何でしたか」という問い。本文 3 行目参照。
2.「母親がオードリーをオランダに連れていったとき，彼女は何歳(さい)でしたか」という問い。本文 7 ～8 行目参照。

p.42～43 Try! READING

Question
(1)① **spending** ② **married** ⑧ **grew**
(2)戦争について心配する必要がなかった
(3)④ **as much time as she could**
⑨ **what UNICEF meant to children**
(4)⑤ **when** ⑦ **After**
(5) **at war**
(6) 1. 時間を過ごすこと
2. 子どもたちのために働くこと
3. 食べもの，薬
(7)戦争，飢(う)え
(8) **1. She bought a house.**
2. She started to work with UNICEF.

Word Box BIG
1 (1)経験 (2)使命，天命 (3)息子 (4)～を守る
(5) **war** (6) **medicine** (7) **receive** (8) **bloom**
2 (1) **suffered from** (2) **don't have[need] to**
(3) **felt** (4) **meant** (5) **because of**
(6) **made, on**

解説

Question

(1)①「〜と時間を過ごすこと」という意味になるよう，動詞の -ing 形にする。

②⑧文の後半に合わせて過去形にする。grow の過去形は grew。

(2)直後の because 以下を参照。

(3)④「できる限り多くの〜」は〈as much 〜 as 主語＋can〉。

⑨「〜が何を意味するか」は〈what＋主語＋動詞〜〉の形で表せる。この主語は UNICEF，動詞は mean の過去形 meant。「子どもたちにとって」は to children。

(4)前後の文脈から適する接続詞を選ぶ。

⑤「彼(かれ)らが必要としたとき」

⑦「息子たちが成長したあと」

(6) 1. 本文 1 行目参照。

2. 本文 8 行目参照。

3. 本文 10〜11 行目参照。

(7)本文 9〜10 行目参照。

(8) 1.「ヘプバーンは結婚したあとスイスで何を買いましたか」という問い。本文 1〜2 行目参照。

2.「ヘプバーンは 1988 年に何をし始めましたか」という問い。本文 9 行目参照。

Word Box BIG

2 (1)「〜に苦しむ」は suffer from 〜。

(2)「〜しなくていい」＝「〜する必要がない」は don't have[need] to 〜で表す。

(3)「〜と感じる」は〈feel (that)＋主語＋動詞〉の文で表す。feel の過去形は felt。

(4)「〜の意味」は，「〜が何を意味するか」と考え，〈what 〜 mean〉という形で表すことができる。この文は過去形なので，mean を過去形 meant にする。

(5)「〜のために」は because of 〜で表す。

(6)「〜に深い感銘(かんめい)を与(あた)える」は make a deep impression on 〜。

p.44〜45 ステージ2

1 LISTENING (1)オ (2)ク (3)カ (4)ウ

2 (1) **talking** (2) **visited** (3) **playing** (4) **taken**

3 (1) **Soccer is a sport loved**

(2) **the boy reading a book under that tree**

(3) **The cake he brought to the party**

4 (1) **aim** (2) **have**

5 (1) **The girl wearing yellow ribbons is**

(2)② **hoping** ③ **jumping**

(3) **star**

(4) **1. Yes, they[it] did.**

2. She wants to perform at NBA games.

6 (1) **living** (2) **built** (3) **Yumi painted**

7 (1) **The girl dancing to the music is Haruka.**

(2) **This is the bag he bought[got] yesterday.**

(3) **The woman I saw there looked like my sister.**

解説

1 LISTENING (1)(3)は「〜している…」の〈名詞＋動詞の -ing 形 〜〉，(2)(4)は「〜される[された]…」の〈名詞＋動詞の過去分詞形 〜〉の形。

(1) wash the dishes は「皿を洗う」。

(4) a library built a hundred years ago は「100 年前に建てられた図書館」。

> **音声内容**
> (1) The boy washing the dishes is Makoto.
> (2) The book written in English is Mary's.
> (3) This is a shop selling fruits and vegetables.
> (4) This is a library built a hundred years ago.

2 ミス注意! (1)(3)は「〜している…」なので動詞の -ing 形に，(2)(4)は「〜される[された]…」なので動詞の過去分詞形にする。

3 (1)「愛されている」なので動詞の過去分詞形を使う。

(2)「読んでいる」なので動詞の -ing 形を使う。

(3)〈名詞＋主語＋動詞〉の形。過去の文なので動詞は過去形にする。

4 (1)「目的」は aim。

(2)「一度も〜したことがない」は現在完了形の否定文〈have＋never＋動詞の過去分詞形〉で表す。

5 (1)「〜している…」なので〈名詞＋動詞の -ing 形 〜〉で表す。

(2)②前に be 動詞があることと，前後の文脈から判断して，動詞の -ing 形にして現在進行形の文にする。

③ The girl を後ろから「中心で高くジャンプし

ている」と説明する文にするので，動詞の -ing 形にする。

(4) 1.「J ドルフィンズは去年世界選手権で優勝しましたか」という問い。本文 2 行目参照。

2.「モリサクラは将来何をしたいと思っていますか」という問い。本文最後の 1 文参照。

6 (1)(2)動詞の -ing 形，動詞の過去分詞形で表し，2 文を 1 文にする。

(3) ミス注意! The picture を後ろから〈動詞の過去分詞形＋by＋人〉で説明する文の形から，〈主語＋動詞 ～〉で説明する形にする。

7 (1)「音楽に合わせて踊(おど)っている女の子」を〈名詞＋動詞の -ing 形 ～〉で表す。

(2)「彼が昨日買ったかばん」を〈名詞＋主語＋動詞 ～〉で表す。

(3)「～に似ている」は look like ～。

p.46~47 ステージ3

1 LISTENING ア

2 (1) **more than** (2) **Although**

(3) **suffering from**

3 (1) **painted by** (2) **working** (3) **he asked**

4 (1) **These are the pictures my grandfather took in**

(2) **a present I got from a friend in New Zealand**

(3) **The people we met during our trip were very kind.**

5 (1) **Did you forget to bring your lunchbox to your office today?**

(2) **This is a drone made for people**

(3) **easily**

(4) **connected**

(5) **1.** 接続されているスマートフォン

2. スマートフォンのアプリ

3. 家，弁当箱

6 (1) **I bought[got] two books written in English.**

(2) **The plane flying in the sky looked like a bird.**

(3) **The restaurant they were talking about was very popular.**

7 (1)あなたがパーティーで着ていたハロウィーンの衣装はとても怖(こわ)かったです。

(2)ヘプバーンはインタビューで「与(あた)えることは生きることです」と言いました。

(3)彼(かれ)はここに来ることができてとてもわくわくしています。

解説

1 LISTENING 「先週私は父が書店で買ってきてくれた本を読んだ」とあるので，本を読んでいる絵を選ぶ。

> **音声内容**
> I'm Toru. Last week, I read a book my father bought at the bookstore. The story was about Audrey Hepburn. She was a famous actress. Later in her life, she worked with UNICEF. She died of cancer in 1993.
> *Question :* What did Toru do last week?

2 (1)「～以上」は more than ～。

(2)「～だけれども」は although ～。

(3)「～に苦しむ」は suffer from ～。前に be 動詞があるので過去進行形で表す。

3 (1)「ケントによって描(か)かれた絵」の意味になる。the picture を〈動詞の過去分詞形＋by＋人〉で後ろから修飾する。

(2)「この病院で働いている医者たち」という意味になる。The doctors を動詞の -ing 形で後ろから修飾する。

(3)「彼によってたずねられた質問」を「彼がたずねた質問」と書きかえる。〈名詞＋主語＋動詞〉で表す。

4 (1) the pictures を〈主語＋動詞 ～〉で後ろから修飾(しゅうしょく)する。

(2) a present を〈主語＋動詞 ～〉で後ろから修飾する。

(3) The people を〈主語＋動詞 ～〉で後ろから修飾する。

5 (1)肯定文の形に「?」がついている形を通常の疑問文にする。過去形の文なので Did you ～で始め，forgot を原形 forget にする。

(2)「つくられたドローン」は〈名詞＋動詞の過去分詞形 ～〉の形で表す。

(4) a smartphone を後ろから「～された…」と修飾する形にする。動詞の過去分詞形 connected に。

(5)本文 3～5 行目参照。

6 (1) write の過去分詞形が books を後ろから修飾する形にする。

(2) fly の -ing 形が The plane を後ろから修飾する形にする。

(3) ミス注意 〈主語＋動詞 ～〉が restaurant を後ろから説明する形にする。「彼らが話していた」とあるので they were talking と過去進行形にする。

7 (1) scary は「怖い」。

(2) Giving is like living. は「与えることは生きることです」の意味。この like は「～のような」という意味の前置詞。

Lesson 4

p.48～49 ステージ1

Wordsチェック (1)優勝者 (2) **athlete**

1 (1) **who dances** (2) **who runs**

(3) **the boy who studies**

2 (1) **who** (2) **who speaks**

(3) **who helped, was**

3 (1) **I know the boy who is talking to Reina.**

(2) **The girl who took this photo lives in Canada.**

4 (1) **Do you know that girl who is dancing well?**

(2) **The teacher who teaches math to us is**

(3) **I like that actor who has long hair.**

5 (1) **have never heard** (2) **was, called**

(3) **began to call**

6 (1) **famous**

(2) **has been[started], champion**

(3) **who can jump**

解説

1 ミス注意 人を表す名詞(＝先行詞)のあとに〈who＋動詞～〉を続ける。すべて主語が３人称単数で現在の文なので，動詞は s，es をつけた形にする。

2 すべて関係代名詞 who を使って１文にする。(1)は They を，(2)(3)は She を who にかえ，説明を加えたい語(人を表す名詞＝先行詞)のあとに続ける。

3 (1) the boy を動詞の -ing 形で後置修飾している文を，主格の関係代名詞 who を使って書きかえる。

(2) She を主格の関係代名詞 who にかえ，先行詞 The girl のあとは〈who＋動詞 ～〉として続ける。

4 (1) That girl「あの少女」に後ろから「じょうずに踊っている」という説明を〈who＋動詞 ～〉の形で加える。

(2) the teacher「先生」の後ろから「私たちに数学を教えている」という説明を〈who＋動詞 ～〉の形で加える。

(3)「髪の長い」は「長い髪を持っている」と考える。

5 (1)「一度も耳にしたことがない」は never を使

った現在完了形の否定文で表す。「～のことを耳にする」は hear of ～。

(2)「呼ばれていた」は過去形の受け身で表す。

(3)「～し始める」は begin[start] to ～。begin の過去形は began。

❻ 主格の関係代名詞の who を使って，それぞれの人物を説明する文にする。

(1)「ヒロは世界中で有名なピアニストです」という文にする。「有名な」は famous。

(2)「長い間ずっと優勝している」を，champion「優勝者」を使って現在完了形で表す。「ユミはずっと長い間優勝者でいます」となる。

(3)「～できる」なので can を使う。「トムは遠くに跳べる運動選手です」

ポイント 関係代名詞 who のはたらき
人を表す名詞(＝先行詞)に〈who＋動詞 ～〉を続けて「どんな人か」と説明を加えることができる。

p.50～51 ステージ1

Wordsチェック (1)～を元気づける
(2)運動競技の (3)すばらしい (4)負傷した
(5) **university** (6) **female**

❶ (1) **which** (2) **who** (3) **which**

❷ (1) **which** / 大きな庭のある家
(2) **which has** / 長い耳を持つイヌ
(3) **which teach me** / 私に日本の歴史を教えてくれる本

❸ (1) **I saw an elephant which was eating bananas.**
(2) **He has a watch which was given by his grandfather.**
(3) **I read a book which was written by Natsume Soseki.**

❹ (1) **This is the song which was popular**
(2) **The cake which is sold at this shop is**
(3) **the notebook which was on the table**
(4) **It sounds like a difficult sport.**

❺ (1) **According to** (2) **does, mean**
(3) **Let me** (4) **only, but**

解 説

❶ (1)(3)説明を加える名詞(＝先行詞)が人以外なので which を使う。

(2)説明を加える名詞(＝先行詞)が人なので which ではなく who を使う。

❷ 2文目の主語 It または They を主格の関係代名詞 which に置きかえ，1文目の説明を加える名詞(＝先行詞)のあとに続ける。

(1) 1文目の a house を先行詞とする。

(2) 1文目の a dog を先行詞とする。

(3) 1文目の books を先行詞とする。

❸ (1)ミス注意! 動詞の -ing 形による後置修飾を〈主格の関係代名詞＋動詞 ～〉の文にする。文全体の時制(過去形)に合わせて，関係代名詞に続く動詞の時制は過去進行形にする。

(2) a watch を先行詞とする。

(3)もとの文の2文目が受け身なので，関係代名詞のあとに受け身〈be 動詞＋動詞の過去分詞形〉を続ける。

❹ (1) the song を先行詞とし，〈which＋動詞 ～〉で説明を加える。

(2)「この店で売られているケーキ」がこの文の主語となる。

(3)「テーブルの上にあったノート」がこの文の主語となる。

(4)「～ようだ」は sound like ～。

❺ (1)「～によると」は according to ～。

(2) mean「～を意味する」を使う。

(3)「～させる」は let。have a look で「見る」。

(4)「～だけでなく…もまた」は not only ～ but also ...。

ポイント 主格の関係代名詞と先行詞
・先行詞が人 → who(that)
・先行詞が人以外 → which(that)

p.52～53 ステージ1

Wordsチェック (1)勝利 (2)自信 (3)集中する
(4) **record** (5) **official** (6) **broken**

❶ (1) **that, took** (2) **that I** (3) **that I**
(4) **that I asked**

❷ (1) **that** (2) **that**

❸ (1)私がよく家族と訪れるレストラン
(2)ケンタが昨日見た映画
(3)あなたが好きなその女性

❹ (1) **These are the books which I read**
(2) **anything about the sport that I like**
(3) **Have you ever seen the movie that I like?**

❺ (1) **at, age** (2) **one of** (3) **been studying**

❻ (1) **encourages young**

(2) **made, more famous**

(3) **Being able to play**

解説

❶ 2つ目の文の(1) them, (2) it, (3) her, (4) him を，それぞれ that に置きかえて文頭に出す。説明を加える名詞(＝先行詞)のあとに関係代名詞 that を入れる。that のあとは〈主語＋動詞 ～〉の形になる。

❷ (1)先行詞は「人」なので，which は使えない。
(2)先行詞は「もの」なので，who は使えない。

❸ that 以下を先に訳し，「～が…する[した]―」という意味のまとまりをつくる。

❹ (1)先行詞 the books に which I read「私が読んだ」と後ろから説明を加える。
(2)先行詞 the sport に that I like「私が好きな」と後ろから説明を加える。
(3)先行詞 the movie に that I like と後ろから説明を加える。「～したことがありますか」なので現在完了〈経験〉の疑問文にする。

❺ (1)「～歳のとき」は at the age of ～。
(2)「～の1つ」は one of ～。
(3)現在完了進行形で表す。

❻ (1)「～を勇気づける」は encourage ～。先行詞 the song が3人称単数で現在の文なので encourages とする。
(2)〈make＋人[もの]＋形容詞〉「(人[もの])を～の状態にする」を使って表す。「より有名に」なので比較級 more famous とする。
(3)「～ができるということ」を主語にする。be able to ～「～できる」を動名詞にして，being able to ～とする。

ポイント 目的格の関係代名詞と先行詞
・先行詞が人 → that(who)
・先行詞が人以外 → that(which)

p.54～55 文法のまとめ

1 (1) **who** (2) **which** (3) **that**

2 (1) **who[that] has** (2) **which[that], uses**

3 (1) **The boy who is walking a dog is**
(2) **The elephant which came from Africa is popular**
(3) **The man that I asked the way**
(4) **Tell me about the movie that you saw**

4 (1) **who[that] has**
(2) **introduced**
(3) **we cleaned**

5 (1)あなたが先週の日曜日に買ったかばん
(2)この病院で働いている医者
(3)私が日本で会ったすべての人

6 (1) **The computer that I bought[got] was expensive.**
(2) **He is an actor who makes us happy.**
(3) **The book which Kenta has is interesting.**

解説

1 (1)先行詞は「人」。
(2)(3)先行詞は「もの」。

2 (1)「青い目をした」は「青い目を持った」と考える。先行詞が「人」なので主格の関係代名詞 who[that]を使う。
(2)先行詞が「もの」なので目的格の関係代名詞 which[that]を使う。my brother は3人称単数なので，関係代名詞のあとの動詞には s をつける。

3 (1)～(3)説明される名詞を見つけ，すぐあとに関係代名詞を置く。そのあとに日本文と照らし合わせて〈(主語＋)動詞 ～〉の説明を組み立てる。
(4)目的格の関係代名詞が省略されている。

4 (1) 1文目の with ～は「～を持っている」の意味なので have[has]で書きかえる。
(2)「パーティーでシンジによって紹介(しょうかい)された女の子」を，the girl のあとに〈主語＋動詞 ～〉を続けて「シンジがパーティーで紹介した女の子」とする。
(3) **ミス注意!** 受け身の形の「私たちによって掃除(そうじ)された部屋」を，〈名詞＋主語＋動詞 ～〉の形で「私たちが掃除した部屋」と書きかえる。

5 (1)(2)関係代名詞((1)は which，(2)は who)以下の説明の部分から日本語になおす。
(3) All the people that I met in Japan までが主語。

6 (1)「コンピュータ」を先行詞とし，「私が買った」と後ろから説明を加える。
(2)「俳優」を先行詞とし，「私たちを幸せにしてくれる」と後ろから説明を加える。
(3)「本」を先行詞とし，「ケンタが持っている」と後ろから説明を加える。

p.56～57 ステージ2

❶ LISTENING (1)ウ (2)ク (3)ケ (4)オ (5)エ

❷ (1) **who** (2) **which** (3) **which**

3 (1) **who[that] has**
(2) **that[which], bought**
(3) **which[that] has**
4 (1) **only** (2) **Being able to**
5 (1)① **heard** ③ **won** ④ **called**
(2)金メダルを勝ち取った陸上競技の選手です
(3) **1. Hop, step, and jump**
2. 元の名前が長すぎると感じたから。
6 (1) **This is the computer which I use**
(2) **The woman that my sister talked to is her teacher.**
(3) **a letter to the friend who helped me**
7 (1) **The foreign languages which[that] he can[is able to] speak are Chinese and English.**

解説

1 LISTENING (1)「こちらは病院で働いている人です」
(2)「これは長い腕を持つ動物です」
(3)「これは春に見られるものです」
(4)「これはコアラで有名な国です」
(5)「これはテニスをするときに使うものです」

> **音声内容**
> (1) This is a person who works at a hospital.
> (2) This is an animal that has long arms.
> (3) This is something that we can see in spring.
> (4) This is a country which is famous for its koalas.
> (5) This is something which we use when we play tennis.

2 (1)先行詞 the boy は「人」なので主格の関係代名詞 who を使う。
(2)先行詞 the bus は「もの」なので主格の関係代名詞 which を使う。
(3)先行詞 The dog は動物(人以外)なので，主格の関係代名詞 which を使う。
3 (1) 1 文目の with は「～を持っている」の意味。have[has]で書きかえる。
(2)「そのシャツはすてきです。トムがそれを買いました」→「トムが買ったそのシャツはすてきです」
(3)「私はイヌを飼っています。それは足が短いです」→「私は足が短いイヌを飼っています」
4 (1)「～だけでなく…もまた」は not only ～ but also …。
(2)「～できる」は be able to ～。主語を動名詞で表す。
5 (1)①前に haven't があるので過去分詞形にして現在完了形の文にする。
③過去形の疑問文に対する答えの文なので，「彼(かれ)は三段跳びで勝ちました」と過去形で表す。
④前に be 動詞 was があるので過去分詞形にして受け身の形にする。
(3)ケンタの最後の発言参照。
6 (1)「私が毎日使うコンピュータ」の部分を関係代名詞を使って表す。
(2) ミス注意! 主語になる「姉が話しかけた女性」を関係代名詞を使って表す。
(3)「私を助けてくれた友達」を関係代名詞を使って表す。
7 (1)「中国語と英語」という 2 つの言語なので，先行詞は The foreign languages と複数形にする。続く be 動詞は are を用いる。

p.58～59 ステージ3

1 LISTENING ア
2 (1) **that[which], wrote**
(2) **that[which], cooks**
(3) **Juri recommended**
3 (1) **Is the computer which you bought popular?**
(2) **The song that she sang was my favorite one.**
(3) **Canada is the most beautiful country that I have ever visited.**
(4) **Show me the picture which you painted**
4 (1) **concentrate** (2) **terrific**
5 (1) **a magazine which has many photos of American football players**
(2) **have a look**
(3)③ **says** ④ **does** ⑥ **doing**
(4) **1.** 初めての女性，**2.** 初めての日本人
6 (1)彼(かれ)は 18 歳(さい)のとき，国際大会で優勝しました。
(2)彼女(かのじょ)はいつも友達が走る練習をするとき元気づけています。
7 (1) **The language which is used in the country is difficult.**

(2) **The book that I read made me excited.**

(3) **The girl who took this photo [picture] is my cousin.**

解 説

1 LISTENING 人間を助けるロボットについて話している。

音声内容

A : Do you know any robots which help people?
B : What do you mean, Kate?
A : Well, there are robots that help people who need special care.
B : In the future, we will be able to study and work with them.
Question : What kind of robot is Kate talking about?

2 ミス注意 「〜によって…された[される]—」を「〜が…した[する]—」で表す。

(1)「これは昨日マイクによって書かれたレポートです」→「これは昨日マイクが書いたレポートです」

(2)「私の父によって毎週土曜日につくられる夕食はおいしいです」→「私の父が毎週土曜日につくる夕食はおいしいです」

(3)「私はジュリによって勧(すす)められた本を読んでいます」→「私はジュリが勧めた本を読んでいます」

3 (1)「あなたが買った」なので buy は過去形にする。

(2)「彼女が歌った歌」を関係代名詞 that を使って表す。sing の過去形は sang。

(3) ミス注意 「もっとも美しい国」は the most beautiful country とする。「これまでに訪れた」現在完了形で表す。

(4)「あなたが先週描(か)いた絵」を関係代名詞 which を使って表す。paint は過去形にする。

4 (1)「〜に集中する」は concentrate on 〜。

(2) t で始まる「すばらしい」は terrific。

5 (1) a magazine を先行詞にして主格の関係代名詞〈which＋動詞 〜〉で説明を加える。

(3)③④それぞれ It, that が主語なので，3 人称単数現在の形にする。

⑥前に be 動詞，あとに now があるので，現在進行形の文。

6 (1) competition「大会」, at the age of 〜は「〜歳のとき」。

(2) cheer up 〜は「〜を元気づける」。

7 (1)主語になる「その国で使われる言語」は受け身の形を使って〈名詞＋関係代名詞＋be 動詞＋動詞の過去分詞形 〜〉で表す。

(2)主語になる「私が読んだその本」は関係代名詞 that で表す。〈make＋人＋形容詞〉「人を〜(の状態)にする」で「私をわくわくさせる」を表す。

(3)主語になる「この写真を撮(と)った少女」は関係代名詞 that で表す。「撮った」なので take は過去形にする。

Lesson 5

p.60~61 ステージ1

Wordsチェック (1)落ちこんだ
(2)～をうらやましく思う (3) even
(4) go shopping (5) wrong (6) fight

1 (1) play tennis
(2) I could study English
(3) I had a sister, I could make dinner

2 (1) had (2) would (3) go

3 (1) If I had time, I could go shopping
(2) If I cooked well, I would make dinner

4 (1)もしホワイトさん[先生]が傘(かさ)を持っていれば，彼女(かのじょ)はそれを使うでしょう。
(2)もしフィンランドに住んだら，あなたは何をするでしょうか。
(3)もし私に兄がいたら，いっしょにテレビゲームができるでしょう。

5 (1) What's wrong (2) what, mean
(3) has, fight (4) look happy

WRITING Plus (1) 例1 I would see my favorite actor.
例2 I would go to America.
(2) 例1 I would talk to him.
例2 I would like to go shopping with him.
(3) 例1 I would go abroad.
例2 I would buy a piano.

解説

1 すべて仮定法の文。If I had a sister,「もし私に姉がいれば,」で始め,〈主語＋could[would など]＋動詞の原形〉を続ける。

2 (1)仮定法では〈If＋主語〉のあとの動詞は過去形。
(2)仮定法では will ではなく過去形の would を用いる。
(3) could のあとは動詞の原形。

3 ミス注意! 〈If＋主語＋動詞の過去形 ～，主語＋could[would など]＋動詞の原形 ....〉の形にする。
(1)「買いものに行く」は go shopping。
(2)語群に過去形の cooked があるので，「もし料理がじょうずだったら」を If I cooked well と表し，「夕食をつくるでしょう」は I would make dinner とする。

4 (1) umbrella は「傘」。
(3) play video game は「テレビゲームをする」。

5 (1)「どうしましたか」は What's wrong?。
(2)「～を意味する」は mean。
(3)「けんか」は fight。
(4)「～のように見える」は〈look＋形容詞〉。

WRITING Plus (1)「もしあなたが突然(とつぜん)有名な俳優になったら，何をするでしょうか」という問い。〈主語＋would＋動詞の原形 ....〉を用いて答える。
(2)「もしあなたが別の惑星から来た男性に会ったら，何をするでしょうか」という問い。
(3)「もし 100 万円を持っていたら，あなたはどうしますか」という問い。

p.62~63 ステージ1

Wordsチェック (1)うらやんで，ねたんで
(2)教育 (3)高校 (4) tough (5) should
(6) famous

1 (1) would cook
(2) were you, I would dance with Juri
(3) I were Chris, I would study Japanese

2 (1) were (2) could (3) wouldn't
(4) was

3 (1) were[was], not (2) If, would
(3) could walk

4 (1) if / would (2) If, were[was]

5 (1) Come (2) better than
(3) thinks, should

6 (1) a singer, she would sing on a stage
(2) Reina were[was] a high school student, she would join the speech contest

解説

1 If I were ～で始まる仮定法の文にし，〈主語＋would＋動詞の原形 ....〉を続ける。

2 (1)(4)仮定法では，if に続く主語のあとの be 動詞は主語にかかわらず were を用いる場合がある。
(2)仮定法なので，助動詞は can ではなく過去形 could。
(3) won't は will not，wouldn't は would not の短縮形。仮定法では過去形 would を使うため，wouldn't が適切。

3 (1)「見ないでしょう」とあるので would のあとに not を置いて否定文にする。
(3)「歩いて行けるでしょう」とあるので can の過去形 could を使う。

❹ (1)仮定法を使った質問文「もし～だったら，何をするでしょうか」を What would you do if ～? と表す。答えるときにも would を使う。

(2)主語 it は3人称単数，仮定法の be 動詞は were または was を使う。

❺ (2)「～よりじょうずに」は better than ～で表す。

(3)「～だと考える」は think (that) ～で表す。ここでは that が省略されている。「～するべき」は should。

❻ 〈If＋主語＋were[was] ～, 主語＋would＋動詞の原形 ....〉で文をつくる。

(1) a singer は「歌手」，sing on a stage は「舞台の上で歌う」。

(2) a high school student は「高校生」，join the speech contest は「スピーチコンテストに参加する」。

ポイント 仮定法

・「もし(主語)が～するなら，…だろう」
〈If＋主語＋動詞の過去形 ～, 主語＋could[would など]＋動詞の原形 ....〉

・「もし(主語)が～だったら，…だろう」
〈If＋主語＋were[was] ～, 主語＋could[would など]＋動詞の原形 ....〉

p.64～65 ステージ1

Wordsチェック (1)優先事項

(2)(～と)意見を異にする (3)自分の，自身の

(4) bad (5) enough (6) agree

❶ (1) could play the piano

(2) wish I could win a competition

(3) I wish I were a famous movie star.

❷ (1) could (2) could (3) were

❸ (1) I wish I were a singer.

(2) I wish I could speak English well.

(3) At the same time, he is kind.

(4) I wish I could practice more before

(5) Soccer is the most popular sport in

❹ (1) afraid of (2) Are, good (3) who[that]

(4) What kind

WRITING Plus (1)例1 I wish I could eat the dish.

例2 I wish I could go to the restaurant.

(2)例1 I wish I could win the game.

例2 I wish I could get a medal.

解説

❶ (1)(2) I wish I could ～.「私が～できたらなあ」で表す。could のあとは動詞の原形。

(3) I wish I were ～.「私が～だったらなあ」で表す。

❷ (1)(2) I wish I could ～.「私が～できたらなあ」の形。助動詞の過去形 could にする。

(3) I wish I were ～.「私が～だったらなあ」の形。be 動詞は were にする。

❸ (1)「私が～だったらなあ」は I wish I were ～. を使う。

(2)「英語をうまく話す」は speak English well。

(3)「同時に」は at the same time。

(4)「もっと練習する」は practice more。

(5)「いちばん人気のあるスポーツ」は the most popular sport。

❹ (1)「～を恐(おそ)れる」は be afraid of ～。

(2)「～がじょうずである」は be good at ～。疑問文なので主語に合わせて Are で始める。

(3) someone とあるので人を説明する関係代名詞 who[that]を用いる。

(4)「どんな種類の～」は What kind of ～? で表す。

WRITING Plus 仮定法 I wish I could ～.「私が～できたらなあ」を使って表す。

(1)「その料理を食べられたらなあ」「そのレストランに行けたらなあ」などの文をつくる。

(2)「試合に勝てたらなあ」「メダルをとれたらなあ」などの文をつくる。

ポイント 願望を伝える〈I wish＋仮定法〉

・I wish I were ～.「私が～だったらなあ」

・I wish I could ～.「私が～できたらなあ」

p.66～67 文法のまとめ

1 (1) were (2) could (3) was (4) would (5) would (6) were (7) do

2 (1) were / would (2) if (3) wish

3 (1) would go (2) wish, could (3) If, would (4) were, what

4 (1)もし私がヨウコなら，デザイナーになるでしょう。

(2)もしあなた(たち)がフランスに住んでいたら，何をするでしょう。

(3)私がたくさんの外国語を話すことができたらなあ。

(4)もし私が1つだけを選ばなければならない

なら，これを選ぶでしょう。

5 (1) **I wish I were a popular comedian.**
(2) **If I had a time machine, I would go to the future.**
(3) **If I had a lot of time, I could read more**

6 (1) **If I were rich, I would travel around [all over] the world.**
(2) **I wish I could help you.**
(3) **If I knew his phone number, I would call him.**

《 解 説 》

1 (1)(3)(5)(7)仮定法〈If＋主語＋動詞の過去形 ～，主語＋could[would など]＋動詞の原形 ....〉の形を用いる。(1)(3)は主語のあとの be 動詞は were を使う。口語では was を使うこともある。
(2)「私が～できたらなあ」という意味の文。could を用いる。
(4) What would you do if ～? は「もしあなたが～だったら，あなたは何をするでしょうか」という意味になる。
(6) I wish I were ～.「私が～だったらなあ」という文。
(7)「もし私があなたなら，それをしないでしょう」という文。wouldn't のあとなので動詞の原形。

2 (1) sick の前にくるので be 動詞の過去形 were を用いる。
(2)空所の後ろに you met your favorite athlete(あなたの大好きな運動選手に会った)とあるので，「もし」という意味の if をその直前に入れる。
(3)「私が～できたらなあ」という意味の文にするため wish を用いる。

3 (1)仮定法〈If＋主語＋動詞の過去形 ～，主語＋would＋動詞の原形 ....〉を使う。「買いものに行く」は go shopping。
(2)「私が～できたらなあ」は I wish I could ～. で表現する。
(3)仮定法〈If＋主語＋were ～，主語＋would＋動詞の原形 ....〉を使う。

4 (1) designer は「デザイナー」。
(2) What would you do if ～? は「もし～だったら何をするでしょうか」という意味。
(3) many foreign languages は「たくさんの外国語」。
(4) choose は「～を選ぶ」。

5 (1)「私が～だったらなあ」は I wish I were ～. で表す。
(2)(3)仮定法〈If＋主語＋動詞の過去形 ～，主語＋could[would など]＋動詞の原形 ....〉の形を用いる。

6 (1)仮定法〈If＋主語＋were ～，主語＋would＋動詞の原形 ～.〉を使う。
(3)仮定法〈If＋主語＋動詞の過去形 ～，主語＋would＋動詞の原形 ....〉を使う。「電話番号」は phone number，「電話する」は call。

p.68～69 ステージ2

1 LISTENING (1)イ (2)カ (3)キ

2 (1) **If** (2) **could** (3) **were** (4) **would**
(5) **would**

3 (1) **What's wrong** (2) **any**
(3) **thinks that** (4) **as**
(5) **afraid of**

4 (1) **having a brother or sister is tough**
(2) **goes**
(3) **should**
(4)もし私があなたなら，彼(かれ)のアドバイスにしたがうでしょう。
(5)南高校は野球部と英語教育で有名だから。

5 (1)私が英語のクラスのもっともよい生徒の 1 人だったらなあ。
(2)私は自分が野球が下手なことを知っています。

6 (1) **If he had time, I could see[watch] a movie with him.**
(2) **I wish I could live in this city**
(3) **I'd like to choose a high school that[which] is famous for its soccer team.**

解 説

1 LISTENING (1) If I had friends in Hawaii は「もしハワイに友達がいたら」という意味。そのあとに，send them emails「彼らにEメールを送る」とある。
(2) I wish I could ～. は「私が～できたらなあ」という意味。あとに go to the mountain「山に行く」とある。
(3) sunny は「晴れた」という意味。あとに play baseball with my friends「友達と野球をする」とある。

音声内容
(1) If I had friends in Hawaii, I would send them

emails in English every week.
(2) I wish I could go to the mountain during the holidays.
(3) If it were sunny, I would play baseball with my friends.

2 (1)仮定法〈If＋主語＋動詞の過去形 ～，主語＋could[would など]＋動詞の原形 ....〉の文なので，If を文頭に置く。
(2) I wish I could ～.「私が～できたらなあ」の形。
(3)仮定法で使う be 動詞は，主語の人称や数に関係なく were を用いることができる。
(4) What would you do if ～? は「もし～だったら，何をするでしょうか」という意味になる。
(5)仮定法の文なので would が適切。

3 (1)「どうしましたか」は What's wrong?。
(2) not ～ any ... で「1 つも～ない」。
(3)「～と考える」は think that ～。主語が Miki で 3 人称単数なので think は s をつける。
(4)「～として」は as。
(5)「～を恐(おそ)れる」は be afraid of ～。

4 (1)動名詞 having を使って「兄弟や姉妹がいること」と表す。
(2) my brother は 3 人称単数。前後の文脈より現在の文なので動詞を goes とする。
(4) take his advice は「彼のアドバイスにしたがう」。

5 (1) one of the best students は「もっともよい生徒の 1 人」。
(2) I know (that) ～. は「私は～であることを知っている」。be bad at ～は「～が下手である」。

6 (1)仮定法〈If＋主語＋動詞の過去形 ～，主語＋could＋動詞の原形 ....〉の文にする。「時間がある」は have time。
(2)「私が～できたらなあ」は I wish I could ～. で表す。
(4)「サッカー部で有名な高校」は主格の関係代名詞を使って，a high school which[that] is famous for its soccer team と表す。

p.70~71 ステージ3

1 LISTENING (1)ウ (2)イ (3)ア (4)エ
2 (1) **What kind** (2) **famous for**
(3) **had, fight** (4) **good, bad**
3 (1) **didn't, go** (2) **If, help**
4 (1) **I wish I were a famous soccer player.**
(2) **If it was not rainy, we could**
5 (1)私がほかの人たちと同じだったらなあ。
(2)② **disagree** ③ **different**
(3)同時に
(4) **I were the best at sports and the most**
(5) **doing**
(6)自分の考え
6 (1) **If we had two tickets, we could go to the concert.**
(2) **I wish I were young.**
(3) **I wish I could read French.**
(4) **If the winter holiday[vacation] were long, what would you do?**

解説

1 LISTENING (1) if you were rich は「もしお金持ちだったなら」という意味。B が I would help people who are in need.「私は必要としている人々を助けるでしょう」と答えていることに注目。
(2) What do you want to be in the future?「将来は何になりたいですか」と A に聞かれて，B は I want to be a pilot.「私はパイロットになりたい」と答えている。
(3) your own airplane は「あなた自身の飛行機」という意味。B が I would like to go to France to visit some art museums.「私は美術館を訪れるためにフランスに行きたい」と答えていることに注目。
(4)「天気がよかったら何をするでしょうか」という A の質問に対して B は I would play rugby with my friends.「私は友達とラグビーをするでしょう」と答えていることに注目。

音声内容
(1) A : What would you do if you were rich?
B : I would help people who are in need. I want to save money and go to medical school someday.
(2) A : You are studying English very hard. What do you want to be in the future?
B : I want to be a pilot. I wish I could visit many countries in the world.
(3) A : If you had your own airplane, where would you like to go?
B : I would like to go to France to visit some art museums. I like art very much.
(4) A : What would you do if it were sunny?

B : I would play rugby with my friends.
A : That sounds nice. I hope it'll be sunny soon.

❷ (1)「どんな種類の～」は What kind of ～?。
(2)「～で有名である」は be famous for ～。
(3)「けんか」は fight。
(4)「～がじょうずである」は be good at ～,「～が下手である」は be bad at ～。

❸ (1)「風邪を引いているので泳ぎに行けません」→「もし風邪を引いていなければ，泳ぎに行けるのになあ」
(2)「忙しいので，私はあなたのレポートを手伝わないでしょう」→「もし忙しくなければ，私はあなたのレポートを手伝うでしょう」

❹ (1)「私が～だったらなあ」は I wish I were ～. で表す。不要な語は am。
(2)「もし雨が降っていなかったら」は If it was not rainy で表す。can が不要。

❺ (1) the same as ～は「～と同じ」。other people は「ほかの人々」。
(4) I wished に I were を続けて「私が～だったらなあと思っていた」の文にする。the best at sports「スポーツがいちばん得意」と the most popular「いちばん人気がある」の 2 つの最上級の表現を and でつなぐ。
(5) be good[bad] at のあとは名詞または動名詞にする。

❻ (1)〈If＋主語＋動詞の過去形 ～, 主語＋could＋動詞の原形 ....〉で表す。
(2)(3)「私が～だったらなあ[できたらなあ]」は」I wish I were[could] ～. で表す。
(4)「冬休み」は winter holiday[vacation]。

Lesson 6 ～ Project 2

p.72～73 ステージ1

Wordsチェック (1)討議，討論
(2)～と関係がある (3)～も…も両方とも
(4) **health** (5) **balance** (6) **labor**

❶ (1) **discussion, related** (2) **what you**
(3) **have to** (4) **How about** (5) **more, than**
(6) **Both, and**

❷ (1) **talk** (2) **join** (3) **opinion**

❸ (1)本日[今日]の討論は学校生活に関することです。
(2)本日[今日]の討論のトピックについて話す時間を数分とりましょう。
(3)私の考えでは，バランスを見つける[とる]ことは難しいです。

❹ (1) **Do you think we have to work?**
(2) **Both studying and relaxing are important.**
(3) **My brother practices soccer almost every**

WRITING Plus (1) 例1 **Yes, I do.** 例2 **No, I don't[do not].**
(2) 例1 **Studying English is.**
例2 **Studying math is.**
(3) 例1 **Yes, I do.**
例2 **No, I don't[do not].**

解説

❶ (1)「～と関係がある」は be related to ～と表す。
(2)〈what＋主語＋動詞〉の間接疑問の形で「あなたが何を意味しているか」を示す。
(3)「～しなければならない」は have to ～で表す。
(4)「あなたはどうですか」は How about you?。
(5) ミス注意! there's more to ～ than ... で「～には…以上のものがある」という意味を表す。この more は名詞 many「たくさん」の比較級で「もっとたくさんのもの」という意味。
(6)「～も…も両方とも」は both ～ and ... で表す。

❷ (1) We talk about ～.「～について話します」でディスカッションを始める。
(2)あとに続く「部活動」につながる動詞を考える。join は「～に参加する」。
(3) In my opinion「私の考えでは,」と前置きし，自分の意見を述べる。

❸ (1) Today's discussion is ～. は「本日[今日]の討論は～です」。
(2) Take a few minutes は「数分時間をとりましょう」。
(3)〈It is＋形容詞＋to＋動詞の原形 ～.〉の文。「～することは…です」を表す。

❹ (1)「(あなたは)～と思いますか」という疑問文なので Do you think ～で始める。
(2)「～も…も両方とも」は both ～ and ….
(3)「ほとんど毎日」は almost every day。

WRITING Plus (1)「あなたは学校で制服を着なくてはなりませんか」という質問。
(2)「あなたにとって英語と数学では，どちらを勉強することがより重要ですか」という質問。
(3)「あなたは家で宿題をすることは必要だと考えますか」という質問。

ポイント① ディスカッションを始めるときの表現
・Today's discussion is ～.
「本日の討論は～です」

ポイント② 自分の意見を述べるときの表現
・I agree with ～.
「私は～に賛成です」

p.74～75 ステージ1

Wordsチェック (1)一般的な (2)妻
(3)協力する (4)研究者 (5) **reason**
(6) **get married**

❶ (1) **you know** (2) **think about[of]**
(3) **common, to**

❷ (1) **said** (2) **important** (3) **good**
(4) **think**

❸ (1) **want to work as an interpreter when I grow up**
(2) **What do you think about child-raising problems?**
(3) **Most students study at home even after**
(4) **It is not easy for us to learn many foreign languages.**
(5) **We feel like we are helping people.**
(6) **My teacher enjoys teaching English to students.**

❹ (1)先日，私は野生動物についてのテレビ番組を見ました。
(2)私は友達に私の宿題を手伝ってもらいたいです。
(3)日本人にとって[日本人が]朝食にピザを食べることは一般的ではありません。
(4)多く[大部分]の親たちは子どもたちが寝たあとでさえも忙しいです。

❺ (1) **That's a good point, but can you think of an example?**
(2) **What do you think about[of] child-raising in Sweden?**
(3) **Going to high school isn't[is not] the only reason to study.**

解説

❶ (1)「ご存じのように」は as you know。
(2)「～についてどう思いますか」は What do think about[of] ～?。
(3)〈It is … (for＋人) to＋動詞の原形 ～.〉「(人が)～することは…だ」の文。

❷ (1) as I said before で「先ほど言ったように」。
(2)〈It is … (for＋人) to＋動詞の原形 ～.〉「(人が)～することは…だ」の文。形容詞 important の前に more があるので「部活動をすることはもっと重要である」という文になっている。
(3) good point で「よい点」。
(4) Can you think of an example? は「その例を考えてもらえますか」の意味。

❸ (1)「～として働く」は〈work as＋職業名〉で表す。「大人になったら」は when I grow up。
(2)「～についてあなたはどう思いますか」は What do you think about ～?。「子育ての問題」は child-raising problems。
(3)「～でさえも」は even を用いる。強調する語句の前に置くので，even after the tests とする。
(4)〈It is … (for＋人) to＋動詞の原形 ～.〉「(人が)～することは…だ」の否定文で表す。
(5)「～のように感じる」は feel like ～。
(6)「～することを楽しむ」は enjoy ～ ing。

❹ (1) the other day は「先日」。a TV show about ～は「～についてのテレビ番組」。
(2)〈want＋人＋to＋動詞の原形〉で「(人)に～してもらいたい」。
(3)〈It is … (for＋人) to＋動詞の原形 ～.〉の否定文。「(人が)～することは…ではない」の意味。
(4) even after ～は「～のあとでさえも」。

❺ (1)「～ですが，例を考えてもらえますか」は，

～, but can you think of an example?。

(2)「～についてあなたはどう思いますか」は What do you think about[of] ～?。

(3)動詞の -ing 形が主語の文。go to high school で「高校へ行く」。

ポイント① 相手の意見を聞くときの表現
・Can you think of an example?
「例を考えてもらえますか」

ポイント② 話し始めのワンクッション
・As I said before,
「先ほど言ったように,」

p.76 ステージ1

Wordsチェック (1)政府 (2)～について話し合う (3)**half** (4)**men**

❶ (1)**think** (2)**that** (3)**me** (4)**neither** (5)**with**

❷ (1)**for** (2)**Who, report**

解説

❶ (1)(2) Did anyone think that ～? は「～と考えた人はいますか」という意味になる。

(3) Not me. は前の人の発言を受けて,「私はそうではない」と言うときに使う。

(4)**ミス注意** 否定の発言を受け,それに同意して自分も否定するときは Me, neither.「私も違(ちが)います」と言う。

(5) I disagree with ～. は「私は～に反対です」。

❷ (1)「私は～に賛成です」は I'm for ～. とも表せる。

(2)「報告する」は report。

ポイント① 意見をまとめるときの表現
・Who's going to ～?
「だれが～しますか」
・Did anyone think that ～?
「～と考えた人はいますか」

ポイント② 相手の意見に賛成・反対する表現
・賛成する I agree with ～. / I'm for ～.
・反対する I disagree with ～. / I'm against ～.

p.77 ステージ1

Wordsチェック (1)意見 (2)忙(いそが)しい (3)**dream** (4)**job**

❶ (1)彼(かれ)が英語を話すのがじょうずになる
(2)歌うこととギターを弾(ひ)くこと

❷ (1)**Now, that** (2)**good, bad**

❸ (1)**have been practicing it since I was seven years old**
(2)**hope I will enjoy playing baseball**

解説

❶ (1) be good at ～は「～がじょうずである」。

(2) singing は「歌うこと」, playing the guitar は「ギターを弾くこと」。

❷ (1)「今では私は～ということがわかります」は Now I know that ～.。

(2)「～が下手である」は be bad at ～。

❸ (1)語群に have, been, since などがあることから,現在完了進行形の文にする。「私は7歳のとき以来,それ(野球)をずっと練習しています」

(2) I hope で文を始め,〈主語＋動詞〉を続ける。enjoy ～ing「～することを楽しむ」を使う。「私は高校で野球をすることを楽しめるといいなと思います」という意味。

ポイント スピーチで使う表現
・I hope ～.
「私は～を願っています」
・Now I know that ～.
「今では私は～ということがわかります」

p.78～79 ステージ2

❶ LISTENING ア

❷ (1)**related** (2)**thought** (3)**anyone** (4)**Half** (5)**and**

❸ (1)**Got** (2)**As / Is**

❹ (1)**Let me confirm the result.**
(2)**your turn to report to**
(3)**recommends watching TV one hour a day at**

❺ (1)**How about you** (2)②ウ ③ア
(3)健康,友達,家族,趣味(しゅみ)の中から3つ
(4)働くことも自分達のために時間を使うことも両方とも大切です。

❻ (1)**hope** (2)**want, get**

❼ (1)私たちは冬にスポーツをしなければならないと皆(みな)さんは思いますか。
(2)中学生にとって制服を着ることは一般的です。

解説

❶ LISTENING 最初に school uniforms と言っているので,制服のことについて話しているとわか

る。Yes と答えているのでタロウは制服に賛成，サラはそれに対して I see what you mean, but ～「あなたの言っていることはわかりますが，～」と反対していることがわかる。

音声内容

A : Taro, do you think we should wear school uniforms at school?
B : Yes, Sarah. Because we have uniforms, it is easy for me to get ready in the morning. I don't have to choose my clothes in the morning.
A : I see what you mean, but it is not fun for me to wear a uniform every day. Our school uniform is not colorful.

2 (1) be related to ～で「～と関係がある」。
(2)現在完了形の文。think の過去分詞形は thought。
(3)疑問文で「だれか」を表す語は anyone。
(4) half of ～で「～の半分」。
(5) both ～ and ... で「～も…も両方とも」。

3 (1) Got it. で「わかりました」の意味。
(2) As I said before は「先ほど言ったように」，Is that true? は「本当ですか」。

4 (1)「私に～させてください」なので Let me で文を始める。
(2)「あなたが～する番です」は It's your turn to ～。
(3)「勧(すす)める」は recommend，「多くて(も)」は at most。

5 (1)「あなたはどうですか」は How about you?。
(4) both ～ and ... は「～も…も両方とも」。

6 (1)「私は～を願っている」は I hope ～.。
(2)「人に～してもらいたい」は〈want＋人＋to＋動詞の原形〉を使う。

7 (1) Do you all think ～? は「皆(みな)さんは～と思いますか」。
(2) common は「一般(いっぱん)的な」。

p.80～81 ステージ3

1 LISTENING (1)イ (2)エ (3)カ

2 (1) **know** (2) **related, Let's**
(3) **As, always** (4) **Who's going**

3 (1) **Take / sounds** (2) **have / Is**

4 (1) **I'm against[I disagree with] Akari and Ren.**
(2) **Does anyone think that money is the most important for life?**

5 (1) **as**
(2) **the only reason to work**
(3)それはよい点ですが，例を考えてもらえますか。
(4)父：(大学の)研究者　母：通訳
(5) **helping**

6 (1) **What do you think about[of] studying abroad?**
(2) **We talked about our[the] free time.**

7 (1)皆さんは，私たちは学校へ行って勉強をしなくてはならないと思いますか。
(2)私たちはバランスを見つけるのがどんなに大切[重要]かについて話し合いました。
(3)人生にはお金より大切なものがあると私は思います。

解説

1 LISTENING (1)父親が会った人についての話。
(2)中学校のバレーボール部の思い出についての話。
(3)学校の校舎についての話。

音声内容

(1) I've never seen a famous person, but my father has seen a famous singer when he was shopping in Tokyo. I wanted to meet her.
(2) I was on the volleyball team and our last game is one of my best memories of junior high school. We practiced for the game very hard every day, but we lost. We did our best.
(3) There are about 600 students in our school. It was built about 40 years ago. The school facilities are good. I like our classroom.

2 (1)「ご存じのように」は as you know。
(2)「～と関係がある」は be related to ～。
(3)「～がいつも言っているように」は as ～ always say(s)で表す。
(4) Who's going to ～? で「だれが～しますか」。first は「最初に」。

3 (1) take a few minutes は「数分時間をとる」。
(2) I have heard that ～. は「～と聞いたことがある」。Is that true? は「本当ですか」。

4 (1) I'm for ～.「私は～に賛成です」の逆の意味なので，「私は～に反対です」という文にする。
(2)疑問文では someone を anyone にする。

❺ (1) 1つ目の①は as I said before「先ほど言ったように」，2つ目の①の as は「～として」という意味の前置詞。
(5)前に主語と be 動詞があるので -ing 形で進行形にする。

❻ (1)「～についてあなたはどう思いますか」は What do you think about[of] ～?。
(2)「～について話す」は talk about ～.。

❼ (1) have to ～は「～しなくてはならない」。
(2) We discussed のあとが間接疑問となっている。how important 以下は「～がどんなに大切か」となる。
(3)この more は「それ以上のもの」という意味の代名詞。

Lesson 7 ～ Further Reading 4

p.82 ステージ1

Wordsチェック (1)けれども (2)断る
(3) **system** (4) **waste** (5) **debate**
(6) **responsibility**

❶ (1) **Has** (2) **runs** (3) **out** (4) **should**
(5) **though**

❷ (1) **for** (2) **could** (3) **It**

解説

❶ (1)「～したことがありますか」と経験をたずねているので，現在完了形の疑問文にする。anyone は3人称単数なので，Has を使う。
(2)「～を経営する」は run。
(3)「外食する」は eat out。
(4)「～すべきである」は should。
(5) **ミス注意!** 「～けれども」は though で表し，文末に置く。but は文末に置かない。

❷ (1) ask for ～「～を頼(たの)む」
(2)あとに be 動詞の原形 be が続いているので，助動詞 could が適する。「それが環境問題の解決策になることができるかもしれません」の意味。
(3)〈It is ... (for＋人) to＋動詞の原形 ～.〉の文に。「それについて考えることは私たちにとって重要です」の意味。

ポイント ディベートでの問題提起
〈Has anyone＋動詞の過去分詞形 ～?〉
現在完了形〈経験〉「～したことがある人はいますか」

p.83 ステージ1

Wordsチェック (1)調査 (2)食事
(3) **possible** (4) **lost**

❶ (1) **explain, reason(s)** (2) **used for**
(3) **discuss** (4) **difference**

❷ (1) **should** (2) **have** (3) **First** (4) **Second**

解説

❶ (1)「理由を説明していただけますか」は Would you please explain the reason(s)?。please を加えると，Would you ～?「～してもらえますか」よりもていねいな言い方。
(2)「～に使われている」は受け身の形で be used for ～と表す。
(3)「～について討論をしましょう」は Let's

discuss ～.。

❷ (3)(4) first, second といった序数には，副詞の「まず第１に」,「第２に」の意味もある。

ポイント① ディベートで意見を述べるときの表現
We have ～ point(s).
「～つの要点があります」

ポイント② ディベートでの質問の表現
What is the difference between ～ and …?
「～と…の違い(ちが)は何ですか」

p.84 ステージ1

Wordsチェック (1)費用 (2)強く (3)湿度(しつど)の高い (4)～を提供する (5) **price** (6) **Exactly.**

❶ (1) **view** (2) **cause** (3) **According, from** (4) **per[a, every]**

WRITING Plus (1)例1 **I like to eat rice because Japanese food is good for our health.**
例2 **I like to eat bread because I like bread with an egg.**
(2)例1 **Yes, I do. We can use them after school.**
例2 **No, I don't. We don't need to use them during the classes.**

解説

❶ (1)「あなたの立場から見て」は from your point of view。
(2)「～を引き起こす」は cause。
(3)「～によると」は according to ～,「～から…まで」は from ～ to …。
(4)「～につき」は per ～。

WRITING Plus (1)「ご飯とパンでは，朝食にどちらを食べるのが好きですか」という質問。
(2)「中学校で，生徒たちはスマートフォンを使うことを許可されるべきだと思いますか」という質問。

ポイント ディベートで意見の根拠(こんきょ)を述べる表現
according to ～「～によると」

p.85 ステージ1

Wordsチェック (1)答える (2)すぐに (3)～について (4)したがって (5) **risk** (6) **allow**

❶ (1) **reasons** (2) **said** (3) **pay**

❷ (1) **believe schools should allow smartphones**
(2) **Let me respond to your opinion.**
(3) **even if he is tired**

解説

❶ (1)「これらの理由から」は for these reasons。
(2)「～ということが言える」は，助動詞 can のあとに受け身を続けて～ can be said。

❷ (1)「私たちは～だと信じている」なので We believe で文を始める。believe のあとに接続詞 that が省略されている。
(2)「私に～させてください」なので，Let me ～ で文を始める。
(3)「たとえ～としても」は even if ～。

ポイント① ディベートで自分の意見を述べるときの表現
Let me respond to ～.「～に答えさせてください」

ポイント② 意見をまとめるときの表現
For these reasons, ～「このような理由から，～」

p.86 ステージ1

Wordsチェック (1)便利な (2)栄養のある (3) **right** (4) **choose**

❶ (1) **does** (2) **repeat** (3) **leave**

❷ (1) **discuss** (2) **strongly** (3) **right** (4) **with**

解説

❶ (1)「～ですよね」の意味の付加疑問。文の前半が doesn't と否定になっているので，付加疑問では does にする。
(2)「～をもう一度言う」は repeat「～をくり返す」で表す。
(3)「～に出発する」は leave for ～。

❷ (1) Let's のあとなので動詞の原形がくる。Let's discuss ～.「～について話し合いましょう」は話し合いを始めるときの表現。
(2)副詞の strongly「強く」は，強調する動詞の前に置く。
(3) agree with ～で「～に同意する」。

p.87 Try! READING

Question (1) **That is peace.**
(2) **like**

(3)私のスピーチであなたが平和について考えてくれることを願っています。
(4) **Have you ever been to Hiroshima?**
(5) **used**
(6) **There are nearly[about] 300 (tram cars there).**

Word Box BIG (1)富，財産 (2)確かに (3)ほぼ (4)記念の (5) **fact** (6) **difficulty** (7) **drop** (8) **recover**

解説

Question (1)「世界で最も重要なものは何ですか」という問い。答えは本文4行目参照。
(2)「～のような」を表す1語は like。語数指定がなければ such as ～でも表すことができる。
(3)〈主語＋make＋人＋動詞の原形〉で「(主語)が(人)に～させる」という意味になる。「(主語)(のおかげ)で(人)が～する」と訳すと自然な日本語になる。
(4)語群に ever, have, been があり，文末が「?」なので，〈経験〉を表す現在完了形 have been to ～「～に行ったことがある」の疑問文にする。
(6)ミス注意「広島には路面電車は何台ありますか」の意味。本文9行目参照。tramlines ではなく，tram cars の数であることに注意。

p.88 Try! READING

Question (1)① **heard** ⑤ **determines** ⑦ **shown**
(2)② **by** ④ **at** ⑥ **on**
(3)この作品は戦争中に広島の人々がどのように暮らしていたかということを私たちに見せてくれます。
(4) **a little girl who lost her family**
(5) **1. Her name[It] is Suzu.**
2. She loses her hand.

Word Box BIG (1)重大さ (2)ひどい (3)決意する (4)祈(いの)る (5)～を実感する (6) **itself** (7) **bright** (8) **bring up**

解説

Question (1)①現在完了形の〈経験〉の疑問文。hear を過去分詞形にする。
⑤主語が3人称単数形で，前文より現在の文とわかるのでsをつける。
⑦空所の前に be 動詞の is，あとに by があるので受け身にする。show の過去分詞形は shown。
(2)②〈by＋人〉で「(人)によって」。
④ be shocked at ～で「～にショックを受ける」。
⑥ carry on with ～で「～をがんばり通す」。
(3)ミス注意 how people in Hiroshima lived は〈疑問詞＋主語＋動詞〉の間接疑問。
(4) who を主格の関係代名詞として用いる。
(5) 1.「その映画の主人公の名前は何ですか」という問い。本文6行目参照。
2.「主人公がひどい事故で失うものは何ですか」という問い。本文6行目参照。

p.89 Try! READING

Question (1)① **bright** ⑥ **instead of**
(2) **got**
(3)イ
(4) **She decided to punish him.**
(5)明日は一日中外で塀(へい)にペンキを塗(ぬ)ってもらいます！
(6) **1. No, he wasn't[was not].**
2. Because he[Tom] had a fight.

Word Box BIG (1)～を決める (2)罰(ばっ)する (3)大声を上げる (4)ひどい (5)隠(いん)うつな (6)一日中 (7) **adventure** (8) **moment** (9) **pretend** (10) **shout**

解説

Question (1)⑥「～の代わりに」は instead of ～。
(2)同じ文の後半に合わせて過去形にする。get angry at ～は「～に腹を立てる」。
(3)前後の文脈から「彼(かれ)が家に帰ってきたとき」となるので，適する接続詞は when。
(4)語群の中で動詞は punish「罰する」の原形と decide「～を決める」の過去形の2つ。主格の代名詞 she を主語にして，decided to ～「～することを決めた」という意味になるように続ける。
(5) all day は「一日中」。out front は「外で」。paint the fence は「塀にペンキを塗る」。
(6) 1.「トムはこの日，自由に何でもできましたか」という問い。本文1～2行目参照。
2.「なぜトムの服はすっかり汚(よご)れていたのですか」という問い。本文4～5行目参照。

p.90 Try! READING

Question (1)① **in** ⑧ **While**

(2)② concentrating ③ enjoying ⑦ done
(3) stopped eating
(4) Let me paint a little
(5)ポリーおばさんはこの塀を完璧にしてほしいのです。
(6) 1. ○ 2. × 3. ○
Word Box BIG (1)入念に (2)好奇心を示す
(3)しぶしぶ (4) look (5) joy (6) whole

解説

Question (1)① be in trouble で「面倒に巻き込まれている」。
⑧あとに〈主語＋動詞〉が続いているので接続詞を入れる。while「～する間に」が適切。during は「～の間に」の意味の前置詞で，あとには名詞が続く。
(2)②③前には be 動詞があるので -ing 形にして進行形にする。
② concentrate は「集中する」。
⑦ ミス注意! 文の主語 It は前文までの内容，つまり「塀を塗ること」を指している。「もの・こと」が主語なので，〈be 動詞＋動詞の過去分詞形〉で受け身になる文だとわかる。do の過去分詞形は done。must be done で「されなければならない」。
(3)「～することをやめる」は stop ～ing で表せる。
(4)まず語群の a little「少し」と let me ～「私に～させてください」をまとめる。let me のあとは動詞の原形 paint を続ける。
(5)〈want＋人[もの]＋to＋動詞の原形〉「(人[もの])に～してほしい」の文。
(6) 1. 本文 1～2 行目参照。
2. 3. 本文最後の 2 文参照。

p.91 Try! READING

Question (1)① favorite ③ in the future
(2)②それに関係する ⑨その当時
(3)④ As ⑥ even ⑧ because
(4)彼女は自分が歩いた歩数を数えました。
(5) was interested in learning about
(6) 1. 1918
2. high school, college

解説

Question (3)④あとに名詞が続いているので前置詞が適する。この as は「～として」という意味の前置詞。
⑥前後の文脈から，「～さえ，～でも」と強調する副詞 even が適する。
⑧文の前半に対する理由が続いているので，接続詞 because が適する。
(4)最後の she took は直前の名詞 steps「歩み」を後ろから説明している。took(< take)にはさまざまな意味があるが，ここでは「歩いた歩数」とすると自然な訳になる。
(5)主語 Katherine に続く語は，語群の中では was しかない。interested と in があるので，be interested in ～「～に興味がある」の文にする。前置詞 in のあとには動名詞 learning を続ける。
(6) 1.「キャサリン・ジョンソンはいつ生まれましたか」という問い。本文 3～4 行目参照。
2.「キャサリンのお父さんは自分の子どもたち全員に何をしてほしかったのですか」という問い。本文 11～12 行目参照。

p.92 Try! READING

Question (1)① finding ④ offered
(2)アフリカ系アメリカ人女性，数学の研究者，難しかった
(3)③その間 ⑥計算する
(4) People called research mathematicians "computers"
(5) 1. (She graduated from college) In 1937.
2. Yes, she did.
Word Box BIG (1)計画 (2)信頼 (3)電子の
(4)計算する (5) major (6) French
(7) graduate (8) space

解説

Question (1)①文の主語になるので，動詞の -ing 形にする。
④ offer は「～を差し出す，～を申し出る」などの意味の動詞。前後の文脈から，「研究数学者としての仕事を申し出られた」と受け身の形になるので，過去分詞形 offered にする。
(4) ミス注意! 動詞 called より，〈call＋人[もの]＋～〉「人[もの]を～と呼ぶ」の文を組み立てる。
(5) 1.「キャサリンはいつ大学を卒業しましたか」という問い。本文 1～2 行目参照。
2.「キャサリンは『コンピュータ』として働くことが好きでしたか」という問い。本文最後の文参照。

p.93 Try! READING

Question (1)①宇宙飛行士 ②4日後

(2) **were as accurate as ever**

(3)イ

(4)エ → オ → イ → ア → ウ

Word Box BIG (1)感銘深い (2)退職する

(3)出席する (4)(乗りもの)に乗って (5)人類

(6)〜し続ける (7) **invite** (8) **lover** (9) **head**

(10) **kept**

解説

Question (2)語群に as が2つあるので，as 〜 as ... の文にする。as 〜 as ever で「今までと同じように」の意味。accurate は「正確な」。

(3)ミス注意! あとに〈主語＋動詞〉が続いているので接続詞が入る。前後の文脈から「〜するまで」を表す until が適する。by は「〜までに」という前置詞。

(4)年代や日付に注意して，情報を整理しながら本文を読み進める。

p.94 Try! READING

Question (1)1億5千万人以上の子どもたち

(2)労働，非常に少ないお金，汚く危険な仕事

(3)③ **called** ⑤ **caught**

(4) **people might think it's not their problem**

(5)4歳から，イクバルはじゅうたん工場で働くことを強制されていました。

(6)1. × 2. ○ 3. × 4. ○ 5. ×

解説

Question (1)ミス注意! million は「100万」なので，10 million で「1000万」，100 million で「1億」となる。

(2)直前の文を参照。

(3)③〈call＋人[もの]＋〜〉「(人[もの])を〜と呼ぶ」の受け身の文。過去分詞形 called にする。

⑤過去の文なので過去形 caught にする。

(4)語群の中で Some に続く語は people。助動詞 might と動詞の原形の think をつなげ，Some people might think 〜と続ける。あとに続く it's not their problem の前には接続詞 that が省略されている。

(5) from the age of 〜は「〜歳から」，be forced to 〜は「〜することを強制される」。

(6)1. 本文5〜6行目の内容に合わない。

2. 本文6〜7行目参照。

3. 本文8行目の内容に合わない。

4. 本文10〜11行目参照。

5. 本文最後の1文の内容に合わない。

p.95 Try! READING

Question (1)彼は児童労働との戦いに参加するよう彼のクラスメートを招待しました[誘いました]。

(2)② **named** ③ **collecting** ④ **sending**

(3) **was asked many questions that he could**

(4)政治家，会社の社長(順不同)

(5) **1. He went to the library (to get more information).**

2. There were 12 [twelve] members.

 (1)社長 (2)親類 (3)強制された

(4)政治的な (5) **form** (6) **travel** (7) **poor**

(8) **understood**

解説

Question (1)them は前文の his classmates を指す。〈invite＋人＋to＋動詞の原形〉は「〜するよう(人)を招待する[誘う]」という意味。

(2)② a group を後ろから説明する過去分詞形の named。

③④どちらも started の目的語となるので動名詞(-ing 形)にする。

(3)「クレイグが答えられないたくさんの質問をたずねられた」という受け身の文になるので，was asked が最初にくる。that は目的格の関係代名詞として用い，many questions を後ろから説明する形にする。

(4)本文5〜6行目参照。

(5)1.「クレイグはより多くの情報を得るためにどこに行きましたか」という問い。本文1〜2行目参照。

2.「1995年に，FTC には何人のメンバーがいましたか」という問い。本文3〜4行目参照。クレイグと11人の友達なので，合計12人。

p.96 Try! READING

Question (1)開発途上国でつくられた品物

(2)ウ

(3) **Craig's example teaches us an**

important lesson.

(4)毎日の生活，小さな一歩を踏み出す，世界を変えよう

(5)スピーチ，ワークショップ[研修会]，国際ボランティア旅行，リーダーシップトレーニングキャンプ

(6) **Craig and (his brother) Marc did.**

Word Box BIG (1)健全な (2)組織

(3)教育的な (4) **support** (5) **addition**

(6) **spread**

解説

Question (1) made in ～は「～でつくられた」，developing countries は「開発途上国」。

(2)前後の文脈から Thanks to ～「～のおかげで」が適する。

(3) ミス注意! 「(人)に(もの)を教える」は〈teach＋人＋もの〉または〈teach＋もの＋to＋人〉を使って表す。語群に to がないので〈teach＋人＋もの〉の形にする。

(4)本文 2～3 行目参照。daily life は「毎日の生活」，take small steps は「小さな一歩を踏み出す」。

(5)本文 4～5 行目参照。

(6)「だれが 2008 年に Me to We を創設しましたか」という問い。本文 1 行目参照。

p.97 Try! READING

Question (1)彼はアメリカ(合衆国)に住む最初の日本人の 1 人になりました。

(2) **There were no people living**

(3) **drank**

(4) **1. American whaling ship**

2. No, wasn't

(5)アメリカの捕鯨船[ジョン・ハウランド号]の名前

Word Box BIG (1)熱心な (2) **polite** (3) **knives**

(4) **swam**

解説

Question (1) one of ～は「～の 1 人」。to live in the United States が後ろから the first Japanese を説明している。

(2) ミス注意! 語群から，There were ～. の文を組み立てる。living on the island が後ろから people を説明する形にする。

(3)同じ文に eat の過去形 ate があることから，過去の文。過去形にする。

(4) 1.「何が万次郎とほかの漁師たちを島から助けましたか」という問い。本文 7～8 行目参照。

2.「万次郎(まんじろう)にとって英語を学ぶことはとても難しかったですか」という問い。本文最後の 1～2 文を参照。

(5)本文 8 行目参照。name ～ ... after A で「A にちなんで～に…と名づける」。

p.98 Try! READING

Question (1) **didn't want Manjiro to attend the service**

(2)②イ ③エ

(3)彼は日本に帰るための十分なお金を持っていませんでした

(4)何千人も，金を見つける，カリフォルニア州

(5) **He was 19 [nineteen] years old (then).**

(6) **1.** ○ **2.** × **3.** ○ **4.** ×

解説

Question (1)語群の語句より，〈want＋人＋to＋動詞の原形〉「(人)に～してほしい」の文にする。didn't があるので過去の否定文になる。

(2)② ミス注意! あとに〈主語＋動詞〉が続いているので接続詞が入る。文意に適するものは「～したあと」の After。

③あとに名詞が続いているので前置詞が入る。文意に適するのは「～の間に」の During。

(3) it は下線部の直前の to go back to Japan「日本へ帰ること」を指す。

(4)下線部の次の文参照。

(5)「万次郎が船員になったとき，彼は何歳(さい)でしたか」 本文 5～6 行目参照。

(6) 1. 本文 4 行目参照。

2. 本文 8～9 行目の内容に合わない。

3. 本文 6～7 行目参照。

4. 本文最後の段落の内容に合わない。

p.99 Try! READING

Question (1)万次郎はアメリカについて何でも知っている唯一の人物でした。

(2) **changed**

(3)イ

(4) **1. Yes, it did.**

2. Katsu Kaishu was.

3. **Because Manjiro spoke English naturally.**

Word Box BIG (1)勇敢(ゆうかん)に (2)うまくいく (3) **warmly** (4) **naturally**

解説

Question (1) the only person は「唯一の人」。主格の関係代名詞 who 以降が person を後ろから説明している。
(2) ミス注意! be 動詞が前にあるので，過去分詞形にして受け身にする。
(3)「通訳として」という意味になる前置詞 as が適切。
(4) 1.「徳川幕府(ばくふ)とペリーの間の会議はうまくいきましたか」という問い。本文 5 行目参照。
2.「咸臨丸(かんりんまる)の船長はだれでしたか」という問い。本文 7〜8 行目参照。
3.「なぜアメリカの人々はとても驚(おどろ)いたのですか」という問い。本文最後の 1 文を参照。

p.100〜101 ステージ2

1 LISTENING ウ
2 (1) **Has** (2) **to** (3) **reasons** (4) **realize** (5) **turn**
3 (1) **strongly disagree with your opinion**
(2) **Let me respond to the email.**
(3) **This manga is based on Japanese history.**
(4) **wondered if he would come**
4 (1)① **ask for** ③ **responsibility**
(2)腐(くさ)った食べ物を食べてだれかが病気になる
(3)ドギーバッグは食品廃棄(はいき)の解決策になるかもしれません。
(4) **It's important to think about issues from different perspective.**
(5) 1. **No, he doesn't[does not].**
2. **They will[They'll] hold a doggy bag debate.**
5 (1) **Have, asked** (2) **What, between**
6 (1)彼(かれ)はとても礼儀(れいぎ)正しく，親切で[やさしく]，熱心な生徒でした。
(2)これは考えるべきことです。
(3)彼女(かのじょ)はその会議に出席するよう招待され[誘われ]ました。

解説

1 LISTENING boxed lunch は「弁当」という意味。

> 音声内容
> A：Have you ever made a boxed lunch?
> B：Yes, I have. It was fun to make it because I could choose what to eat.
> A：I have made one, too. It was not easy for me to make one in the morning.

2 (1)現在完了形の疑問文にする。anyone は単数扱いのため Has を用いる。
(2)「〜によると」は according to 〜。
(3)「これらの理由で」は for these reasons。
(4) ミス注意! 「〜を実感する」は realize。〈help＋人＋動詞の原形〉で「(人)が〜するのを助ける」となるので，空所には原形が入る。
(5)「順番，番」は turn。
3 (1) ミス注意! 副詞 strongly「強く」は，強調する動詞の直前に置く。
(2)「(私に)〜させてください」は Let me 〜.。
(3)「〜に基づいている」は be based on 〜。
(4)「〜かなと思う」は wonder if 〜。
4 (2)直前の文の内容を指している。
(3)主語 It は直前にもあり，この対話文全体の主題である the doggy bag を指している。
(4)語群の it's, to に注目し，〈It is ... (for＋人) to＋動詞の原形 〜.〉の文を組み立てる。issue は「問題」，perspective は「視点」。
(5) 1.「ケンタの父親はいつも客にドギーバッグを渡しますか」という問い。本文 1〜2 行目参照。decline「断る」とある。
2.「彼らは次の授業で何をするつもりですか」という問い。本文最後の 1 文を参照。
5 (1) polite は「礼儀正しい」，eager は「熱心な」。
(2) something to think about「考えるための何か」→「考えるべきこと」と考える。
(3) invite が受け身になっていることに注意。

p.102〜103 ステージ3

1 LISTENING (1)ウ (2)イ (3)ア
2 (1) **have to** (2) **should, careful** (3) **If** (4) **defined as**
3 (1) **dropped** (2) **ate** (3) **said** (4) **drinking** (5) **sells**
4 (1) **Has he visited the Hiroshima Peace**

Memorial Museum?
(2) **We strongly disagree with your point.**
(3) **He was the first teacher who taught English in Japan.**

5 (1)すべての日本のレストランはドギーバッグシステムを導入するべきです。
(2)②ウ　③ア　④イ
(3) **1.** 食べ残し，食料廃棄　**2.** 家計[生活費]
(4) **Over six million tons of food is.**

6 (1) **His mother decided to punish him.**
(2) **Millions of young people are interested in the charity event.**
(3) **More than anything, we must[have to] finish this work.**

解説

1 LISTENING (1) 1 文目に Today is Monday.「今日は月曜日です」，2 文目に by tomorrow.「明日までに」とあるので火曜日。
(2) 2 人目が I like summer because 〜と夏が好きな理由を述べたあとに 1 人目も同意している。
(3) 全体を通して，Katherine Johnson という NASA で働いた数学者の話をしている。

音声内容
(1) Today is Monday.　Juri has to finish her English debate speach by tomorrow.　She has to research information about her town. Last Friday, she went to the library after school to learn more about her town.
Question : When does Juri have to finish writing her speach?
(2) *A* : Do you like summer or winter?
B : I like summer because I can go to the beach and enjoy swimming.
A : I strongly agree with you.　Let's go to the beach this summer.
B : That sounds great.
Question : Which season do they like better?
(3) *A* : Have you heard of Katherine Johnson?
B : I learned about her at school.　She was the first African American to work for NASA.　She loved to study math when she was in school.
A : Really?　It sounds like she was a great woman in American history.
Question : What are they talking about?

2 (1)「〜しなければならない」は have to 〜。
(2)「〜すべきである」は should，「注意深い，気をつける」は careful。
(3)「もし〜すれば」なので接続詞 If で始まる仮定法の文にする。
(4) define「〜を定義する」を受け身で表す。as は「〜として」。

3 (1)受け身の文になるので過去分詞形 dropped に。
(2) last night とあるので過去形 ate に。
(3)助動詞のある受け身の文。過去分詞形 said に。
(4)過去進行形の文。drinking に。
(5) ミス注意! usually「ふつう」とあるので現在形で表す。主語が 3 人称単数なので sells。

4 (1)現在完了形の疑問文は〈Have[Has]＋主語＋動詞の過去分詞形 〜?〉。
(2)動詞を強調する副詞は動詞の直前に置く。
(4) 1 文目の the first teacher を，関係代名詞の who を使って後ろから説明する文をつくる。

5 (1) introduce は，「〜を紹介する」のほかに「〜を導入する」という意味もある。
(2)意見を述べるときに使われる表現。
② First, 〜.「第 1 に〜」
③ Second, 〜.「第 2 に〜」
④話し終えるときは That's all.「以上です」と言う。
(3)それぞれ，賛成派の意見の 2 段落目と 3 段落目の内容を簡潔にまとめる。
(4)「政府の調査によると，毎年どのくらいの食品が捨てられますか」 賛成派の意見の 3〜4 行目参照。

6 (1) decide to 〜で「〜することを決める」。「罰(ばっ)する」は punish。
(2)「何百万もの〜」は millions of 〜で表す。「〜に興味がある」は be interested in 〜。
(3)「何よりも」は more than anything。

定期テスト対策 得点アップ！予想問題

p.114〜115 第1回

1 LISTENING ①すき焼き ②日曜日 ③郵便局

2 (1) get off (2) cut up (3) close to (4) feel like

3 (1) We call our cat Kuro.
(2) He has visited China twice.
(3) Do you know what to buy?
(4) It's easy for him to run fast.

4 (1) just
(2)スーリ・イースト灯台，美しい
(3) recommending
(4) haven't had the time to visit
(5) 1. 港 2. ローストチキン[ローストした(焼いた)鶏肉(とりにく)]

5 (1) She named the doll Karen.
(2) Have you heard of umami?
(3) I don't[do not] know where to sleep.
(4) It is[It's] hard[difficult] for me to learn Japanese.

解説

1 LISTENING ①最初のルーシーの発言で「私はてんぷらは1度食べたことがありますが，すき焼きは一度も食べたことがありません」と言っている。
②ケンは，土曜日にすきやきをつくると言っているが，ルーシーの2つ目の発言で「でも次の土曜日は祖母を訪ねる予定です。日曜日はどうですか」と言っている。それに対してケンが「いいですよ」と答えている。
③最後のケンの発言で「それ(ぼくの家)は駅の近くの郵便局のとなりにあります」と言っている。

音声内容

A : Have you ever had *sukiyaki*, Lucy?
B : No, Ken. I have had *tempura* once, but I have never had *sukiyaki*.
A : I know how to cook *sukiyaki*. I'll make it next Saturday. Let's eat it at my house.
B : Oh, sounds nice! Thank you. But I'm going to visit my grandmother next Saturday. How about Sunday?
A : All right. It's easy to find my house. It's next to the post office near the station.

2 (1)「降りる」は get off。
(2)「〜を切り刻(きざ)む」は cut up 〜。
(3)「〜の近くに」は close to 〜。
(4)「…のように感じる」は feel like 〜で表し，動詞が続くときは -ing 形にする。

3 (1) ミス注意！「(人[もの])を〜と呼ぶ」は〈call＋人[もの]＋〜〉。
(2)「〜したことがある」は〈経験〉を表す現在完了形の文。「2度」は twice を使い，文末に置く。
(3)「何を買うべきか」は〈what to＋動詞の原形〉で表す。
(4) ミス注意！「(人が)〜するのは…である」は〈It is ... (for＋人) to 〜.〉で表す。

4 (1)現在完了形の文で「ちょうど」は just で表す。
(2)本文1〜2行目参照。
(3) Thanks for 〜. で「〜してくれてありがとう」。〜に動詞がくるときは -ing 形にする。
(4)「私はまだそのほかのものを訪れる時間がありません」という〈完了〉を表す現在完了形の文。the time のあとに〈to＋動詞の原形〉を置いて，「〜する時間」と the time を修飾(しゅうしょく)する。
(5) 1. 本文3行目参照。
2. 本文6〜7行目参照。

5 (1)「(人[もの])を〜と名づける」は〈name＋人[もの]＋〜〉で表す。
(2)「〜のことを耳にする」は hear of 〜。〈経験〉を表す現在完了形の疑問文に。
(3)「どこで眠るべきか」は〈where to＋動詞の原形〉を使う。
(4)「〜することは(人にとって)…だ」を it を使って表すときは〈It is ... (for＋人) to 〜.〉を使う。

p.116〜117 第2回

1 LISTENING (1)ウ (2)イ (3)ア

2 (1) **At last** (2) **because of**
(3) **As, result** (4) **helped, do**

3 (1) **Has Meg cleaned her room yet?**
(2) **The birds should be helped by us.**
(3) **I've[I have] had the dog since last year.**
(4) **It has been raining since I went outside.**

4 (1)獣医（じゅうい） (2) **banned** (3) **in 2004**
(4) **1.** 電車，風車 **2.** 電柱，電気ショック
(5) **has been developing tools to protect birds**

5 (1) **The doctor works hard to cure sick people.**
(2) **I have been in this town for a long time.**
(3) **How long have you known Yumi?**
(4) **Ken has been sleeping since three (o'clock).**
(5) **My grandmother has lived here for fifty[50] years.**

解説

1 LISTENING (1)母親が「2時からずっとテレビゲームをしている」「今5時です」と言っていることから，「3時間です」を選ぶ。
(2)「名古屋に来る前はどこに住んでいましたか」に対する答えなので，「東京に住んでいました」を選ぶ。
(3)「この近くにスーパーマーケットはありますか」という質問に対する答えで，チャイムのあとは「でも駅の近くのコンビニエンスストアはまだ開いています」と続くので，「それはすでに閉まっています」を選ぶ。

音声内容
(1) *A* : Tom, you've been playing video games since two o'clock. How long have you been playing?
B : Oh, I don't know, Mom.
A : It's five now. ((♪)For three hours.) Do your homework!
(2) *A* : How long have you been in Nagoya?
B : I have been here for five years.
A : Where did you live before you came to Nagoya?
B : ((♪)I lived in Tokyo.)
(3) *A* : Dinner was delicious. Thank you for taking me to the restaurant, Emma.
B : You're welcome. I enjoyed dinner, too, Bob.
A : I want to buy some milk and eggs on my way home. Is there a supermarket near here?
B : ((♪)It has already closed.) But the convenience store near the station is still open.

2 (1)「ついに，とうとう」は at last。
(2)「〜のおかげで，〜のせいで」は because of 〜。
(3)「結果として」は as a result。
(4)「…が〜するのを助ける，手伝う」は help … 〜。「〜」には動詞の原形が入る。

3 (1)ミス注意! 現在完了形の疑問文はhave[has]を主語の前に出す。yet は文末に置く。
(2)ミス注意! the birds を主語にして，〈助動詞＋be＋動詞の過去分詞形〉を続ける。
(3)ミス注意! 「私は昨年イヌを手に入れました。まだそのイヌを飼っています」を，〈継続〉を表す現在完了形の文で「私は昨年以来イヌを飼っています」とする。
(4)「私が外に出たとき，雨が降り始めました。まだ雨が降っています」を現在完了進行形の文で，「私が外に出てからずっと雨が降っています」とする。

4 (2)前に be 動詞があり，受け身の意味になるので過去分詞形にする。ban「〜を禁止する」は n を重ねて ed をつける。
(3)本文 3〜5 行目参照。
(4)本文 6〜7 行目参照。
(5)「そのセンターは電気から鳥を守るための道具をずっと開発しています」という文になる。現在完了進行形と不定詞の形容詞的用法を使った文。

5 (1)「〜するために」は不定詞の副詞的用法〈to＋動詞の原形〉を使う。
(2)〈継続〉を表す現在完了形の文にする。「長い間」は for a long time。
(3)「どのくらいの間」と期間をたずねるときは How long 〜? を使う。状態を表す動詞 know を使うので，〈継続〉を表す現在完了形の文にする。
(4)現在完了進行形の文〈have[has] been＋動詞の -ing 形〉に。「3時から」は前置詞 since を使って since three (o'clock)で表す。

(5)〈継続〉を表す現在完了形の文にする。「50年間」は期間を表す for を使う。

p.118~119 第3回

1 LISTENING (1)ウ (2)エ (3)ア

2 (1) **right now** (2) **Thousands of**
(3) **more than** (4) **Give, call**

3 (1) **On sale now for ten thousand yen.**
(2) **The girl singing over there is Liz.**
(3) **Let's wash the dishes used at the party.**
(4) **This is the book I bought yesterday.**
(5) **My dream is to perform on the stage.**

4 (1) **3日，最後[最終]**
(2) **begun**
(3)ウ
(4)なんてわくわくするのでしょう！
(5) **1.** 着ている，衣装
2. 演奏している音楽

5 (1) **Look at the boy wearing a blue cap [hat].**
(2) **One of his aims is to interview the performer.**
(3) **We touched the table(s) made one[a] hundred years ago.**
(4) **The woman I met[saw] last night was [comes] from France.**
(5) **The drone can[is able to] fly one kilometer per minute.**

解説

1 LISTENING (1)「公園でサッカーをしている少女は私の姉[妹]です」
(2)「これらはヘンリーによって料理されたハンバーガーです」
(3)「これらは私がカナダで撮(と)った写真です」

音声内容
(1) The girl playing soccer in the park is my sister.
(2) These are the hamburgers cooked by Henry.
(3) These are the pictures I took in Canada.

2 (1)「今すぐに」は right now。
(2) ミス注意 「何千もの～」は thousands of ～。thousands と複数形にすることに注意する。
(3)「～以上」は more than ～。
(4)「今日中にお電話を！」は Give a call today!。

3 (1)「今なら特価で～円」は On sale now for ～ yen. で表す。

(2) The girl を動詞の -ing 形で後ろから修飾(しゅうしょく)して，「～している…」の意味にする。

(3) the dishes を動詞の過去分詞形で後ろから修飾して，「～された…」の意味にする。

(4) the book を〈主語＋動詞 ～〉で後ろから修飾して，「―が～した…」の意味にする。

(5)不定詞〈to＋動詞の原形〉の名詞的用法「～すること」を使う。

4 (1)すぐあとに続く the final event of the three-day festival が下線部の詳しい内容。

(2)前に has があるので〈have[has]＋動詞の過去分詞形〉の現在完了形の文。begin- began- begun と変化する。

(3) march down ～で「～を行進する」。

(4)〈How＋形容詞！〉は「なんて～なのでしょう！」という感嘆を表す文。

(5)本文 3～4 行目参照。

5 (1)「～をかぶっている[着ている]…」は〈名詞＋動詞の -ing 形 ～〉で表す。

(2) ミス注意 「～の 1 つ」は〈one of＋名詞の複数形〉。名詞を複数形にすることに注意する。「～すること」は不定詞の名詞的用法または動名詞で表す。ここでは to を使うと指示があるので不定詞を使う。

(3)「～につくられた…」は〈名詞＋動詞の過去分詞形 ～〉で表す。

(4)「―が～した…」は，〈名詞＋主語＋動詞 ～〉で表す。

(5) per は「～につき」の意味。～ kilometer per minute で「分速～キロ」となる。

p.120～121 第4回

1 LISTENING (1)イ (2)エ (3)オ

2 (1) **cheered up** (2) **have, look**
(3) **According to** (4) **at, age**

3 (1) **was called** (2) **which[that] helped**
(3) **only, but** (4) **that[which], gave**

4 (1)① **studying** ③ **Being**
(2) **English is a tool that I need**
(3) **confidence**
(4)彼女(かのじょ)はいつもスキージャンプを日本でもっと人気があるものにしたいと思っています。
(5) **encourage, example**

5 (1) **It sounds like an important experience.**
(2) **He's[He is] a vet[veterinarian] who works for wildlife[wild animal].**
(3) **Look at that house which has a big garden.**
(4) **The letter that Ken received[got] was sent by Liz.**

解説

1 LISTENING (1)「こちらは高くジャンプできる運動選手です」

(2) ミス注意 「これは耳の長い動物です」の意味。「耳」ears と「鼻」nose を聞き間違(まちが)えないよう注意。

(3)「これは寒いときに使うものです」

> **音声内容**
> (1) This is an athlete who can jump high.
> (2) This is an animal which has long ears.
> (3) This is something that we use when it is cold.

2 (1)「～を元気づける」は cheer up ～。

(2)「見る」は have a look。

(3)「～によると」は according to ～。

(4)「～歳(さい)で」は at the age of ～。

3 (1)〈call＋人[もの]＋～〉の文を，受け身の形〈人[もの]＋be 動詞＋called＋～〉にする。

(2)「子どもを助けたイヌ」となるように the dog のあとに関係代名詞 which[that]を置き，動詞を続ける。

(3) ミス注意 「～だけでなく…もまた」は not only ～but also ...。

(4) The T-shirt のあとに目的格の関係代名詞 that

[which]を置き，The T-shirt を説明する〈主語＋動詞 ～〉を続ける。

4 (1)①前に has been, 後ろに since があるので現在完了進行形。

③「英語を話せること」という長い主語になるように，動名詞の形にする。

(2)「彼女(かのじょ)は『英語はプロのアスリートとして私が必要とする道具です』と言います」という意味にする。

(3)本文 4～5 行目参照。

(4)〈make＋人[もの]＋～〉「人[もの]を～にする」の文で，「～」にあたる形容詞が比較級(ひかく)になっている。

(5)「高梨(たかなし)選手は年下のジャンパーのために何をしたがっていますか」という問い。本文 7 行目参照。

5 (1)ミス注意!「～のように聞こえる」は sound like ～で表す。

(2) a vet[veterinarian]のあとに関係代名詞 who を置き，動詞を続ける。

(3) that house のあとに関係代名詞 which を置き，動詞を続ける。

(4) The letter のあとに関係代名詞 that を置き，The ltter を説明する〈主語＋動詞 ～〉を続ける。

p.122～123 第5回

1 LISTENING (1)ウ (2)オ (3)イ

2 (1) **wrong** (2) **go shopping**

(3) **bad at** (4) **same time**

3 (1) **which has**

(2) **were[was], could**

(3) **were[was], would[could]**

(4) **wish, were**

4 (1) **had a little fight with my brother**

(2)けんか，兄弟

(3)どういう意味ですか。

(4)④ **had** ⑤ **could**

(5) **big brother**

5 (1) **He can[is able to] do many[a lot of] things better than I.**

(2) **If you knew him, he would help you.**

(3) **If I were you, I would join the competition.**

(4) **I wish I were a bird.**

(5) **I wish I could speak French.**

解説

1 LISTENING (1)A「もしたくさんお金を持っていたら，何をしたいですか，ユキ」

B「フランスに行くでしょう」

A「ああ，なるほど。私は本をたくさん買うでしょう」

質問「もしユキがたくさんお金を持っていたら，何をするでしょうか」

(2)A「もし晴れたら，ピクニックに行けるのに」

B「でも雨が降っているから，家でテレビゲームをしましょう」

A「そうですね」

質問「彼(かれ)らは何をするつもりですか。」

(3)A「英語をじょうずに話せたらなあ」

B「あら，ケン，あなたの英語はとてもじょうずだって知っていますよ。でも，私といっしょに英語を話す練習をしたいですか」

A「本当に？ どうもありがとう」

質問「マサは何をしたいですか」

音声内容

(1) A : What would you like to do if you had a lot of money, Yuki?

B : I would go to France.

A : Oh, I see. I would buy a lot of books.

Question : What would Yuki do if she had a lot of money?
(2) *A :* If it was fine, we could go on a picnic.
B : But it is raining, so let's play video games at home.
A : All right.
Question : What are they going to do?
(3) *A :* I wish I could speak English well.
B : Oh, Masa, I know your English is very good. But do you want to practice speaking English with me?
A : Really? Thank you very much.
Question : What does Masa want to do?

2 (1)「どうしたの」は What's wrong? という決まり文句。
(2)「買いものに行く」は go shopping。
(3)「～が下手である」は be bad at ～。
(4)「同時に」は at the same time。

3 (1)関係代名詞 which を a country のあとに置き，動詞 has を続ける。
(2)ミス注意!「今日は雨降りではありません。だから私は新しい傘(かさ)が使えません」→「もし雨降りだったら，新しい傘が使えるのになあ」 実現する可能性がないか，可能性が低い場合，仮定法〈If＋主語＋動詞の過去形 ～，主語＋could[would など]＋動詞の原形 ....〉を使う。If のあとの be 動詞は，主語に関係なく were が使われることが多い。
(3)ミス注意!「私はひまではありません。だから十分に眠りません」→「もし私がひまだったら，十分に眠る(ことができる)のになあ」 仮定法では，主語に関係なく，were が使われることが多い。
(4)「私は料理が得意になりたい」→「私が料理が得意だったらなあ」 I wish I were ～. で「私が～っだったらなあ」。

4 (1) fight は「けんか」。have a little fight は「ちょっとしたけんかをする」という意味。
(2)本文 4～5 行目参照。
(3) mean は「～を意味する」。
(4)実現する可能性がないか，可能性が低い場合に使う，仮定法〈If＋主語＋動詞の過去形 ～，主語＋could[would など]＋動詞の原形 ....〉の文。どちらも過去形にする。
(5)「メイは何をほしがっていますか」という問い。本文 4 行目参照。

5 (1)「もっとじょうずに」は good の比較(ひかく)級 better を使う。
(2)(3)実現する可能性がないか，可能性が低い場合に使う，仮定法〈If＋主語＋動詞の過去形 ～，主語＋would[could など] ....〉の文。
(3)仮定法では，主語に関係なく were を用いることが多い。
(4)「私が～だったらなあ」は I wish I were ～. で表す。
(5)「私が～できたらなあ」は I wish I could ～. で表す。

p.124~125 第6回

1 LISTENING (1)ウ (2)イ (3)イ

2 (1) **disagree with [am against]**
(2) **get home** (3) **other day**
(4) **both, and**

3 (1) **I want you to read this book.**
(2) **I know how important this is.**
(3) **Please take a few minutes to think about this problem.**
(4) **Today's discussion is related to the environment.**

4 (1)シンガポールの人々は長時間働くということ。
(2) **Who's going to report to the class?**
(3)お金をかせぐこと／私たちが大好きである何かをすること／ほかの人のために何かをすること
(4) **1. 44 2.** 半分[半数]

5 例1 **I don't think so. Because it's useful for us to study at home.**
例2 **I think so, too. Because we don't have much time to study at home.**

解説

1 LISTENING (1)ミス注意!「～に賛成です」はI agree with ～. や I'm for ～. で表す。
(2)ミス注意!「私もそう思います」は Me, too.。「私もそう思いません」は Me, neither. で表す。
(3)「例」は example,「～のことを考える」は think of ～。

音声内容
(1) ア I disagree with you.
イ I'm against your idea.
ウ I'm for you.
(2) ア Me, too.
イ Me, neither.
ウ I think so.
(3) ア How about you?
イ Can you think of an example?
ウ What do you think about the example?

2 (1)ミス注意!「～に賛成する，～に同意する」は agree with ～または be for ～,「～に反対する」は disagree with ～または be against ～で表す。
(2)「帰宅する」は get home。
(3)「先日」は the other day。
(4)「～も…も両方とも」は both ～ and ...。

3 (1)「～に…してほしい」は〈want＋人＋to＋動詞の原形〉。
(2)ミス注意!「これがどんなに重要か」は間接疑問〈how＋形容詞＋主語＋動詞 ～〉で表す。〈how＋形容詞〉のあとの語順に注意する。
(3)「この問題を考えるために数分かけてください」と考える。
(4)ディスカッションを始めるときの司会のことば。「～と関係がある」は be related to ～。

4 (1)直前の文の内容を指している。
(2)「だれがクラスに報告しますか」という文になる。Who が主語の，未来の疑問文。
(3)本文 7～8 行目参照。to ～で表されている 3 つのことを答える。
(4)本文 2～3 行目参照。

5 質問は「宿題は必要ないと思っている生徒もいます。あなたはどう思いますか」。まず，I think so. または I don't think so. で自分の考えを述べ，あとに Because ～. で理由を続ける。

p.126～128 第7回

1 LISTENING (1)ウ (2)ア (3)ウ

2 (1) Reducing (2) climbed
(3) studying (4) said

3 (1) In fact (2) brought up
(3) According to (4) If, might

4 (1) let me respond to the other side's points
(2)(私たちが)帰宅したときすぐに冷蔵庫に残り物を保存する。
(3)(レストランの)客は自分のドギーバッグを持っていくことができる。／
(レストランの)客はドギーバッグに余分に料金を払うことができる。
(4) 1. 5, 60 2. レストラン，許可する

5 (1) I disagree with the opinion.
(2) The man I saw is from India.
(3) You should know how he lived.

6 (1) hardships
(2) wanted Japan to open its doors
(3) More than anything
(4) 1. 英語 2. 航海
(5) 1. 英語，最初 2. アメリカ，架(か)け橋

7 (1) What's[What is] the difference between debate and discussion?
(2) We can make the world around us better.
(3) You don't[do not] like vegetables, do you?

解説

1 LISTENING (1) ミス注意 「～したことがある」という意味の，経験を表す現在完了形の疑問文に答えるので，「2回」twice のある文を選ぶ。
(2) A の最初の発言「私は，ロボットはいつか私たちのかわりに働くことができるようになるでしょう」に対して，チャイムのあとの発言が「私たちは将来働く必要がないだろう」なので，賛成の意味の文を選ぶ。
(3) ミス注意 How about you? と意見を求められ，チャイムのあとの発言が「私は毎朝何を着るべきか考えたくない」なので，「私はあなたに反対です，リズ」を選ぶ。

音声内容
(1) A : Have you ever been to Osaka?
B : Yes. ((♪)I have been there twice.)
A : Oh, please tell me some good places to visit.
(2) A : I think robots will be able to work instead of us one day.
B : ((♪)I think so, too.) We will not need to work in the future.
A : But I want to do a job that robots can't do.
(3) A : I don't think we need school uniforms. How about you, Kaito?
B : ((♪)Oh, I disagree with you, Liz.) I don't want to think about what I should wear every morning.

2 (1)動名詞(動詞の -ing 形)にして～ plastic bags までを主語にする。
(2)現在完了形の疑問文は〈Have[Has]＋主語＋動詞の過去分詞形 ～?〉の形。
(3) ミス注意 〈have been ＋動詞の -ing 形〉で現在完了進行形の文にする。
(4)助動詞のある受け身の文は〈助動詞＋be＋動詞の過去分詞形〉の形。

3 (1)「実際に」は in fact。
(2)「～を育てる」は bring up ～。
(3)「～によると」は according to ～。
(4)仮定法〈If＋主語＋動詞の過去形 ～，主語＋could[would など]＋動詞の原形 ～ ....〉「もし～したら，…しなければならないかもしれない」という文にする。

4 (1)「第1に，もう一方の側の要点に答えさせてください」という文にする。「私に～させてください」は〈Let me＋動詞の原形 ～.〉。
(2)本文2～3行目参照。
(3)本文4行目参照。
(4) 1. 本文1～2行目参照。
2. 本文5～6行目参照。

5 (1)「～に反対です」は disagree with ～。
(2) ミス注意 「私が会った男性」は名詞を〈主語＋動詞 ～〉が後ろから修飾(しゅうしょく)する形で表す。
(3) ミス注意 「彼(かれ)がどのように生きたか」は間接疑問〈疑問詞＋主語＋動詞〉で表す。

6 (1)本文2～3行目参照。直前の複数形の名詞を探す。
(2)「～に…してほしい」という文。〈want＋～＋to＋動詞の原形〉の形。

(3)「何よりも」は more than anything。

(4)本文 1～2 行目参照。

(5) 1. 本文 2 行目参照。

2. 本文最後の 1 文参照。

7 (1)「～と…の間の」は between ～and ...。

(2)「人[もの]を～にする」は〈make＋人[もの]＋～〉で表す。「よりよく」は good の比較級 better を使う。

(3)「～ですよね」と言うときは，付加疑問を使う。ここでは，主語が You で現在形の一般動詞が使われる文なので，カンマのあとには do you? を置く。

6 5 4 3 2 1
D C B A

中学教科書ワーク

定期テスト対策

スピードチェック

教科書の重要語句＆重要文マスター

■英語音声について

こちらから英語音声が聞けます。

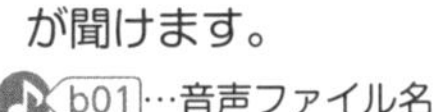

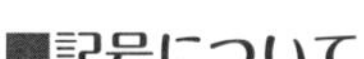

b01 …音声ファイル名

■記号について

否…（おもに）否定文で使う。

疑…（おもに）疑問文で使う。

名…名詞　形…形容詞

副…副詞　前…前置詞

助…助動詞　接…接続詞

※最初に出てきたものと異なる品詞で出てきた単語についています。

英語 3年

付属の赤シートを使ってね！

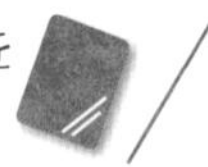

教育出版版

「スピードチェック」は取りはずして使用できます。

Review Lesson ～ Tips 2 for Writing ①

重要語句 チェック

b01

☑ **chance**	**機会**
☑ cuisine	料理(法)
☑ or	すなわち，言いかえれば
☑ basic	基本の
☑ chef	料理長
☑ **discover**	**～を発見する**
☑ French	フランスの
☑ known	know の過去分詞形
☑ name	～と名づける
☑ own	自分の
☑ **tradition**	**伝統**
☑ **climb**	**登る**
☑ **east**	**〔通例 the ～で〕東，東方**
☑ harbor	港
☑ haven't	have not の短縮形
☑ **host**	**(客をもてなす)主人，ホスト**
☑ host parent	ホストペアレント
☑ lighthouse	灯台
☑ Mrs.	～さん〔既婚の女の人の姓・姓名につける敬称〕
☑ roast	ローストした，焼いた
☑ Your friend,	あなたの友達(手紙の結びのことば)
☑ feel like ～	～のように感じる
☑ hear of ～	～のことを耳にする
☑ I've	I have の短縮形
☑ read	read の過去分詞形
☑ series	シリーズ
☑ someday	いつか
☑ **step**	**一歩踏み込む**
☑ translate	～を翻訳する
☑ you'll	you will の短縮形

重要文 チェック

b02

☑ I can recommend where to go in Kyoto.	私は京都でどこに行くべきかお勧めできます。
☑ He named the taste umami.	彼はその味をうまみと名づけました。
☑ It was so interesting for me to learn about Japanese cuisine from French person.	私にとってフランスの人から日本料理について学ぶことはとてもおもしろかったです。
☑ I have just finished my homework.	私はちょうど宿題が終わったところです。
☑ I have read the book before.	私は以前にこの本を読んだことがあります。
☑ Have you read this book?	この本を読んだことがありますか。
☑ — Yes, I have. / No, I haven't.	—はい，あります。／いいえ，ありません。

教科書 p.4 ~ 20

Review Lesson ~ Tips 2 for Writing ②

重要語句 チェック b03

☑ **add**	**~を加える**
☑ **already**	**もう，すでに**
☑ boil	~をゆでる
☑ butter	バター
☑ clam	ハマグリ，アサリ
☑ cream	クリーム
☑ cut up ~	~を切り刻む
☑ **ever**	**これまでに**
☑ lobster	ロブスター
☑ parsley	パセリ
☑ **pass**	**(時間が)経つ**
☑ scallop	ホタテ貝
☑ seafood	シーフード
☑ **serve**	**(食事・飲みもの)を出す**
☑ simmer	ぐつぐつ煮える，煮る
☑ **smell**	**~の匂いをかぐ**
☑ tablespoon	テーブルスプーン
☑ tender	やわらかい
☑ tried	try の過去分詞形
☑ try	(~を)試す，試みる

Useful Expressions

☑ airport	空港
☑ be close to ~	~に近い
☑ get off	降りる
☑ information desk	案内所
☑ line	線
☑ Could you ~?	~していただけませんか。

重要文 チェック b04

☑ **I haven't finished** writing a report **yet.**	私はまだレポートを書き終えていません。
☑ **Have you finished** writing a report **yet?**	もうレポートを書き終えましたか。
☑ **Have you ever heard** the word?	これまでにその言葉を聞いたことはありますか。
☑ **Could you tell me how to get to** Yokohama Stadium?	横浜スタジアムへの行き方を教えていただけませんか。

Lesson 2 ～ Tips 3 for Reading

重要語句 チェック

b05

☑ **danger**	**危険**
☐ eagle	ワシ
☑ **human**	**人間**
☐ in danger	危険に直面して
☐ wildlife	野生動物
☑ **been**	**be の過去分詞形**
☐ choose	～を選ぶ
☐ chosen	choose の過去分詞形
☐ face	～に直面する
☐ seen	see の過去分詞形
☑ **since**	**接 ～して以来 前 ～以来**
☑ **topic**	**トピック**
☐ bullet	銃弾（じゅうだん）
☑ **century**	**100年間**
☐ deer	シカ
☐ hunt	（獲物（えもの））を狩（か）る
☐ hunter	猟師（りょうし）
☑ **kill**	**～を殺す**
☐ lead	名 形 鉛（なまり）（の）
☑ **meat**	**肉**
☑ **o'clock**	**～時**
☐ poisonous	有毒な
☑ **against**	**～に反対して**
☐ as a result	結果として
☐ ban	～を禁止する
☑ **center**	**（施設（しせつ）としての）センター**
☐ develop	～を開発する
☐ die from ～	～が原因で死ぬ
☐ Dr.(=doctor)	医者，博士
☐ electric	電気の
☑ **movement**	**活動**
☐ poison	～を汚染（おせん）する
☑ **shock**	**ショック**
☐ use	動 ～を使う 名 使用
☐ utility pole	電柱
☐ veterinarian	獣医（じゅうい）
☐ wetland	湿地帯（しっちたい）
☐ windmill	風車

重要文 チェック

b06

☑ I **have lived** in Yokohama **for** five years.	私は５年間横浜に住んでいます。
☑ **How long have** you **been** in Yokohama?	あなたはいつから横浜に住んでいますか。
☑ ― I **have been** here **since** I was little.	― 小さいころからずっとです。
☑ I **have been reading** this book **since** three o'clock.	私は３時からずっとこの本を読んでいます。

教科書 p.31 ～ 46

Lesson 3 ～ Reading 1 ①

重要語句 チェック
b07

☐ ad	広告
☐ captain	キャプテン
☐ championship	選手権
☐ cheerleading	チアリーディング
☐ finalist	決勝戦出場者
☐ ribbon	リボン
☐ app(=application)	アプリ
☐ at home	家で
☐ **contact**	**～に連絡(れんらく)する**
☐ drone	ドローン
☐ **forget**	**～を忘れる**
☐ forgot	forget の過去形
☐ **kilogram**	**キログラム**
☐ pick up ～	～を取ってくる
☐ right now	今すぐに
☐ trial	試すこと
☐ up to ～	(最高)～まで
☐ **across**	**～にわたって**
☐ aim	目的
☐ attract	～を魅了(みりょう)する
☐ avenue	大通り
☐ begin	(～を)始める
☐ begun	begin の過去分詞形
☐ friendship	友情
☐ **group**	**グループ**
☐ **international**	**国際的な**
☐ **interview**	**動 インタビューをする**
	名 インタビュー
☐ march	行進する
☐ parade	パレード
☐ performer	パフォーマー
☐ promote	～を促進する
☐ **share**	**～を共有する，分かち合う**
☐ understanding	理解
☐ **various**	**いろいろな**
☐ yearly	年 1 回の
☐ No problem.	問題ありません。

Project 1

☐ alarm	アラーム
☐ convenient	便利な
☐ easy to use	使いやすい

重要文 チェック
b08

☐ The girl **wearing ribbons** is Yuko.	リボンをつけている女の子がユウコです。
☐ My father has a car **made in France**.	私の父はフランス製の車を持っています。
☐ This is the book **my father bought me last Sunday**.	これは，父がこの前の日曜日に買ってくれた本です。

Lesson 3 ～ Reading 1 ②

重要語句チェック

b09

- ☐ high-tech 先端(せんたん)技術の
- ☐ reasonable 値段が手ごろな
- ☐ trendy 最新流行の
- ☐ Everybody loves [has/wants] ～. みんな大好き[持っている／ほしがる]～。
- ☐ First, ～. Next, ～. Finally, ～. まず～。次に～。最後に～。
- ☐ Get yours now! 今すぐ手に入れて！
- ☐ Give a call today! 今日中にお電話を！
- ☐ Good news! Now there's ～. 朗報！～があるよ。
- ☐ On sale now for ～ yen. 今なら特価で～円。

Reading 1

- ☐ acting 演技
- ☐ actress 女優
- ☐ after a while しばらくして
- ☐ army 軍隊
- ☐ at war 戦争中の
- ☐ ballet バレエ
- ☐ bloom 開花する
- ☐ cancer がん
- ☐ **deep** **深い**
- ☐ devotion 献身(けんしん)的な愛情
- ☐ director ディレクター，監督(かんとく)
- ☐ discover ～の才能を見出す
- ☐ German ドイツの
- ☐ grew grow の過去形
- ☐ grow up 大人になる
- ☐ **hit** **(作品などの)ヒット，当たり**
- ☐ hunger 飢(う)え
- ☐ including ～を含(ふく)めて
- ☐ **leave** **～を残す**
- ☐ left leave の過去分詞形
- ☐ make a deep impression on ～ ～に深い感銘(かんめい)を与(あた)える
- ☐ **marry** **結婚(けっこん)する**
- ☐ mean ～を意味する
- ☐ meant mean の過去形
- ☐ **medicine** **薬**
- ☐ mission 使命，天命
- ☐ not just ～ but also ... ～だけでなく…もまた
- ☐ princess 王女
- ☐ **receive** **～を受け取る**
- ☐ **rich** **金持ちの，豊かな**
- ☐ **safe** **安全な**
- ☐ **son** **息子**
- ☐ spend time with ～ ～と時間を過ごす
- ☐ suffer from ～ ～に苦しむ
- ☐ take over ～ ～の支配権を得る
- ☐ tulip チューリップ
- ☐ **weak** **弱い**

教科書 p.47 ～ 56

Lesson 4 ～ Tips 4 for Writing

重要語句チェック

♪b10

field	分野，畑，競技場
legend	偉人（いじん），伝説的な人物
athlete	運動選手
champion	選手権
gold	**金（きん）の**
hop	軽く飛ぶ
medal	メダル
triple jump	三段跳（と）び
according to ～	～によれば
athletic	運動競技の
cheer up ～	～を元気づける
female	女性の
football	フットボール
have a look	見る
injured	負傷した
terrific	すばらしい
trainer	トレーナー
university	**大学**
all-time	これまでで最高の
break a record	記録を破る
broken	break の過去分詞形
concentrate on ～	～に集中する
confidence	自信
elementaly school	小学校
encourage	**～を勇気づける**
official	**公式な**
record	**記録**
victory	勝利

重要文チェック

♪b11

Oda Mikio was an athlete **who won a gold medal.**	織田幹雄は金メダルを取ったスポーツ選手でした。
I have a magazine **which has many photos.**	私は写真がたくさん載（の）っている雑誌を持っています。
The book **that you gave me** was interesting.	あなたがくれたこの本はおもしろいです。

単語の意味やつづりを
しっかり覚えているかな。

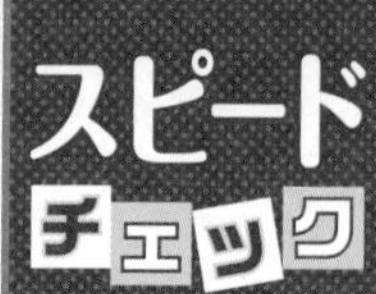

教科書 p.57～67

Lesson 5 ～ Tips 6 for Writing

重要語句 チェック

b12

☐ advice	助言	☐ **bad**	**不得意な**
☐ true to ～	～に忠実な	☐ be bad at ～	～が下手である
☐ depressed	落ちこんだ	☐ **disagree**	**(～と)意見を異にする**
☐ go shopping	買いものに行く	☐ priority	優先事項(じこう)
☐ wrong	調子が悪い	☐ **wish**	**～を強く望む**
☐ education	教育	☐ Come on!	まさか。
☐ high school	高校	☐ What's wrong?	何か問題があるのですか。
☐ jealous	うらやんで，ねたんで		

重要文 チェック

b13

☐ **If** I **had** a brother, I **could** do a lot of things with him.	もしも私に兄がいたなら，さまざまなことをいっしょにできるだろう。
☐ **If** I **were** you, I **would** go to Kita High School.	もし私があなただったら，北高校に行くでしょう。
☐ I **wish** I **were** good at soccer.	サッカーがじょうずだったらなあ。
☐ I **wish** I **could** speak French.	フランス語を話せたらなあ。

つづりの難しい単語は
何度も書いて覚えようね。

Lesson 6 ～ Project 2

教科書 p.69 ～ 79

重要語句チェック

b14

☐ agree with ～	～に賛成する，～に同意する
☐ balance	バランス
☐ both ～ and …	～も…も両方とも
☐ be related to ～	～と関係がある
☐ **discussion**	**討議，討論**
☐ get home	帰宅する
☐ **health**	**健康**
☐ labor	労働
☐ child-raising	子育て
☐ **common**	**一般(いっぱん)的な**
☐ cooperate	協力する
☐ get married	結婚(けっこん)する
☐ housework	家事
☐ **reason**	**理由**
☐ researcher	研究者
☐ Sweden	スウェーデン
☐ Swedish	スウェーデンの
☐ the other day	先日
☐ **wife**	**妻**
☐ at most	多くて(も)
☐ confirm	確認する
☐ **discuss**	**～について話し合う**
☐ **government**	**政府**
☐ **half**	**半分**
☐ man	男の人
☐ **men**	**man の複数形**
☐ neither	～もまた…ない
☐ overtime	時間外に
☐ **turn**	**順番，番**
☐ Me, neither.	私もそう思いません。

重要文チェック

b15

☐ **Today's discussion is related to labor.**	**本日の討論は労働に関する**ことです。
☐ **I agree with Bob.**	**私はボブに賛成です。**
☐ That's a good point, but **can you think of an example?**	それはよい点ですが，**その例を考えてもらえますか。**
☐ **As I said before,** money isn't the only reason to work.	**先ほど言ったように，**お金だけが働く理由ではありません。
☐ **Who's going to report to the class?**	**だれがクラスに報告しますか。**
☐ **Did anyone think that** people don't have to work?	人々は働く必要はない**と考えた人はいますか。**

Lesson 7 ～ Further Reading 4 ①

重要語句 チェック

b16

☑ **debate**	名 **ディベート，討論(会)** 動 **(問題など)を議論する**
☑ doggy bag	ドギーバッグ（持ち帰り袋）
☑ decline	断る
☑ food waste	食品廃棄(物)
☑ issue	問題
☑ leftover	残りもの
☑ perspective	視点
☑ responsibility	責任
☑ solution	解決策
☑ spoil	腐る
☑ **system**	**システム**
☑ take home ～	～を家に持ち帰る
☑ **though**	**けれども**
☑ **waste**	**廃棄物**
☑ affirmative	肯定の
☑ budget	生活費，予算
☑ define	～と定義する
☑ discard	～を廃棄する
☑ eaten	eat の過去分詞形
☑ family budget	家計
☑ food loss	食品ロス
☑ include	～を含む
☑ **lose**	**～をなくす，失う**
☑ loss	損失
☑ lost	lose の過去形
☑ **meal**	**食事**
☑ negative	否定の
☑ **possible**	**可能な**
☑ **prepare**	**～を準備する**
☑ process	過程
☑ **research**	**調査**
☑ resolution	論題
☑ **side**	**側**
☑ speaker	話者
☑ store	～を保存する
☑ that is	すなわち，つまり

重要文 チェック

☑ Has anyone ever asked for a doggy bag in a restaurant?	これまでにレストランでドギーバッグを頼んだことがある人はいますか。
☑ We have two points: “food loss” and “family budget.”	２つの要点があります。「食品ロス」と「家計」です。
☑ What is the difference between food loss and food waste?	食品ロスと食品廃棄の違いは何ですか。

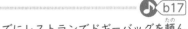

教科書 p.81 ～ 119

Lesson 7 ～ Further Reading 4 ②

重要語句チェック

b18

☑ **ton**	**トン**
☑ unused	使われていない
☑ That's all.	以上です。
☑ **cost**	**費用**
☑ food poisoning	食中毒
☑ humid	湿度の高い
☑ **price**	**価格**
☑ provide	～を提供する
☑ strongly	強く
☑ allow	～を許可する
☑ bacteria	バクテリア，細菌
☑ centigrade	(湿度が)セ氏の
☑ disagree with ～	～に反対です
☑ even if ～	たとえ～としても
☑ extra	余分に
☑ immediately	すぐに
☑ **pay**	**支払う**
☑ refrigerator	冷蔵庫
☑ regarding	～について
☑ respond	答える
☑ **risk**	**リスク**
☑ speech	スピーチ，演説
☑ thus	したがって

Project 3

☑ boxed lunch	弁当
☑ citizen group leader	市民団体のリーダー
☑ convenient	便利な
☑ dietician	栄養士
☑ leave for ～	～に向かって出発する
☑ nutritious	栄養のある
☑ repeat	～をくり返す
☑ right	権利
☑ school lunch	給食
☑ well-balanced	バランスのとれた

重要文チェック

☑ Over 10,000 people per year get food poisoning, **according to** government research.	政府の調査によると，年間に1万人を超える人々が食中毒になっています。
☑ **Let me respond to** the other side's points.	反対側の意見に答えさせてください。
☑ **For these reasons**, we strongly disagree with the resolution.	これらの理由から，私たちはその論題には強く反対します。

教科書 p.81 ～ 119

Lesson 7 ～ Further Reading 4 ③

重要語句チェック

b20

Reading 2

☐ amazingly	驚くべきことに
☐ animated film	アニメーション映画
☐ atomic	原子(力)の
☐ base	基づく
☐ be shocked at ～	～にショックを受ける
☐ **bright**	**快晴の，明るい**
☐ bring up ～	～を育てる
☐ carry on with ～	～をがんばり通す
☐ cloudless	晴れわたった
☐ conductor	車掌
☐ crane	ツル
☐ **death**	**死，破滅**
☐ destroy	破壊する
☐ determine	決意する
☐ difficulty	困難
☐ **drop**	**～を落とす**
☐ entrust	委ねる
☐ **fact**	**事実**
☐ film	映画
☐ **importance**	**重大さ**
☐ in an instant	一瞬にして
☐ in fact	実際に
☐ in service	正常に動いて
☐ instant	瞬間
☐ involve	～に影響を与える
☐ **itself**	**それ自身**
☐ memorial	記念の
☐ nearly	ほぼ
☐ network	路線網
☐ pray	祈る
☐ prayer	祈り
☐ president	大統領
☐ reality	現実
☐ **realize**	**～を実感する**
☐ reconstruction	復興
☐ recover	立ち直る
☐ **repeat**	**くり返す**
☐ shocked	ショックを受けた
☐ sitting	現職の
☐ strength	強さ
☐ surely	確かに
☐ teenager	ティーンエージャー
☐ **terrible**	**ひどい**
☐ tram	路面電車
☐ tramline	路面電車の線路
☐ wealth	富，財産
☐ worker	労働者

教科書 p.81 ～ 119

Lesson 7 ～ Further Reading 4 ④

重要語句チェック

b21

Further Reading 1

☐ adventure	冒険(ぼうけん)
☐ again and again	何度も
☐ all day	一日中
☐ angry	怒っている
☐ as fast as possible	できるだけ速く
☐ aunt	おば
☐ awful	ひどい
☐ be free to ～	自由に～できる
☐ be in trouble	面倒(めんどう)に巻き込(こ)まれる
☐ by the end of ～	～の終わりまでに
☐ captain	船長
☐ carefully	入念に
☐ come by	立ち寄る
☐ curious	好奇心(こうきしん)を示す
☐ dark	陰(いん)うつな
☐ decide	～を決める
☐ desire	～を強く望む
☐ entire	全部の
☐ fence	塀
☐ front	前面，正面
☐ get a chance to ～	～する機会をつかむ
☐ get angry at ～	～に腹を立てる
☐ human nature	人間性
☐ instead of ～	～の代わりに
☐ joy	喜び
☐ laugh at ～	～を笑う
☐ law	法則
☐ look	顔つき
☐ moment	瞬間(しゅんかん)
☐ out front	外で
☐ paid	pay の過去形
☐ paint	ペンキを塗る
☐ pocket	ポケット
☐ pretend to be ～	～のふりをする
☐ punish	罰(ばっ)する
☐ reluctantly	しぶしぶ
☐ riverboat	川船
☐ shout	叫(さけ)ぶ
☐ stop to ～	立ち止まって～する
☐ toy	取るに足りないもの
☐ trouble	面倒なこと
☐ whole	すべての
☐ with a surprised look	びっくりした顔をして
☐ wonder if ～	～かなと思う
☐ yell	大声を上げる

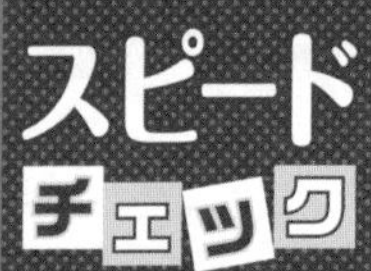

Lesson 7 ～ Further Reading 4 ⑤

重要語句チェック

b22

Further Reading 2

☐ accomplishment	業績
☐ accurate	正確な
☐ administration	(政府の)部局
☐ aeronautics	航空学
☐ as ～ as ever	今までと同じように
☐ astronaut	宇宙飛行士
☐ at that time	その当時
☐ attend	出席する
☐ be ready to ～	～する用意のできた
☐ calculate	計算する
☐ calculation	計算
☐ college	大学
☐ compute	計算する
☐ count	数える，重要である
☐ count on ～	～を頼りにする
☐ electronic	電子の
☐ eventually	ついに
☐ faith	信頼
☐ flight	飛行
☐ fork	フォーク
☐ grade	学年
☐ graduate from college with honors	大学を優等で卒業する
☐ graduate school	大学院
☐ head	向かう
☐ hometown	故郷の町
☐ impressive	感銘深い
☐ invite	招待する
☐ keep ～ing	～し続ける
☐ kept	keep の過去形
☐ lift off	(ロケットなどが)離陸する
☐ lover	愛好者
☐ major	専攻する
☐ mankind	人類
☐ mathematician	数学者
☐ meantime	その間
☐ meeting	会議
☐ on board	(乗りもの)に乗って
☐ Pacific Ocean	〔the ～〕太平洋
☐ participate	～に参加する
☐ path	軌道
☐ plate	皿
☐ presidential	大統領の
☐ project	計画
☐ rely on ～	～を頼みにする
☐ retire	退職する
☐ skip	飛び級する
☐ space	宇宙
☐ splash down	着水する
☐ step	歩み
☐ taught	teach の過去形
☐ those days	当時

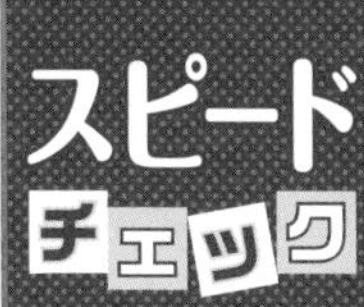

Lesson 7 ～ Further Reading 4 ⑥

重要語句チェック

b23

Further Reading 3

☐ active	活動している
☐ addition	追加
☐ adult	大人(の)
☐ Africa	アフリカ
☐ Asia	アジア
☐ camp	キャンプ
☐ carpet	じゅうたん
☐ caught	catch(～を引きつける)の過去形
☐ child labor	児童労働
☐ clear	はっきりした
☐ dangerous	危険な
☐ death	死
☐ educational	教育的な
☐ escape	～から逃(に)げる
☐ figure	図
☐ force	～を強制する
☐ forced	強制された
☐ form	～を結成する
☐ found	～を創設する
☐ free	解放する，自由にする
☐ healthy	健全な
☐ in addition	さらに
☐ laborer	労働者
☐ leader	指導者
☐ leadership	リーダーシップ，統率(とうそつ)力
☐ lesson	教え，教訓
☐ little	わずかな，ほとんどない
☐ more and more	ますます
☐ organization	組織
☐ petition	請願(せいがん)書
☐ political	政治的な
☐ poor	貧しい
☐ president	社長
☐ relative	親類
☐ sell	売る
☐ shot	shoot の過去分詞形
☐ speak out	はっきりと話す，率直(そっちょく)に意見を述べる
☐ spread	～が広がる
☐ support	支援(しえん)
☐ travel	～を旅行する
☐ truth	真実
☐ understand	～を理解する
☐ understood	understand の過去形
☐ workshop	ワークショップ，研修会

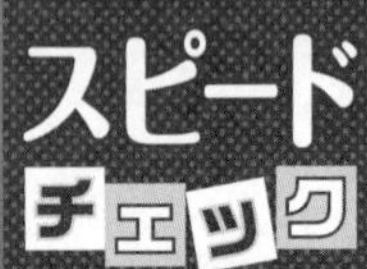

教科書 p.81 ～ 119

Lesson 7 ～ Further Reading 4 ⑦

重要語句チェック

Further Reading 4

☐ albatross	アホウドリ
☐ be wrecked	難破する
☐ boat	舟(ふね)
☐ bravely	勇敢(ゆうかん)に
☐ bridge	架(か)け橋
☐ call ～ to …	(人)を(場所)に呼びだす
☐ door	門戸(もんこ)
☐ eager	熱心な
☐ enough	十分な量[数]
☐ fisherman	漁師
☐ fishermen	fisherman の複数形
☐ go well	うまくいく
☐ hardship	苦難
☐ knife	ナイフ
☐ knives	knife の複数形
☐ messenger	使節
☐ miss	～がいなくて寂(さび)しい，～を逃(のが)す
☐ more than anything	何よりも
☐ name ～ … after A	A にちなんで～に…と名づける
☐ naturally	自然に
☐ navigation school	航海学校
☐ nickname	愛称(あいしょう)
☐ polite	礼儀(れいぎ)正しい
☐ prison	ろう獄(ごく)
☐ question	～に質問する
☐ rainwater	雨水
☐ right	まっすぐに
☐ sailing	航海(術)
☐ sailor	船員
☐ save	～を救う
☐ service	礼拝
☐ spoke	speak の過去形
☐ still	それでも
☐ swam	swim の過去形
☐ tackle	～に取り組む
☐ textbook	教科書，教本
☐ warmly	温かく
☐ whaling ship	捕鯨船
☐ wreck	～を難破させる
☐ wrote	write の過去形